U0931891

獻給我生命中的兩位女性

妻子——艷瓊

女兒——若山

To my wife and daughter,

Ida Chan and

Hannah Hope Tang

the two females in my life.

如今只剩下文字的痕迹，

指向莫特曼的著作，

開向著莫特曼著作指向的上帝的蹤迹。

——鄧紹光

# 盼望・神學：莫特曼

鄧紹光 著

基道出版社

▼

系統神學叢書

# 盼望．神學：莫特曼

Hope–Theology: Jürgen Moltmann

作者

鄧紹光 Andres S.K. Tang

責任編輯

沈靜筠、吳國雄

裝幀設計

奇文雲海．設計顧問

■

出版 / 發行

基道出版社

香港沙田火炭坳背灣街 26 號富騰工業中心 1011 室

LOGOS PUBLISHERS

Unit 1011, Fo Tan Ind. Centre, 26 Au Pui Wan St., Shatin, Hong Kong

電話：(852) 2687-0331 傳真：(852) 2687-0281

網址：http://www.logos.com.hk

承印

陽光印刷製本廠

●



12/2014 初版

Cat. No. LP258

ISBN: 978-962-457-492-0



| 刷次 | 10 | 9 | 8 | 7 | 6 | 5 | 4 | 3 | 2 | 1 |
|---|---|---|---|---|---|---|---|---|---|---|
| 年份 | 2023 | 2022 | 2021 | 2020 | 2019 | 2018 | 2017 | 2016 | 2015 | 2014 |

# 目錄

**第三部　盼望・神學**

# 序一

回顧起來，一九六四年出版的《盼望神學》（*Theology of Hope*）引起了眾多回響，這是有其時代背景因素。六十年代是一個全球燃燒騷動不安的年代，是質疑傳統的年代，是追求解放的年代，也是追求盼望的年代。

進入六十年代的前一年，布洛赫（Ernst Bloch）出版《盼望原理》（*Das Prinzip Hoffnung*），他先知般地對人類追尋盼望提出哲學回應，五年後的《盼望神學》不只是莫特曼（Jürgen Moltmann）與布洛赫對話結晶，而且是他對於人類追尋盼望的神學回應。

盼望神學並不是出於莫特曼的獨創，因為當時有不少神學家已經注意到「盼望」這神學主題的重要，然而為何莫特曼的著作能夠脫穎而出呢？比如曾為莫特曼同事的潘寧博（Wolfhart Pannenberg）也在同一時期深刻地論述未來與盼望，兩人同樣重視終末論的重要性，並且從未來的眼光來了解終末的意義。或許潘寧博的著作在哲學思想上更有深度，在學識上更加廣博，然而卻遠遠不及《盼望神學》所引發的回響，原因在於《盼望神學》裏充滿著熊熊火燄般的熱情與盼望，生動有力地回應人們熱切追求盼望之呼聲。

莫特曼並未企圖建立一套關於終末的形而上學理論，儘管書中也有不少與哲學思想的深刻對話，然而焦點從頭到尾都集中在呈現：未來全在於上帝的應許中，基督教信仰從上帝應許的未來之眼界來觀看詮釋歷史的走向——過去的回憶、現在的決定以及未來的盼望。如作者鄧紹光博士所說：「事實上，應許乃開啟莫特曼的終末神學的必要鑰匙。」

老一輩的神學大師們，若非如同巴特（Karl Barth）注重永恆超越者隨時可介入時空下的歷史，就是如同布特曼（Rudolf Bultmann）強調時空下的人們如何在信仰的存在抉擇中經歷到永恆的超越，事實上他們對於歷史未來發展的興趣不高，這種特質的神學若要回應六十年代人們狂熱地詢問歷史將往哪裏去的問題時，顯得有些蒼白無力。

莫特曼非常適時地提出兼顧垂直面上帝主權以及水平面歷史發展的盼望神學觀點，主張在歷史朝向未來的發展中盼望上帝應許的實現，這是一種永恆將要進入時空——「在地如在天」的盼望，「主上帝說：『我是阿拉法，我是俄梅戛，是昔在、今在、即將來臨的全能者。』」（啟一8）[1] 由於上帝是「即將來臨的上帝」，祂帶給我們未來「在地如在天」的盼望，讓人們可以彼此祝福說：「但願使人有盼望的上帝，因信將諸般的喜樂、平安充滿你們的心，使你們藉著聖靈的能力大有盼望！」（羅十五13）可見「盼望」確實是基督徒信仰羣體的獨特記號。

既然人的盼望建立在上帝的應許，而上帝的應許來自上帝的啟示，莫特曼主張應當排除啟示以外的盼望來源，這是他拒絕盼望的形而上學理論之主要原因，然而這也使得他與後現代思潮中的反形而上學傾向具有令人意外的相似性，正如本書所示。

不過，莫特曼不願看到盼望神學被視為可與「美國夢」、「成功神學」之類的盼望混同，那些不過是世俗的通往榮耀之路的盼望，而盼望神學卻追求通往十架之路的盼望。盼望神學與十架神學是一體之兩面，猶如復活與受苦是一體之兩面，因為復活是受苦之後的復活，而受苦是盼望復活的受苦，同樣地，盼望是建立在十架基礎的盼望，而十架是展開盼望的十架。

因此，可見《盼望神學》之後必定有《被釘十字架的上帝》（*The Crucified God*）接續，而後就是描繪出基督教信仰羣體的圖像——《在聖靈能力中的教會》（*The Church in the Power of the Spirit*），這三本共同構成莫特曼比較早期的三部曲，本書對此脈絡掌握得相當清楚。

本書不只是前作《終末．教會．實踐：莫特曼的盼望神學》的增訂、擴編，而且是舊作新寫，反映時代思潮的新觀點以及作者的新整合，呈現作者不斷地追求突破的思想成長歷程。

英國學者包衡（Richard Bauckham）是英語世界中最佳莫特曼思想詮釋者，被莫特曼譽為比他自己還了解自己，而包衡的《莫特曼的神學》（*The Theology of Jürgen Moltmann*）是迄今最好的莫特曼神學導讀，鄧紹光博士為包衡教授高徒，在他指導之下完成優秀的莫特曼研究博士論文。如今以中文孜孜不倦地寫作介紹、評論莫特曼神學思想，鄧博士自然是最佳人選之一。

林鴻信

二〇一四年十月十八日

台灣神學院基督教思想研究中心

## 註釋

1. 和合本的翻譯並未呈現「即將來臨」，而是說：「主上帝說：『我是阿拉法，我是俄梅戛，是昔在、今在、以後永在的全能者。』」然而主要的英文聖經正確地翻出「即將來臨」的含意："I am the Alpha and the Omega," says the Lord God, who is and who was and who is to come, the Almighty. (NRSV) "I am the Alpha and the Omega," says the Lord God, "who is, and who was, and who is to come, the Almighty." (NIV)

# 序二

華人神學界中，鄧紹光博士在莫特曼神學領域的研究成果與貢獻可說是首屈一指的。在我多年來開設的莫特曼神學課程中，我總是規定學生必須詳細閱讀鄧博士於一九九九年出版的《終末．教會．實踐：莫特曼的盼望神學》。

在《終末．教會．實踐》這本難得的佳作中，具有深厚思想史素養的鄧博士透過精煉的文字，清晰地梳理了莫特曼神學中許多的核心概念，並且勾勒出它們之間的內在理路。德國神學家的著作原本就比英美的神學著作深奧難懂，許多讀者在閱讀德國的神學原典時常有霧裏看花之感，而這本書對閱讀莫特曼著作的讀者有極大的引領和啟迪的作用。美中不足之處在於作者把焦點放在《盼望神學》、《被釘十字架的上帝》和《來臨中的上帝》（*The Coming of God*）這幾本著作，莫特曼的其他著作則不是不曾提及就是一筆帶過。

本書是以前一本著作《終末．教會．實踐》為基礎（本書去除了前一本著作的第四部分：反響），另外作者收錄了他後來發表的九篇論文，以及早年寫成的一篇文章。新增的內容依然偏重對於《盼望神學》的詮釋，因著這幾篇論文的補強，讀者便可以清楚地掌握《盼望神學》的每一章的主要內容和理路。另外，作者描繪出莫特曼早期的三部曲和後來的彌賽亞神學系列中每部作品間的關連性，這是非常寶貴的路徑圖，可以幫助讀者對莫特曼神學有整體的把握。前一本著作沒有涉及的莫特曼的教會論和政治神學，在本書中，作者在盼望神學的視域中對這兩個主題作出精闢的詮釋。最後，作者對於英語世界中詮釋莫特曼的最佳作品的介紹也有相當寶貴的價值。

《終末・教會・實踐》絕版已久，對我的教學是一大困擾。很高興鄧博士能在今年推出他升級版的新作，這對華人神學界是一大佳音。甚願鄧博士能繼續筆耕，造福更多的讀者。

曾念粵<br>二〇一四年九月二十四日<br>衛理神學研究院

# 序三*

莫特曼是當今最重要且最具影響力的德國新教神學家，也是自第二次世界大戰以來最偉大的神學家之一。他被視為與巴特、布特曼、潘霍華（Dietrich Bonhoeffer）、布洛赫（Ernst Bloch）、布伯（Martin Buber）、羅森茨威格（Franz Rosenzweig）及拉納（Karl Rahner）同級。[1] 他筆下出了三十多本重要的著作，被翻譯成幾十種語言，以及將近一千篇講章、短論、文章及評論。莫特曼教授的筆還未停歇，還有幾本書和多篇文章的稿子已在完成階段。鄧紹光博士的《盼望．神學：莫特曼》是一本具有洞察力的研究作品，必會為我們對莫特曼神學的認識作出寶貴貢獻。恩賜非凡的鄧博士對莫特曼的詮釋別具洞天，也為我們對莫特曼神學與一般神學的關係，提供了批判性的評估。

莫特曼因在二十世紀把盼望的主題重新納入神學反思之內，以

---

* 本文原為英文，由李金好譯出。

及重新發現終末論在耶穌事奉中所扮演的中心角色而受到讚許。布洛赫曾對馬克思(Karl Marx)「宗教是人民的鴉片」這句格言提出創新的詮釋,莫特曼則以之為承認宗教可以指向超越其本身的盼望或渴望,[2] 主張盼望神學是今天最重要的神學任務。「中世紀發展了愛的神學,宗教改革時期發展了信心神學,而現在,重要的是要發展一套普世的盼望神學,好引導教會和人類、人類和自然朝向上帝的國度,準備自己迎向上帝的國度。」[3] 在莫特曼看來,基督教就是盼望,其核心是關乎盼望於聖經中的上帝,祂把永生應許給有罪的人類,這是莫特曼在其學術生涯中發表的第一本重要著作《盼望神學》的主題,也是他在漫長而持續的事業生涯中由始至終的一個重要主題。儘管近來有些註釋者會認為莫特曼的著作已偏向別的主題,然而他的神學仍持續為其對盼望的關注和他早期所建構的神學見解所塑造。

我們可以從莫特曼的神學綱領中舉出幾項教義並以之來決定其神學核心,然而其中的每一項,都是由盼望的教義所決定和制約的。《盼望神學》中系統性的開頭,其強項是回到兩個重要主題的神學辯論:終末論(eschatology)和盼望。莫特曼對神學沒有持續與終末論及當代世界銜接提出挑戰。他主張如果一切神學都必須是終末性的,而一切終末論就是盼望,那麼一切神學就是盼望了。盼望著眼於未來,是人類一種重要的特質,沒有盼望就只有絕望、漠不關心,以及沒有行動的能力。莫特曼把盼望立足於基督教的脈絡處境中,即基督為世界的未來所做的事;因祂在各各他所做的事,我們可以盼望一個已被救贖的未來。上帝確實是我們的盼望。

莫特曼的《盼望神學》把基督教理解為一個終末性宗教,即盼望一個更好的未來;在莫特曼看來,盼望是來自這個終末性未來。我們的盼望得到保證,因為那是上帝給我們的應許;自基督事件開始，上帝與以色列的約中所包含的聖經應許以一種新的觀點被啟示出來，這應許成為普世性的應許。莫特曼把他的盼望神學建基於基督復活的信念，肯定了「被釘十架的基督復活，意味著祂有一個未來，對復活了的基督的信仰必須指向這個未來……」。[4] 以莫特曼的說法，因耶穌基督有一個未來，今天活著的人就有一個基礎去盼望一個相似的未來：所有對耶穌的言論和判斷「一定同時暗示一些關於未來的東西，這未來是從祂身上所期待的」。[5] 正如莫特曼說的：「基督徒盼望的確實性是基於一個信念，就是上帝的未來已經藉著耶穌，並在耶穌身上接近人類：在祂從十字架的死而復活過來一事上，上帝國度的未來進入了歷史……當未來以這種方式來迎見我們，那麼我們就有理由同樣地走出去迎見它」[6] 莫特曼所斷言的，即基督徒的信仰站得住與否，在乎基督復活的真實性。人們在耶穌死前已經跟隨祂、相信祂。倘若沒有耶穌復活的事件，人們有可能只是因為耶穌的生活方式和祂的說話而被祂吸引，才去相信祂和仿效祂的。

耶穌基督的位格是給我們對於未來的保證，這未來現已藉著十字架和基督的復活臨在。十字架象徵著世界的無上帝（godlessness）和被棄（forsakenness）。基督的復活顯示了上帝的大能和可能性，象徵了對新世界的盼望。因上帝已經使基督復活過來，我們就能夠相信並盼望上帝會在終末再次行動，把新的世界帶來；現今世界所有的內在矛盾都會被化解。自基督復活以來的歷史，見證著聖靈漸進的啟示，它將於終末達到極點。這啟示包括了甚麼，對人類世界來說不一定顯而易見，然而，人類的屬靈成長是有可能通過與世界的試煉交戰而達致的。故此，基督徒的踐行是在十字架與復活之間運作的，我們現正活在物質世界的時空中，但我們必須質疑和抗拒這個被棄和無上帝的世界的現實。教會的工作是要宣揚那新的約，而基督徒的回應就以順服開始。如此，順服、忠心和盼望就給予我們需要的力量，去為真正的人性和公義而努力。

我們需要更多像本書一樣的作品：具思辯力（pugnacious）且表達清晰。作者知道自己的立場，不怕宣之於口，喜歡來一場真正的辯論；事實上，整本書的結構就是一連串質問性的對答。本書一方面強調莫特曼所作出的重要貢獻，一方面從華人神學的觀點對他的思想提出批判，於此同時，也說到了與做華人神學相關的議題。鄧博士此書的優點是，他專注地聆聽莫特曼，並致力從其較廣闊的神學脈絡來理解其終末論思想。在華人神學圈子中，沒有人比鄧博士對莫特曼詮釋得更好。鄧博士自修讀博士學位以來即從事莫特曼的研究，旨在對莫特曼思想獲得一套精準的理解，並從而給出正確的詮釋。本書對不少較隨意地詮釋莫特曼的學人來說，提供了非常需要的矯正。此書具有洞察力的研究，必會為我們對一位最重要的當代神學家的理解，作出寶貴的貢獻。

周學信<br>二〇一四年十一月三日<br>中華福音神學院

**註釋**

1. Geiko Müller-Fahrenholz, *The Kingdom and the Power: The Theology of Jürgen Moltmann* (London: SCM, 2000), 12.
2. David Brown, *Continental Philosophy and Modern Theology* (Oxford: Basil Blackwell, 1987), 193.

3. Alan Richardson and John Bowden, ed., *A New Dictionary of Christian Theology*, (London: SCM, 1983), 272, s.v. "Hope."
4. Richard Bauckham, *Moltmann: Messianic Theology in the Making* (Basingstoke: Marshall Pickering, 1987), 23.
5. Jürgen Moltmann, *Theology of Hope: On the Ground and the Implications of a Christian Eschatology,* trans. James W. Leitch (New York: Harper & Row, 1965), 17.
6. Jürgen Moltmann, "The Future as Threat and as Opportunity," in *The Religious Situation: 1969*, ed. Donald R. Cutler (Boston, MA: Beacon Press, 1969), 940.

# 代序一

## 盼望神學：昨天與今天[*]

有一則這樣的古拉丁文格言：「書籍也擁有它們自己的命運。」一九六四年，我在寫《盼望神學》時有這樣的經歷。那時，我借助一種關注應許的舊約神學（如馮拉德〔Gerhard von Rad〕）和一種關注被釘十字架的基督之復活的新約神學，藉此來克服巴特「自上而下」的神學和布特曼（或譯布爾特曼）「自下而上」的神學之間毫無成效的討論。最後我這一嘗試並不成功，換來是激怒了巴特主義者和布特曼主義者這兩個派別。然而，出人意料的事情卻發生：這本書恰逢其時（kairos），它使基督徒和非基督徒振奮不已。兩年之內，該書就印行了六個版本並被譯為多國文字，它從我手中滑脱，創造了屬於它自己的歷史。我煞費氣力，四處演講，只是為了追趕它的腳蹤。一九六八年，紐約《時代》（*TIME*）雜誌的封面頁出現

---

* 本文原為德文，由洪亮譯出（洪亮為圖賓根大學〔University of Tübingen〕神學研究生）。

了一則評論，《明鏡》（*Der Spiegel*）週刊也發表了一篇針對「盼望神學」的文章，言辭激越，題為〈注入基督徒蒼白血液中的鋼鐵〉。書評一時井噴，或毀或譽，相持不下。我那時成為受爭議性的人物。為甚麼會是這樣？

「盼望」，這個話題在一九六四年已分明可辨，觸手可及。一九五九年，布洛赫的《盼望原理》在西德出版。那時，杜波克（Alexander Dubcek）領導的新馬克思主義者開始在捷克斯洛伐克推行「帶著人性面孔的社會主義」，而在馬科維奇（Milan Machovec）和霍德瑪卡（Joseph Hrodmadka）的帶領下，新馬克思主義者們則著手進行基督教與馬克思主義的對話。在第二次梵蒂岡大公會議中（1962～1965 年），處於防守姿態的天主教會打開了自身，願意透過對話來適應（aggiornamento）世界。在美國，民權運動伴隨著馬丁・路德・金（Martin Luther King, Jr.）達至高潮；在拉丁美洲，古巴革命（1959 年）的成功激發了一種基督教的革命精神，在後來的《解放神學》（*A Theology of Liberation*；1971 年初版）中，它得以吐豔綻放。在很多國家，但主要是在美國，學生們從反越戰運動中噴薄湧現。

只有西德還繼續被阿登納（Konrad Adenauer）的保守精神、復辟政治以及一種普遍的停滯所統治。「不要任何試驗——選 CDU 吧！（編按：指德國的基督教民主聯盟〔Christian Democratic Union〕）」這就是那個著名的競選海報的宣言。緊隨德國在第二次世界大戰中的不可一世而到來的，是戰後一種普遍面對世界狀況時的悲觀主義（Weltpessimismus）以及向私人領域的退縮。直到六十年代才出現了代際更替。不再受納粹過往所困擾的年輕一代，他們撕碎了納粹一代在阿登納和戈洛波克（Hans Globke）時代那種實用的「沉默」，揭露了「褐色的大學」（比如在圖賓根大學），並迫使那些負疚老者退隱讓賢。我們想要是另一種未來，而且也準備好跟勃蘭特（Willy Brandt）一道「勇於爭取更多的民主」（mehr Demokratie zu wagen）。

這些在教會和國家、在我們的社會和世界範圍內所提及的覺醒（Aufbrüchen），它們有一個共同之處，那就是它們都想借助盼望的力量去破舊立新。「對變革的知覺」（Veränderungswissen）乃是「盼望的理性」（Vernunft der Hoffnung），我們可透過這理性使將來的可能性與當下的現實性相遇。大家在那個時候都有這樣的感覺：時間迫近，改革和革命卻遲遲未到。弗里德（Erich Fried）那時寫下了這樣的詩句：「誰想要世界如此存在下去，誰就不想要世界存在下去。」我們嘗試進行轉變，以求更好，因為我們期待著好本身（das Gute）。與後來所能企及並實現的相比，開端在那個年代總是蘊藏著更多內容。「每一個開始之中都包含著一種魔力〔……〕」（黑塞〔Hermann Hesse〕）這種魔力當時令很多人著迷。因此，那些年的運動裏總是包含著一種充沛的盼望之力（Hoffnungskraft）和一種盼望的增值（ein Mehrwert der Erwartung）。一九六三年，馬丁・路德・金在華盛頓吶喊出他著名的「夢想」；同樣，我們也把解放被壓迫者和被剝奪權力者這個近期目標和上帝國度及其正義的終末性遠期目標聯繫在一起。

盼望神學的優點在那個覺醒年代的「運動」之中展現得淋漓盡致，而它的弱點也在建制（Institution）層面暴露無遺。七十年代中期，盼望神學被我們這裏興起的生態運動所接納，我的神學在那個時候也「變綠」了，《創造中的上帝》（*Gott in der Schöpfung*）（1985年）一書裏的創造論即為明證。八十年代初，我的神學在西德和東德的和平運動中反響強烈。而且，在導致東、西雙方大量獨裁政權垮台的非暴力民主運動中，我的神學也從未缺席。

一九六八年既是盼望運動（Hoffnungsbewegungen）的高峯，也是其墜跌之時：馬丁．路德．金在美國被謀殺，華沙公約組織的坦克在布拉格終結了社會主義「充滿人性的面孔」，羅馬的「人類生命」（Humanae Vitae）通諭將復辟引入天主教會；在德國，杜其克（Rudi Dutschke）遭槍襲，遊行示威愈來愈暴力，「紅軍黨」（Rote-Armee-Fraktion）開始進行恐怖行動。大量神學家因此遠離「革命」，想要回歸「宗教」。和平團體和第三世界團體則轉移專注於自我經驗的小圈子（den Selbsterfahrungsgruppen）和教會內部冥思的輕歌曼舞。

在公共層面的討論上，約納斯（Hans Jonas）透過《責任原理》（*Prinzip Verantwortung*；1984 年初版）一書對布洛赫的批判而使他一舉成名。約納斯認為，這種基於對技術文明之危險所產生出來的畏懼而被迫作出的應對措施，取代了基於對「勞苦且背重擔」者的盼望而生發出的創造性行動。盼望倫理與畏懼倫理（Ethik der Furcht）儼然成為兩個公開的對立陣營。布洛赫向基督徒詮釋了那為失喪者宣告將來之救贖的彌賽亞文本，而約納斯則更願意傾聽那些預言災難的先知（Unheilspropheten），以便及時覺察迫近的危險。就根本而言，這兩種面對未來的態度其實互為補充，不過，對危險的畏懼源於盼望，因為如果我們全無盼望，那我們也沒有甚麼可怕的了。然而在現實生活中，對另一個未來的盼望，往往在勞苦和身負重擔之人那裏生機勃勃，而富裕和自我滿足之人則對懼怕未來的危險習以為常，因為前者希求能獲得一些東西，而後者卻擔心會失去某些東西。今天，誰想學習盼望，他就必須要到被壓迫者和被侮辱者那裏去。

一種關注盼望的神學並不會因為它被納入在那些希冀推動變革的政治和文化運動之中而銷聲匿迹。它的生機源於人之作為人的存有（Menschsein），它的基礎在於上帝之作為上帝的存有（Gottsein）。在作為人的存有之中，我們體驗到歷史性。我們生存於過去和未來之間，並總是在對過去的回憶與對未來的盼望之間獲得當下的經驗。只要我們還活著，我們就存在於現實性和可能性之間。因此，我們不僅回憶曾經發生的事實本身，而且也會一再回憶過去原本所可能達到和實現的。未及滿足的夢想和尚未贖清的罪責糾纏著我們，我們回憶著過去之中的未來。當眺望未來的時候，我們所期待的不僅僅是那些新事物，而事實上我們期待最多的，往往是那些我們已經熟悉的事物，因為這樣的話，一切就能照舊運轉。許多人根本不希求另一個未來，他們只想要一個跟當下完全一樣的未來。因此，就像過去之中包含著未來一樣，未來之中也包含著過去。我們稱為現實性的東西，其實是由現實性和可能性、當下性與潛在性所組成的。現實性對應著過去，可能性對應著未來，而當下則是我們或實現或不能實現自己的可能性的交界。那麼，我們是如何感知自己的可能性呢？

透過預期的意識（das antizipierende Bewusstsein）和充滿理智的想像力。積極的盼望會喚醒我們感知可能之物的所有官能，並讓我們在精神上變得年輕。經驗教導我們現實的內涵，盼望則傳授我們可能性的意義。一九六八年，學生們在巴黎吶喊道：「如果我們是現實主義者，那就讓我們去嘗試不可能的東西吧！」而事實上就是這樣，只有敢於嘗試現在還顯得「不可能」的事物，我們才能充分利用自己的可能性，並且學會把能夠改變的和不能夠改變的東西區分開來。我們總是在行動中把未來和過去、可能的和已然實現的聯繫在一起。如果只有現實性存在，就像「現實主義者」所認為的那樣，那麼我們就動彈不得，無法開始新的東西。如果只有可能性存在，那麼我們自己就只是一個烏托邦，甚麼也實現不了。我們只能一成不變嗎？不能。我們能夠憑空重新創造自身嗎？也不能。我們是我們自我的可能性和現實性，這正是具備歷史性的生命之魅力所在：我們是自由的，因為我們能夠有全新的開始。

以色列的上帝和基督教的上帝是「盼望的上帝」（羅十五13），是一個誠如布洛赫所言以未來為其存在屬性的上帝。有一個永恆之上帝高躋天宇，世界各大主要宗教對此都不陌生，但一個不僅現在存在，過去存在，而且將要來臨的上帝（啟一8）卻是獨一無二的。從來沒有一個上帝會和我們人類對祂來臨我們、來臨我們的歷史和世界這一盼望緊密相連，而祂正是如十誡中第一條所說的那個帶領以色列出埃及的上帝，也正是如福音所宣講的那位使耶穌基督復活的上帝。上帝朝我們迎面走來。在應許之地，祂願意在祂的子民中「居住」（Shekinah；舍金納）；而在萬物的全新創造之中，祂願意在祂的一切受造物之中「居住」。「看哪，我將一切都更新了！」（啟二十一5）這個偉大的邀請使我們一同進入祂的未來。基督教信仰完完全全是一種朝向前方、充滿信心的盼望和投身（Ausrichtung），也是一種在對所期待之物的先行把握（Vorwegnahme des Erwarteten）中的生活。對基督教而言，未來並非某種無足輕重的邊緣之物，它是基督教信仰的根本內涵，是晨曦的色彩，這些對未來的描畫，渲染了這一信仰裏所包含的全部觀念。因為只有當信仰是復活節的信仰之時，它才算是基督教信仰。信仰就是在復活之基督的當下裏去生活，就是面向「行在地上如同行在天上」的上帝國度去舒展自身。誰這樣去生活，他的生命史裏就會一再打開嶄新的視野。他整裝待發，要開始新的作為。對他而言，終點成為新的起點。

莫特曼

# 代序二

## 我寫莫特曼*

為甚麼要寫莫特曼？因為答應了。因為答應了，所以就寫了。答應之先，可以拒絕。緣何答應？為甚麼答應要寫莫特曼？問題衍生問題。答案總被延擱。尋索莫特曼（這個人與/或他的思想與/或他的文字痕迹）對此時此地的意義？不要以為文字是透明的，至少，透明的不是我的文字。

為甚麼答應要寫莫特曼？哪一類別的信仰羣體會感興趣？西方神學家，與我何干？或許還有小眾的市場。可掛在口邊的，甚麼名字？"4B"還有幾多人懂？最耳熟的是潘霍華吧，或許模糊聽過巴特。布特曼、卜仁爾（Emil Brunner），另一個世界的來客。莫特曼？何許人？陌生。或許就是陌生，才需要引介。一次生，兩次熟。可為甚麼要熟悉呢？陌生有種不穩、不安，甚或威脅。

---

* 本文原以〈我寫莫特曼〉為題，刊於《臨界點》第 4 卷 3 期，1997 年 11 月，頁 10。蒙香港基督徒學生福音團契授權轉載。

莫特曼説過，沒有機會追隨巴特，讓他可以保持距離，提出批判。追求熟悉，為了消除距離。消除距離，為了達至共識。共識一旦形成，批判意識也就煙消雲散。撥開雲霧見青天。真是青天？抑或是一廂情願的青天？又或只是一小撮人的青天？

沒有距離，何來批判？不要為現狀的繁華迷惑，不要盲信種種歌舞昇平的借口。此時此地莫特曼有何意義？有個距離，才會看得分明。太近了，分不清主客，混同了彼我。小心同化。如何逃得了？如何不為現實消化？怎知當下不是最好的？怎知更好的明天不是此刻的延續和發展？聆聽那在上的聲音，一切惟權威是從。是地上的，還是天上的？

為甚麼答應要寫莫特曼？因為陌生。因為不好解。因為不再理所當然。何以如此？一切都得從上帝説起。上帝是誰？不是熟悉的「上帝」嗎？不再是熟悉的「上帝」？「上帝」要為這「陌生」、「不好解」、「不再理所當然」負上責任？終究，「上帝是誰？」的問題被拋出來了。「上帝」成了陌生、不好解、不再理所當然。耶穌問門徒説：「你們説我是誰？」彼得回答説：「你是基督。」終究，於彼得、於門徒，耶穌是陌生的。祂要上耶路撒冷，受許多的苦，被長老、祭司長，和文士棄絕，並且被殺⋯⋯被上帝棄絕。

出人意表。一切都得從上帝説起。上帝是誰？上帝是將來的上帝。這是莫特曼的閱讀。這是我閱讀莫特曼的閱讀。莫特曼閱讀上帝的故事，赫然發覺：上帝不在超越的彼岸，上帝不在內在的此岸。上帝在哪裏？上帝不在這裏。上帝不在那裏。在「閱讀」上帝的「故事」的過程中，總是拿不穩「上帝」。「祂」總在前頭帶引「故事」的發展。在空間的領域內抓不緊「上帝」。或者，應該是，「空間」這範疇逮不住「上帝」。上帝「在」前頭。「在」，又是一個空間性的字眼。豈不都在「空間」的概念下捕捉一切，捕捉「時間」「在內」；要想捕捉還沒有到來的「將要來」。

上帝是將來的上帝。上帝不在場？莫特曼是反「在場形而上學」（metaphysics of presence）吧。「在場」「形而上學」。甚麼來的？要解說麼？任何進一步的解說，都應了反「在場形而上學」正面提倡的「延異」（différance）。真理不在現場。真理不是澄明。真理不是宛在目前。上帝不在現場。上帝不是澄明。上帝不是宛在目前。摩西看見的是耶和華的背。人類的知性在作祟。強行「定鏡」，框著上帝。人類的知性在作祟。妄要凝固時間，當下即是。

當下的只是上帝宣告的應許。上帝留痕，留下了祂對世界的應許。應許指向將來。應許蘊含缺欠。應許對應實現。這指向，這蘊含，這對應，在在顯出上帝的「不在場」。上帝只在世上留下痕迹，而非圓滿永恆的臨在。世上殘缺不全。在上帝留下的應許對照底下，世上殘缺不全。那將來跟這現在，毫不相合。那上帝心意中的將來，映照出這種種不如祂意的現在。上帝以應許留痕，那是上帝的將來，世界的將來。

這就有個距離。這就有個批判。不再理所當然。世界跟上帝一般，並非當下圓滿。由是而生將來的盼望，由是而生盼望的批判實踐。

為甚麼要寫莫特曼？透過莫特曼文字的痕迹，追蹤上帝在世的腳迹。上帝引發了這場追蹤。一切都得從上帝說起。一切都得從十字架說起。「熟悉」的十字架？「理所當然」的十字架？只有以為真理在場、上帝在場，才會生起熟悉，才會生起理所當然。可被釘在十字架上的不就是上帝嗎？上帝不就被釘在十字架上麼？在十字架上，上帝揭示自己，隱藏自己。路德（Martin Luther）這樣說過。巴特這樣說過。莫特曼這樣說過。十字架是個奧祕。上帝在十字架上隱藏自己。上帝在十字架上的臨在不是圓滿的永恆。上帝在十字架上委屈自己。上帝在十字架上的委屈不是圓滿的永恆。上帝在十字架上隱藏自己的圓滿永恆。於形而上學，十字架的上帝是陌生的。於形而上學，十字架的上帝是威脅的。

圓滿絕對的上帝死在十字架上，這是矛盾的。矛盾的就不會可能的。不會可能的就不是現實。由是，形而上學不懂十字架的上帝。形而上學的知性框架套不住十字架的上帝。圓滿絕對的上帝死在十字架上，這是危險的。莫特曼的同事麥茨（Johannes B. Metz）説過，追憶十字架的基督是危險的。大能者死在十字架上，全能者的自我否定。大能者成了無能者。無能者否定自身的大能。無能者批判絕對的權能。無能者危害著一切有形無形的寡頭暴力。無能者危害著一切有聲無聲的霸權欺壓。十字架的上帝，於知性主體構築的形而上學是陌生的。十字架的上帝，於知性主體構築的權力形而上學是威脅的。

十字架不是句號。十字架是個開括號，把世界都包括進去。上帝的腳迹開向將來。上帝在「從死裏復活」的腳迹中開向圓滿永恆的將來。上帝的腳迹是個應許。

踏出了死亡的墳墓。否定了死亡的終結，復活仍然不是上帝的在場。世界仍然殘缺不全。復活是個應許，應許終末的在場，應許終末的圓滿臨在。世界不再殘缺不全。括號也就關合了。上帝終末的在場，人無能為力。在上帝終末的在場面前，此時此地不是烏托邦。在上帝終末的在場面前，歷史中任何一個此時此地都不是烏托邦。或有人如此宣稱，但那不過是某些既得利益者的繁華。或有人如此宣稱，但那不過是某些在位者的歌舞昇平。在上帝終末的在場面前，歷史中任何一個此時此地都不是永恆，都不是凝固，都不是定鏡。還有希望，歷史中的希望。還要永不言倦，在歷史中撕裂種種虛幻，戳破種種假相。

為甚麼要寫莫特曼？因為答應了。如今只剩下文字的痕迹，指向莫特曼的著作，開向著莫特曼著作指向的上帝的蹤迹。

鄧紹光

# 第一部　盼望·旅程

ogy:

n

ar r

# 1.

# 二十世紀的盼望／終末神學*

## 一、二十世紀的終末神學

研究潘寧博（Wolfhart Pannenberg, 1928～2014；或譯潘能博、潘能柏格）的德國神學家舒維堡（Christoph Schwöbel）在檢視過去一個世紀的終末神學的發展嘗言：「二十世紀，在神學上來説，確實可被稱為終末論的世紀。」[1] 他並且指出當中有兩段白熱化的時期，分別為第一次世界大戰之後及六十年代。[2] 前者在系統神學中的主要代表人物為巴特（Karl Barth, 1886～1968）、布特曼（Rudolf Bultmann, 1884～1976）和田立克（Paul Tillich, 1886～1965；或譯蒂利希），後者則由潘寧博及莫特曼（Jürgen

* 本文原以〈終末神學〉為題，刊於郭鴻標、堵建偉編：《新世紀的神學議程》，下冊（香港：香港基督徒學會，2003），頁295～311。蒙香港基督徒學會授權轉載。

Moltmann, 1926～；或譯莫爾特曼）所塑造，而有盼望神學學派（School of Theology of Hope）的說法。

對於大多數德國神學家來說，第一次世界大戰的經歷帶有終末的性質，他們不再認為上帝的審判和地獄的經驗只是舊時代的世界觀，與當代世界無關，反之，卻正正就是當前景況的實相。[3] 巴特、布特曼和田立克都認為終末論是基督信仰的神學的決定性框架，是永恆這一終末（the eschaton）對時間辯證的挑戰。對巴特來說，必須以基督的詞彙來定義永恆，而復活則是永恆對時間的挑戰。田立克則認為永恆乃那無制約的對歷史的眾多制約性的突破，這契機（kairos）把一切在歷史中自稱為終極意義的都相對化了。至於布特曼，他指出在宣講基督（kerygma of Christ）中，永恆展現並挑戰以發現生存的本真意義（authentic meaning of existence），這一本真意義只能透過終末時刻的決定，從而自世界及其過去中解放出來，以致能夠於當下找到方向。[4]

他們一致認為時間與永恆乃辯證的關係（the dialectic of time and eternity），永恆進入時間乃終末的臨在，但各人對終末臨在的內容意義卻有不同的開展。巴特強調時間與永恆之間在質上的無限差異（infinite qualitative difference）乃是聖經的主題和哲學的全部，田立克則以之為在契機中揭示歷史的意義，而布特曼看重的是生存的歷史性（the historicality of existence）。[5] 雖然三人各有不同的開展，但這些開展都離不開永恆與時間的辯證關係，因此，他們都被稱為辯證神學家，其終末論即為辯證的終末論。辯證神學關心的是永恆臨在以挑戰時間的每一刻，這就是危機，在當中永恆威嚇著時間的穩定性，永恆因而被了解為時間的界限，這一界限並非量上的意義，而乃係質上的意義，意即永恆對一切時間中的事物具有批判的界限。是以，基督的臨在是一切量上的時間在質上的界限與揚棄

（sublation）。這樣，parousia（意即實體／真理的來臨）就不是一時間的問題，反之，它挑戰時間的每一刻，再無所謂 parousia 的延遲，因為 parousia 並非在時間之中發生的。[6]

## 二、六十年代的盼望／終末神學

六十年代出現的終末神學並非跟辯證的終末論互不相干。簡單來說，前者乃後者的反動。當辯證的終末論強調終末的當下突破時間，就有一種非時間性、非歷史性的傾向，意即否定歷史的意義。然而，對於潘寧博和莫特曼等人來說，這樣只會把終末論的將來境域（the future horizon）吞噬，終末論變成沒有將來的終末，結果就是未能在世界歷史和時間的經驗中看見上帝來臨中的將來，將來為永恆的當下所遮蔽起來。以潘寧博和莫特曼為首所倡議的終末性神學，由於強調對終末的盼望，故又被稱為盼望神學。當然，若有所謂盼望神學學派或終末性神學學派的話，則尚有多人需被提及。在德國，曾經跟莫特曼和潘寧博共事的紹特（Gerhard Sauter, 1935～），其大學講授資格論文《將來與應許：當代哲學和神學討論中的將來的難題》（*Zukunft und Verheissung: Das Problem der Zukunft in der Gegenwärtigen Theologischen und Philosophischen Diskussion*），[7] 跟莫特曼不謀而合，同樣探討上帝的應許跟基督信仰羣體的盼望之間的關係。惜其著作在英語世界少為人識，近年始有 *Eschatogical Rationality: Theological Issues in Focus*、[8] *What Dare We Hope?: Reconsidering Eschatology* 等書。[9]

此一以終末的將來為首出的神學思想，引發不少回響。在德國就有天主教神學家麥茨（Johannes B. Metz, 1928～），先後著有

*Theology of the World*、[10] *Faith in History and Society: Toward a Practical Fundamental Theology*。[11] 麥茨的工作是把終末神學的洞見應用於政治倫理之中，從而對教會跟世界的關係生發出一種新的見解。美國的巴頓（Carl E. Braaten, 1929～）則從路德（Martin Luther）神學的角度嘗試展示出終末神學的社會和政治的實踐意義，分別著有 *The Future of God: The Revolutionary Dynamic of Hope*、[12] *Christ and Counter-Christ: Apocalyptic Themes in Theology and Culture*、[13] *Eschatology and Ethics: Essays on the Theology and Ethics of the Kingdom of God*。[14] 此外，解放神學家古鐵熱（Gustaro Gutiérrez, 1928～；或譯古鐵雷斯）亦以終末論為了解基督信仰的鎖鑰，認為超越的終末應許乃歷史解放的推動力量，這些看法都吸收自特別是莫特曼的盼望神學。古鐵熱的經典著作乃 *A Theology of Liberation: History, Politics, and Salvation*。[15]

今天，神學界談到終末神學，首先就是指到六十年代由潘寧博和莫特曼開創的神學思想。雖然兩人繼後各有不同的發展，在展示終末盼望的論據上亦互有出入，然而，就其對歷史的重視、終末將來的首出性，則兩人立場同樣堅定，一直成為他們思考神學的主線，貫串他們所有的論文。如舒維堡所言：他們的神學進路從此影響了終末論的爭辯，以將來作為終末論的範疇。[16] 下面我們即逐一介紹兩人的終末神學。

## 三、潘寧博的盼望／終末神學

潘寧博於一九六〇年即寫有“Dogmatic Theses on the Doctrine of Revelation”，並於一九六一年連同其他學者的文章以 *Revelation as History*[17] 書名出版。這一綱領性文章一直指導著此後潘寧博的神學研究，可以說是奠定了思考的方向，以及關鍵的範疇。英國神學家阿維斯（Paul Avis）在其 *The Method of Modern Theology* 專章討論潘寧博，就曾引述潘寧博這一論文並加解說，對了解其思想很有幫助，茲引述如下：[18]（楷書體為潘寧博的文字，楷書體斜體字則為阿維斯的解說）。

> 啟示不再以超自然的揭示或以一特殊的宗教的經驗和宗教的主體性來了解，
> *潘寧博在此摒棄巴特和士來馬赫（Friedrich Schleiermacher）的進路。*
>
> 卻應以整全的實在（reality）來了解。
> *潘寧博在此宣告了他的中心範疇：總體性（totality）。*
>
> 這整全的實在不是純粹地被給予出來的，而是一尚未完成、而仍在向將來開放的歷史進程，
> *這是他所宣稱的將來導向，連同一起的看法是，宗教真理的宣稱必然是終末地檢證的。*
>
> 這將來在耶穌的教訓和祂個人的歷史中可被期盼了，
> *這就是潘寧博巨著《耶穌——上帝與人》（Jesus — God and Man）的主題。*
>
> 並且是開放給理性所討論和查考的。
>
> 對於潘寧博，上帝的啟示只有透過整個歷史的實在（the totality

of reality as history），亦即普世歷史（universal history），才被展示出來。當歷史尚未終結，則歷史仍然在邁向終末的過程中，這樣，歷史的完成就有待終末將來的臨在，上帝的圓滿啟示亦只有在終末將來的臨在始能出現。那麼，我們怎麼知道終末將來仍然在上帝的手中，這就要進入耶穌的宣講、事工和命途之中。因此，潘寧博的終末論的焦點乃是「這將來在耶穌的教訓和祂個人的歷史中已可被期盼了」，因此，終末論不是別的，只是嘗試重申耶穌的宣告乃神學的核心而已，而耶穌的宣告就是上帝國度的信息。潘寧博在其文章〈神學與上帝的國度〉（"Theology and the Kingdom of God"）即對此有所闡述，[19] 下面即就此而作一綜述，[20] 以簡介潘寧博的終末神學。

> 無論耶穌的宣稱、行事及命途，無不聚焦於上帝國度的來臨，無疑，對耶穌來說，這一國度的來臨並非只是一將來的事件，更是已經臨在於當下的。然而，上帝國度的臨在必須要被了解為其將來臨在於當下的效應，也就是說，上帝國度的將來塑造、影響現在。對於潘寧博來說，絕對關鍵的乃是，神學必須逆轉我們對時間三態的了解，即逆轉過去、現在和將來的關係。就我們的日常的了解，將來乃過去和現在所塑造的，但在耶穌有關上帝國度的信息中，上帝國度的臨在乃是其將來的來臨所產生的效果，這種對上帝國度的看法，同樣要用來言說上帝。我們不能設想上帝而不談其統治，這統治就是其國度的彰顯，而上帝的統治乃是來自將來，並進入我們的現在和過去。

在這裏，潘寧博所了解的上帝乃一將來的能力（the power

of the future），要在他來臨中的統治完全實現，相應地，歷史和自然世界的基本性相就必然是偶發的和不定的，而人要使其人性達至整合則必須跟那一位建構我們生命中連串偶發事件的位格能力（personal power）相關連。那無限的將來賦予所經歷的殊眾性（diversity）以統一性（unity）；沒有這一共同的將來，一切都會破裂而成雜亂。潘寧博即以將來此一統一的能力來了解上帝，那麼，世界的統一性就不是永恆而預先設定的秩序，反之，卻是統一能力通過一歷程把殊眾性和矛盾性調和而達至的。這一將來的力量，不僅對今天的事件起作用，也對過去一切的事件有效。一切事件的本相如何，都在於將來，即使上帝亦無例外，只有上帝統治的將來才能證實「上帝存在」的述句。值得注意的是，這一上帝並無任何發展可言，或者說，「發展」是不能應用到上帝身上，因為祂就是一切事件的將來，並已經臨在每一過去的事件當中。上帝就是祂自己的將來。上帝作為將來的能力，沒有任何將來外於祂，而這正是完全自由和永恆的意思。

再進一步來說，這一將來的能力必須被視為創造的愛（creative love），這在耶穌的天國信息十分清楚。耶穌藉著宣告上帝統治及來臨，從而讓那些相信這信息的人現在就可以活在與上帝相交的團契中，這在耶穌所應許的赦罪中表露無遺，赦罪使得人從過去的重擔中被釋放出來，並且向他們開啟了將來的境域。視上帝或將來的能力為創造的愛，自然會指向創造的神聖動機，因而解釋了為何萬有存在。再者，每一成真的事件都藉著上帝的愛而跟所有其他事件連結起來，因為上帝的愛乃是創始成終的原因。對於潘寧博來說，上帝自身乃祂創造的愛的運動，祂為了世界的緣故而臨在耶穌和聖靈身上，前者是上帝來臨的統治的見證人，後者賜予自由的愛，創造耶穌所宣告的信心。

耶穌不單宣告上帝國度的來臨，並且祂自己就是終末將來的預先顯現。在這裏我們有必要進一步闡釋潘寧博的基督論。[21] 潘寧博在他的論題中即已表明：「上帝的神性的普世啟示在以色列的歷史中尚未完全實現，但卻首先在拿撒勒的耶穌的命途身上顯明，即一切事件的終結可以在祂的命途被預期。」[22] 也就是說，在耶穌身上，世界的終結已經以預先被期盼的方式發生了。具體地說，所預期的歷史的終結和完成，即從死裏復活，已經預先在耶穌身上發生了。基督事件之所以具有真正的終末特性，乃在於在其以外上帝並無啟示別的將來，世界的終結將如發生在耶穌個人身上的命途一般，從死裏復活，以整個宇宙的方式出現。為甚麼我們可以把耶穌從死裏復活這一事件視為世界的終結、終末的將來的預先發生？潘寧博在這裏指出猶太天啟主義（Jewish apocalypticism）是了解耶穌的信息、事工和命途所不能或缺的背景脈絡。猶太的天啟思想以期盼從死裏復活為中心，因此，在這一背景脈絡底下，耶穌首先透過其信息與事工，繼而藉著其死亡與復活，重塑終末的盼望。耶穌的復活，因而就帶有終末預先臨到的意義；上帝已經在祂的命途中揭示且發動了終末。

潘寧博這一終末神學，其社會和政治意涵不言而喻。由於世界的將來不由世界的現在和過去完全決定，而是在乎上帝的將來，這就使得我們必須配合上帝的將來而行事。這配合的意思乃是透過基督與上帝相交，從而在祂創造的愛裏面積極參與把上帝的一切受造物連繫起來，成一殊眾性的統一體。然而，潘寧博亦警告我們，追求不切實際的烏托邦（如將來主義〔futurism〕）是徒然的，因為上帝的國度其終極完成是外於人力的，我們要做的，並非靜觀事變，而是在盼望終末臨在中實踐、活出愛，好讓我們當前的光景能與上帝應許的將來相一致。

## 四、莫特曼的盼望／終末神學

莫特曼較潘寧博稍晚於一九六四年出版其劃時代著作《盼望神學》（*Theology of Hope*）。[23] 然而，按莫特曼的自述，他自一九六〇年就開始撰寫論文探討終末神學的問題。[24] 莫特曼跟潘寧博同樣著重終末論對整個基督信仰和神學的意義，並以將來了解終末的意義。莫特曼開宗明義表示「從起初到末了，而不僅在跋的地方出現，基督宗教就是終末論、盼望，向前眺望且向前移動，因而也是改革和轉化現狀。〔⋯⋯〕是以基督教神學只有一個真正的難題，其主題使得其自己必然如此，並且此一主題轉過來迫使人類思考將來這一難題。」[25] 換句話說，在基督教教義排最後的終末論，現在則有必要置於首位。這種置於首位的看法並不只是重新排列這麼簡單，而是以終末論來解釋整個基督信仰和神學，也就是說，終末論乃基督信仰的本質所在。就這一點，莫特曼跟潘寧博是相一致的。

跟潘寧博相比，莫特曼沒有建立一套終末的形而上學（eschatological metaphysics），他的起點不是潘寧博的整體歷史以及由此而引申出來的將來。對於莫特曼來說，這種進路仍然是希臘式的。因此，他強調這一將來乃首先是上帝所應許的將來，即以上帝的應許來解釋將來及其對現在的決定。事實上，應許乃開啟莫特曼的終末神學的必要鑰匙。這一上帝對將來的應許造成將來與現在的差異，甚至矛盾，並邀請人參與創造歷史，邁向上帝所應許的不一樣的將來。當上帝這一應許在基督事件（十字架與復活）達至極致，即普世化/宇宙化及勝過死亡，這應許就成了終末的，所應許的將來乃終末的將來，是全然新的將來。因此，對於莫特曼來說，終末的將來首先是在耶穌基督從死裏復活的事件所應許的將來，而不是從整體歷史的實在尚未完成以要求一終末的將來。

強調基督事件乃世界的盼望根基，主要在於耶穌的受苦與死亡乃是上帝參與認同世界悲慘景況的舉動，以致祂從死裏復活即為這一世界帶來勝過苦難的盼望。是以，沒有基督論的終末論即忽略了在一切對上帝應許國度的盼望中所必須面對的苦難和死亡，沒有終末論的基督論則忽略了在一切對上帝應許國度的盼望中所能嘗到的歡樂和信心。就前一點來說，莫特曼要強調的是十架的重要性，對將來的盼望固然是根植於基督的復活，但復活不能蓋過十架，是以，莫特曼批評潘寧博的「作為歷史的啟示」的神學議程，忽略了十架的重要性，忽略了復活和十架是構成基督信仰中的盼望所不能互相分割的基礎。因此，他指出：「這樣一來，一切基督信仰的復活終末論，都帶有『十架的終末』（eshatologia crucis）的標記」。[26] 由此，我們即可明白莫特曼在《盼望神學》要建立的是一種基督論的終末論（a "Christological eschatology"），而在《被釘十字架的上帝》（*The Crucified God*）[27] 則要建立一種終末論的基督論（a "eschatological Christology"）。前者的焦點為基督的復活及其終末意義，後者則從終末的角度審定十架的意義。

如果，我們說莫特曼所講的上帝是將來的上帝（God of future），那麼，這一將來的上帝必須從基督事件來把握，而非從普世歷史來了解。但這樣並不表示莫特曼忽略歷史，相反，他跟潘寧博對歷史的重視無分軒輊，甚至有過之而無不及。莫特曼毫不猶疑的指出以色列及初期教會都認定上帝參與及帶領歷史：「當述及上帝時總只是與其歷史活動相關連起來，述及其神性時亦不離其來臨中的國度，〔……〕上帝並非這世界存在（existence）的基礎，祂是來臨中的國度的上帝，要徹底轉化這個世界和我們的存在。」[28] 上帝的歷史活動即特別指到基督的十架和復活，並由此而指向其來臨中的國度，或準確地說，上帝來臨中的國度即在基督的十架和復活中間開展，從而把世界推向終末更新的將來。因此，上帝的神性只有到了終末才完全展現，故莫特曼說「上帝尚未存在」（God is not yet），這是從終末的角度所得出的結論，卻因而超越了有神論和無神論的論爭：「上帝存在」或「上帝不存在」。[29]

另一方面，重視基督事件的終末將來向度，亦表明世界歷史的將來不在於世界自身的發展，這是莫特曼跟布洛赫（Ernst Bloch）的分別所在。後者的《盼望原理》（*The Principle of Hope*）啟發了前者的盼望神學，但莫特曼卻對其以事物自身的自性為尚未存在的根源這一觀點未敢苟同。基督事件「並非表示世界及其歷史之內的可能性，而是賦予給世界，〔人類〕存在和歷史的新的可能性。」[30] 這即表示世界、人類存在和歷史的將來乃由基督自身和將來所決定，世界、人類存在和歷史之所以能有新的可能性，只因為基督受死被釘十架這一跟世界、人類存在和歷史交織一起的事件，從而使得世界、存在和歷史有一天可以跟隨基督的復活而再生。

我們可以看見，莫特曼的終末論乃建立在基督的十架和復活上，由於復活乃是對十架的否定，那麼，終末的盼望必然是跟我們當下的受苦、邪惡和死亡的經驗相矛盾。[31] 這樣，盼望就引伸實踐，終末的盼望引伸轉化的實踐，從而推動歷史的轉化。因此，對於莫特曼來說，基督信仰中的盼望，乃以從死裏復活的基督為基礎，在這種盼望中所認識的終末必然引致解放的實踐。是以，莫特曼批判潘寧博的終末形而上學僅僅只是另一套對世界的解釋，然而，「神學家並不汲汲於『解釋』世界、歷史和人性，而是在盼望神聖的更新中『轉化』世界」。[32] 由此，莫特曼即可從盼望神學生發出教會的使命，並指向聖靈參與更新世界的工作。

舒維堡指出，這樣的終末論看來好像回到十九世紀自由神學那種以上帝國度名義所倡議的對世界作倫理的轉化。舒維堡明確地辨別莫特曼所言的轉化實踐，其動力並非來自耶穌信息中的倫理要求，而是出於耶穌的十字架和復活的轉化力量。[33] 莫特曼經常強調，正是這一基督論的底子防止了基督信仰的終末論，滑入高抬永恆而低貶歷史變化的進程。這種歷史觀只能是希臘式的，而非基督信仰的觀點。以基督論為底子的終末論，所要求的是轉化現狀，而非廢棄歷史，歷史因而滿有意義，是一邁向終末將來的歷程。教會作為追隨基督服事世界的出埃及羣體，其使命就是在基督事件所展示的終末境域底下實踐轉化現狀的角色，讓這個世界更能對應來臨中上帝的國度。

## 五、五項反省

二十世紀不能不說是一終末論主導的神學時代，許多神學家，特別是潘寧博和莫特曼都給予終末論前所未有的重視，在神學議程上具有優先性，在後的必要在前。然而，這在建構基督信仰的終末論的過程中，有甚麼是應該反省、注意的呢？舒維堡在此提出了五項教訓，[34] 值得深思。

首先，終末論抽離獨立的錯謬（the fallacy of eschatological isolation）。一方面終末論必須以基督論為基礎，可是卻不能認為一切終末的內容由此而出，否則基督之後即無任何事情需要盼望。在這裏必須重視聖靈論；基督對終末的決定絕不能離開聖靈的能力。只有這樣才能防止「一切終末均在基督事件中全然實現了」的觀點。甚至，必須進一步指出，為了避免抽離處理終末論，三一式神學思考是必須的，因而所發展的基督信仰的終末論，必須是三一式的終末論。

其次，單一向度終末論的錯謬（the fallacy of one-dimensional

eschatologies）。在發展終末論之中很容易偏向人類生命某一層面，可以是存在的，也可以是歷史的，更可是政治的或宇宙的。並且經常把這些向度、層面置於非此即彼的局面，終末論的個人向度就跟羣體向度誓不兩立。然而，盼望的意象要強調的卻是上帝的終末行動是關連到我們整個關係的本性，一切向度都包含在內，這中間沒有哪一面較另一面重要的問題存在。基督信仰的終末論，必須是整全的關係的終末論。

再者，錯置延續與斷裂的錯謬（the fallacy of misplaced continuities and discontinuities）。一方面，若強調此世跟要來的國度的斷裂性，那如何可以談及盼望？另一方面，若認為終末將來乃完全是當下存在的延續，則何須盼望？因此必須在延續的斷裂之間取得平衡。只有耶穌基督的死亡和復活才能建立恰當的理解。斷裂乃在於耶穌的死亡乃真正的死亡，歸於無有。延續乃在於上帝是信實的，祂把耶穌從死裏復活，勝過死亡勢力，重建關係。基督信仰對終末的了解必須建基於此。

此外，不成熟地把終末時間化的錯謬（the fallacy of premature temporalisation of the eschaton）。這是以人類的時間意識來了解終末。奧古斯丁（Augustine）指出宇宙並非在時間中被造，而是跟時間一起被造，那麼，終末作為上帝更新一切受造物而至圓滿的一刻，並不屬於時間之內。要認識終末，就不能透過時間，而只能抓緊上帝，因為只有上帝是受造物的根基，也是受造物的時間的根源。任何以人類意識中的時間觀念來嘗試明白上帝的時間，都必然失敗，正如詩人所說：「我的時間在你手中。」（詩三十一 15）

最後，把終末論道德化的錯謬（the fallacy of moralization of eschatology）。經常出現的爭論乃是：甚麼是只有上帝會做的？甚麼卻應該只是人做的？事實上，對基督徒來說，我們的行事為人都應在上帝的國度這一背景底下來進行，因此，人類行動的終極方向、最高善，都不是人可以策劃完成的，而應該是上帝自己的策劃，也就是邀請這個世界跟祂一起完成。只有這樣，才能把世界從自滿自足的景況中釋放出來。基督信仰的倫理，就是按著上帝應許前進，至於這應許的實現，則只在三一上帝的手中，惟有這樣，人的努力縱然遇挫、失敗，但仍不會叫我們氣餒，因為一切都只在三一上帝的手中。

**註釋**

1. Christoph Schwöbel, "Last Things First? The Century of Eschatology in Retrospect," in *The Future as God's Gift: Explorations in Christian Eschatology*, ed. David Fergusson and Marcel Sarot (Edinburgh: T & T Clark, 2000), 237.
2. Schwöbel, "Last Things First?," 227.
3. Schwöbel, "Last Things First?," 222.
4. Schwöbel, "Last Things First?," 223.
5. Schwöbel, "Last Things First?," 223.
6. Schwöbel, "Last Things First?," 222.
7. Gerhard Sauter, *Zukunft und Verheissung: Das Problem der Zukunft in der Gegenwärtigen Theologischen und Philosophischen Diskussion* (Zurich: Zwingli Verlag, 1965).
8. Gerhard Sauter, *Eschatogical Rationality: Theological Issues in Focus* (Grand Rapids, MI: Baker Books, 1996).
9. Gerhard Sauter, *What Dare We Hope?: Reconsidering Eschatology* (Harrisburg, PA: Trinity Press International, 1999).
10. Johannes B. Metz, *Theology of the World*, trans. William Glen-Doepel (New York: Herder & Herder, 1969).

11. Johannes B. Metz, *Faith in History and Society: Toward a Practical Fundamental Theology*, trans. David Smith (London: Burns & Oates, 1980)；中譯本為梅茲：《在歷史與社會中的信仰：對一種實踐的基本神學之研究》，朱雁冰譯（香港：三聯書店，1994）。
12. Carl E. Braaten, *The Future of God: The Revolutionary Dynamic of Hope* (New York: Harper & Row 1969).
13. Carl E. Braaten, *Christ and Counter-Christ: Apocalyptic Themes in Theology and Culture* (Philadelphia: Fortress Press, 1972).
14. Carl E. Braaten, *Eschatology and Ethics: Essays on the Theology and Ethics of the Kingdom of God* (Minneapolis: Augsburg Publishing House, 1974).
15. Gustaro Gutiérrez, *A Theology of Liberation: History, Politics, and Salvation*, trans. and ed. Sister Caridad Inda and John Eagleson (Maryknoll, NY: Orbis Books, 1973).
16. Schwöbel, "Last Things First?," 227.
17. Wolfhart Pannenberg, ed., *Revelation as History*, trans. David Granskon (New York: Macmillan, 1968).
18. Paul Avis, *The Method of Modern Theology: The Dream of Reason* (Basingstoke: Marshall Pickering, 1986), 71 ～ 72.
19. Wolfhart Pannenberg, "Theology and the Kingdom of God," in *Theology and the Kingdom of God*, ed. R. J. Neuhaus (Philadelphia: Westminster Press, 1969), 51 ～ 71；中譯：潘寧博：《天國近了：神學與神的國》，鄧紹光譯（香港：基道出版社，1990），頁 1 ～ 21 =《潘能伯格早期著作選集》，林子淳選編，李秋零、鄧紹光等譯（香港：道風書社，2011），頁 233 ～ 254。
20. 此一綜述乃以舒維堡的文章"Last Things First?"為本，見頁 227 ～ 230。
21. 以下的闡述主要參考 Hans Schwarz, *On the Way to the Future: A Christian View of Eschatology in the Light of Current Trends in Religion, Philosophy and Science*, rev. ed. (Minneapolis: Augsburg Publishing House, 1979), 96 ～ 98。
22. Wolfhart Pannenberg, "Dogmatic Theses on the Doctrine of Revelation," in *Revelation as History*, ed. Wolfhart Pannenberg and trans. David Granskon

(New York: Macmillan, 1968), 139 (thesis 4).

23. 英譯本：Jürgen Moltmann, *Theology of Hope: On the Ground and the Implications of a Christian Eschatology*, trans. James W. Leitch (London: SCM, 1967)。
24. Jürgen Moltmann, Preface of *Hope and Planning*, trans. M. Clarkson (London: SCM, 1970), vii.
25. Moltmann, *Theology of Hope*, 16.
26. Moltmann, *Theology of Hope*, 83.
27. Jürgen Moltmann, *The Crucified God: The Cross of Christ as the Foundation and Criticism of Christian Theology*, trans. R. A. Wilson and John Bowden (London: SCM, 1974).
28. Jürgen Moltmann, "Theology as Eschatology", in *The Future of Hope*, ed. Frederick Herzog (New York: Herder & Herder, 1970), 10.
29. Jürgen Moltmann, *Religion, Revolution and the Future*, trans. M. Douglas Meeks (New York: Charles Scribner's Sons, 1969), 200～220.
30. Moltmann, *Theology of Hope*, 179.
31. Moltmann, *Theology of Hope*, 19.
32. Moltmann, *Theology of Hope*, 84.
33. Schwöbel, "Last Things First?," 231.
34. Schwöbel, "Last Things First?," 237～241.

## 推薦書目

要想對二十世紀的終末神學有一概覽式了解，Christoph Schwöbel, "Last Things First? The Century of Eschatology in Retrospect," in *The Future as God's Gift: Explorations in Christian Eschatology*, ed. David Fergusson and Marcel Sarot (Edinburgh: T & T Clark, 2000) 是必讀的文章。若要認識六十年代興起的盼望神學學派，則可參看 Hans Schwarz, *On the Way to the Future: A Christian View of Eschatology in the Light of Current Trends in Religion, Philosophy and Science*, 2nd ed. (Minneapolis: Augsburg Publishing House, 1979), 95～116，當中對潘寧博、莫特曼、麥茨、巴頓、古鐵熱等人有清晰而準確的介紹。

至於潘寧博和莫特曼的盼望/終末神學，行內專家撰寫的介紹文章有舒維堡及包衡（Richard Bauckham），均收於由福特（David Ford）所編的 David Ford, ed., *The Modern Theologians: An Introduction to Christian Theology in the Twentieth Century*, 2nd ed. (Oxford: Blackwell, 1997)。至於專著論述，關於潘寧博的可參 Carl E. Braaten and Philip Clayton, ed., *The Theology of Wolfhart Pannenberg: Twelve American Critiques, with An Autobiographical Essay and Response* (Minneapolis: Augsburg Publishing House, 1988)，書內附詳盡的書目。此外，Stanley J. Grenz, *Reason for Hope: The Systematic Theology of Wolfhart Pannenberg* (Oxford: Oxford University Press, 1990)、David McKenzie, *Wolfhart Pannenberg and Religions Philosophy* (Washington, DC: University Press of America, 1980)、E. Frank Tupper, *Theology of Wolfhart Pannenberg* (Philadelphia: Westminster Press, 1975)、David P. Polk, *On the Way to God: An Exploration into the Theology of Wolfhart Pannenberg* (Lanham, MD: University Press of America, 1989) 以及 F. LeRon Shults, *The Postfoundationalist Task of Theology: Wolfhart Pannenberg and the New Theological Rationality* (Grand Rapids, MI: W. B. Eerdmans, 1999)，都是很好的入門。有關莫特曼的可參 Richard Bauckham, *Moltmann: Messianic Theology in the Making* (Basingstoke: Marshall Pickering, 1987) 及 Richard Bauckham, *The Theology of Jürgen Moltmann* (Edinburgh: T & T Clark, 1995)、A. J. Conyers, *God, Hope, and History: Jürgen Moltmann and the Christian Concept of History* (Macon, GA: Mercer University Press, 1988)，以及 M. Douglas Meeks, *Origins of the Theology of Hope* (Philadelphia: Fortress Press, 1974)，這些都是必讀的作品。

上述都是英文著述。中文方面，介紹及討論潘寧博的有郭鴻標：〈潘能博的生平及神學思想簡介〉，《思》卷 59（1999 年），頁 17～21 和郭鴻標：〈潘能博的神學思想及其對華人宗教文化處境的啟迪〉，載《柯布、潘能博、侯活士與當代華人處境》，鄧紹光編（香港：信義宗神學院，1999），頁 51～92；另郭偉聯：〈潘能柏格的真理觀〉，《建道學刊》卷 11（1999 年），頁 81～

104；羅永光：〈從神學人觀開始〉，載《我信故我活》，羅永光編（香港：信義宗神學院，1998），頁 1～10；而莫特曼方面的則有曾念粵編：《莫特曼的心靈世界》（台北：雅歌出版社，1998）和鄧紹光：《終末．教會．實踐：莫特曼的盼望神學》（香港：基道出版社，1999）。

# 插論
## 莫特曼終末盼望神學的旅程*

任何人做神學，都有其處境；任何對別人神學的解釋，都有解釋者自身的處境。特別當我們透過解釋別人的神學來做神學，更是如此。沒有人可以免除處境來做神學，但是這並非缺陷，反而是好處，因為這顯出了神學或別人的神學的對應性、可挪用性。這同時也可以讓人發揮其想像、類比思維，把某一處境生發出來的神學，在另一處境中創意地再生。這是一條神學延續其自己的道路，而處境就成了其不可或缺的條件。

德國神學家莫特曼在第二次世界大戰經歷參戰、被擄、戰敗，如何走出國家民族挑起戰爭、殺害猶太人的罪債陰魂，如何對生命與生活仍然抱有盼望而不致被自身及人類的罪惡與苦痛所吞噬，恐怕是他難以逃避的存在命途。從這一角度來看，莫特曼的第一本著作：《盼望神學》（*Theology of Hope*, 1964），預先為他此後的神

---

* 本文原以〈莫特曼終末盼望神學的旅程〉為題，刊於《德慧文化事工通訊》第 17 期，2010 年 3～4 月，頁 1～3。蒙德慧文化圖書有限公司授權轉載。

學寫作道路烙下了清晰的印記。

在資本主義經濟生活席捲全球、毫無保留地高調宣稱發展是硬道理的中國及香港，我們又怎樣了解我們的命途？我們怎樣了解盼望？那是誰的盼望？誰有權決定誰的命途，以及盼望？我們怎樣述說我們的故事？我們的故事就只是我們自己的故事嗎？抑或別人早已把我們的故事鑲嵌到另一些宏大故事之中，譬如說，大國崛起的故事？在這樣的宏大故事之中，誰決定我的命途，以及盼望？

莫特曼從三一上帝的故事開始，來重新安置他自己的故事，以及人類的故事，從而指出何謂盼望，命途又是甚麼。莫特曼的「神學三部曲」寫於二十世紀的六十年代及七十年代，回應過去大戰的創傷，也面對當下東歐的赤化、越南的戰爭、美國本土的暴力，行刺以及拉丁美洲的戰亂。神學三部曲的《盼望神學》於一九六四年出版，《被釘十字架的上帝》於一九七二年出版，《在聖靈能力中的教會》(*The Church in the Power of the Spirit*)於一九七五年出版。莫特曼從三一上帝經世的拯救故事切入，既了解上帝，也了解世界。但是這並非一種純粹的描述，叫人可以平靜安穩，反之，莫特曼筆下的三一上帝在世的故事挑起了我們的不安：不安於現狀、不屑於安逸、不甘於認命。

莫特曼的三部曲並不提供彼岸世界的安慰，讓基督教的上帝成了麻醉人心的鴉片，也讓這世界的惡者得以繼續橫行跋扈——以政治、以經濟、以社羣、以民族、以文化、以性別等種種形式。莫特曼看見的三一上帝不是一種二元格局抽離世界的上帝，他看見的是一位對這個罪惡受苦的世界不離不棄的上帝。他看見被這個世界的權勢釘死在十字架上的耶穌基督，從死人中復活過來。耶穌基督甘願來到一個棄絕上帝、殺害上帝，也彼此棄絕互相傷害的世界，祂張開雙手把這樣的一個世界擁抱進內成為自己生命的一部分。從此，耶穌基督的命途就成了這個世界的命途；耶穌基督從死人中復活就成了這個世界不再一樣的盼望。然後，一個新的羣體——教會，就出現了。這是聖靈的工作。

聖靈使耶穌基督從死人中復活，向這個仍在罪惡苦難無上帝之中的世界作出應許，這一切都並非終局，世界的命途敞開了，充滿新的可能，而這新的可能就叫一個新的信仰羣體出現了。這新的羣體成了三一上帝的應許的盼望的預嘗與見證，在其所見證的終末盼望底下，她追隨耶穌基督在世的腳步，不離不棄地與罪惡苦難無上帝的世界同在，在三一上帝業已打開的空間內不懈地及批判地去轉化和更新，在樂觀與悲觀之間踐行耶穌基督那受苦與創造的愛。

耶穌基督的十字架與復活所彰顯的乃是三一上帝那愛的生命：受苦的愛與創造的愛。這是三一上帝經世活動所歸屬的神聖生命的本性。莫特曼在八十年代重新出發，在全球化的大環境、大氛圍底下開始撰寫其彌賽亞神學系列（messianic theology）。在一九八〇年首先出版的《三一與上帝國》（*The Trinity and the Kingdom of God*），一仍舊貫，從三一上帝的經世活動來闡述三一上帝的神聖生命，重新演繹自由乃個體在羣體中彼此包容內住所活出的生命，而這自由又以那邁向不一樣的將來的自由為底子。三一的經世活動乃一邁向終末將來以實現上帝的國度之道路；在這條道路上，三一的自由與終末將來的自由互為表裏，成了受造世界成其所是的命途。

莫特曼的彌賽亞神學系列，顧名思義，是在三部曲的終末將來導向底下，繼續思考基督教信仰對受造世界的含義，而尤其思考三一上帝邁向終末的經世活動，以及與此活動雙互歸屬的三一神聖生命，及其對受造世界的含義。在三一上帝方面來說，這是受苦的愛與創造的愛；這是自限虛己的包容性同在，也是批判轉化的創造性同在。這是空間意義上的，也是時間意義上的。並且，進一步來說，三一上帝空間意義上的同在促成了時間意義上的同在，從而使得這種同在並不是非時間性的，而是革故鼎新，日新又新的轉化。是以，從受造世界方面來說，這種空間意義與時間意義上的同在，是盼望之根本所在，也是受造世界成其所是之方向所在。

《三一與上帝國》開其端，《創造中的上帝》（*God in Creation*）於一九八五年接續出版，《耶穌基督的道路》（*The Way of Jesus Christ*）、《生命的靈》（*The Spirit of Life*）與《來臨中的上帝》（*The Coming of God*）則先後於一九八九、一九九一及一九九五年出版，就三一上帝經世的終末旅程，或三一國度的在世來臨，展開全面論述。莫特曼沒有自以為是，他只謙稱其彌賽亞神學系列乃嘗試對基督教神學作出貢獻，而非一錘定音的系統神學。彌賽亞神學系列是一條道路，是一趟認識三一終末上帝的歷奇旅程。事實上，一旦確認上帝的經世活動乃終末導向的，在基督的十字架與復活中指明這一方向，則神學就不是希臘哲學意義上的道之論述，可以一成永成。莫特曼早在《盼望神學》已經這樣表明神學的本性了。

既然這是三一上帝在世的旅程，那麼，莫特曼在其中發現人的在世又是一種怎樣的情況？就社會、政治、經濟、文化等空間，人陷進原子式個人主義與從眾式全權主義的一體兩面的弔詭現象之中。就生態空間，人陷進主宰與奴役受造世界卻自害其身的弔詭處境之中。這分別是《三一與上帝國》及《創造中的上帝》所揭示的人類景況。人類以為藉此而可活出人之本性，成其所是，結果適得其反。人類創造的空間，不斷扭曲、扼殺生命，那非活命的空間，叫自己、他人、土地及其上的活物，到了二十、二十一世紀，陷入前所未有的危機之中，既深且廣，無一倖免。莫特曼把人類處於歷史過程中的社會、政治、經濟、文化等空間，置於生態空間之中，從而限制其長時間落在以人為中心的宰制性實踐所造成的異化。這是進一步把三一上帝的包容內住的生命特性推而廣之，不單為人與人之間、社羣與社羣之間，也同時為人與大地及其上的一切活物之間所當是的生命特性，而不容歷史的轉化更新只以人為中心而犧牲大地及其上的一切活物。

人類這樣的一種景況，其命途可有盼望？三一上帝在世的活動，以父的創世為起點，那麼，子的拯救與靈的轉化，就是轉捩點。從這角度來看，《創造中的上帝》、《耶穌基督的道路》和《生命的靈》就是對應信經的神聖秩序，而分別以三一上帝所發動的上帝國度為開始又以三一上帝的來臨所完成的終末為結束，正是《三一與上帝國》與《來臨中的上帝》，置於首鼠兩端的原因。從這一整體結構來看，人類的盼望乃首先具體見於耶穌基督所開闢通往終末的道路、聖靈重生和稱義人類使其走聖化的道路。這條道路是生命的道路，但並非只是人類中心的道路，更不是自我中心的道路，而是一條容納異己的生態與社羣的道路，一條朝向終末三一國度包容萬有彼此自限內往的道路。在這條向萬有敞開又通往終末圓滿的道路上，人是惟一需要在基督裏藉聖靈悔改重生、稱義成聖的，因為原初三一上帝創造的生命空間，因著人的自以為是而扭曲、壓縮，以致日漸不能活命，不獨人如是，大地上的一切活物也如是。正因如此，人之悔改重生、稱義、成聖就必然具有社會、政治、經濟、文化，以及生態的向度。莫特曼的彌賽亞神學系列，既解讀人類的景況，也展示三一上帝的空間與道路，最終顯明了他自己對基督信仰的了解。

無疑，莫特曼走過的神學道路，都有伴隨著的處境與脈絡，而可見於其於二〇〇〇年出版的《神學思想的經驗》（*Experience in Theology*）與二〇〇八年出版的《廣闊的場所：自傳》（*A Broad Place: An Autobiography*）。當然，這些都是莫特曼把其神學思想的路途，置於其所了解的昔日相關的處境脈絡之中，而形成神學思想與處境脈絡互相解説的循環，而這正是我們閱讀莫特曼所遭遇到的。莫特曼對我們的處境有甚麼意義，恐怕這是我們自己的責任。我們帶著自己由處境而來的問題意識進入莫特曼那同樣也是帶著其處境的問題意識的神學思想之中，透過創意的類比想像，在一不斷嘗試探索的進程中，瞥見某些亮光而回過頭來重塑我們的處境與問題，從而邁出不一樣的步伐。重要的是，我們在這樣的一條道路上行進，神學思考的空間能夠不斷開拓、轉化，不再一樣，而這正好對應著莫特曼那視做神學為一趟歷險旅程的看法。亦惟有在這樣的一條道路上行進著思考，才是相應三一上帝那經世的旅程，而同樣為不離不棄地涉及當下自身所處的處境，活出那朝向終末的生命空間。神學思考的旅程，不免也是一趟追隨三一上帝在世的腳蹤，只是始於我們自己當下的處境而已。

# 2.

# 莫特曼：反/非邏各斯中心主義者[*]

## 一

一九六七年法國哲學家德里達（Jacques Derrida, 1930～2004；或譯德希達）一口氣出版了三部壓鼎之作：《言語與現象》（*Speech and Phenomena*）、《書寫與差異》（*Writing and Difference*）和《論文字學》（*Of Grammatology*），對西方的邏各斯中心主義（logocentrism）進行了強而有力的解構，顛覆他所謂的「在場的形而上學」（metaphysics of the presence）。這是哲學界的劃時代事件。相距不遠，一九六四年莫特曼出版了《盼望神學》，對永恆臨在/在場（eternal presence）式的終末論進行了批判，並於一九七二年出版的《被釘十字架的上帝》中繼續深化這反/非在場的

---

* 本文原以〈基督信仰的反/非邏各斯中心主義〉為題，刊於《當代》第 183 期，2002 年 11 月，頁 36～45。

基督信仰。

然而，我們在這裏指出莫特曼的神學思想乃是反/非邏各斯中心主義，並非一種已經廣為人知的共識，這方面的深入分析和探討也尚付闕如，但卻是其神學思想中所蘊含的不可忽略的重要向度。一方面，莫特曼的思想固然首先是針對基督信仰自身的詮釋而發出的，但另一方面，莫特曼此一針對背後實有一關注人間社會文化的精神在內，要求基督信仰必須實踐出其對處境的相干性（relevance）。有關莫特曼這一基督信仰對自身的批判及對處境的相干性，亦可有不同的詮譯，如認為莫特曼與馬克思（Karl Marx）、批判理論（critical theory）之間有著不容忽視的親和性。事實上，莫特曼的《盼望神學》及《被釘十字架的上帝》行文中的確常有提及馬克思、布洛赫、霍克海默（Max Horkheimer）、阿多諾（Theodor W. Adorno）、班雅明（Walter Benjamin）等人的名字及思想，並加以討論及發展。可是，當批判乃一消極的辯證（negative dialectics）而非一勞永逸地消除不義、罪惡，以建立大同的整體（totality），這就開始接近德里達的解構了。[1]

## 二

即或莫特曼在其寫作中沒有提及德里達的名字及思想，但是這並不礙其在精神上與德里達相契。這裏透過對莫特曼早期兩本作品《盼望神學》和《被釘十字架的上帝》作出分析，從而顯明這一論斷。《盼望神學》一書的副題為「基督教終末論的基礎與意涵」（On the Ground and the Implications of a Christian Eschatology），討論的是終末論的問題。但「終末」可以表之以「論」嗎？如果「終末」可以表之以「論」的話，這將是何種的「終末」？對於莫特曼來說，這只會是希臘式的——當「論」出之以希臘式的意義。理由很簡單，只有希臘式的「道」才可以表之以「論」，故二者俱為 logos，而「希臘道/論這個字指的是一當下且恆常在場的實在」，[2] 結果，在這樣所理解的道/論底下，終末就成了恆常在場的實在，而可以表之以「論」了。

終末論要講的是終末的事，指向的是將來、未來，但如果這將來、未來只是「當下的連續或固定回歸」(the continuation or regular recurrence of the present)，[3] 那麼將來、未來的意義就不帶有時間性了，而是永恆。莫特曼直截了當地反對這種看法，他指出：

> 「終末—**論**」(eschato-*logy*) 這一詞是錯誤的。如果「教義」指的是一組可以透過恆常重複的經驗而被明白，且向任何人敞開，那麼就沒有末事的「教義」("doctrine" of the last things)。[4]

換句話説，在莫特曼看來，終末不是當下的連續或固定回歸，不是恆常重複的在場實在，因而不可能在言説中掌握、反映、再現。「如果將來帶來的是震撼性的新物事，我們對這物事就不能説些甚麼，也不可能講出甚麼意義來，這是因為道/論的真理(log-ical truth)僅只發生在具有持續及固定回歸性格的物事身上，而不在新的和偶發的物事身上。」[5] 道/論的真理反映、再現恆常在場的實在，或者，更準確地説，道/論的真理反映、再現道/論的實在。

對於莫特曼，「基督信仰就是終末論、盼望、向前眺望並向前移動，因而革新及轉化現在當下」。[6] 因此，基督信仰的大敵乃是那種謙卑地持守、抓住當下的宗教思想，[7] 把當下絕對地永恆化而為實在的在場。在這中間反顯了人的全然擁有的慾望：「難道『當下』不是惟一的時刻人全然活在其中、『當下』全然屬於人，並且人又全然屬於『當下』嗎？〔……〕只有當下才可稱之為『是』/『在場』（is），只有當下的存有恆常與我們同在。如果我們全然臨在/在場——全然同在——那麼在時間中間我們也能逃離時間倏忽無常及虛無否定的效果。」[8] 簡單來說，人渴望當下就是永恆，是真理及實在的全然在場的時刻，一切朗然在目，無有虛欠。這正是德里達所說的在場形而上學的心態。人的這一舉動不僅要求自己成為當下在場的存有，並且進一步要求實在乃存有的永恆臨在/在場，[9] 這就使得基督信仰中的終末論和上帝論成了永恆臨在/在場式的。

以希臘式的道/論為根據的終末論，自然就是一邏各斯中心主義式的終末論，高抬永恆的當下在場，結果其上帝論亦是在場形而上學式的。對於希臘哲學來說，終末的 parousia（意即實體/真理的來臨）乃是上帝的臨在/在場、存有的臨在/在場的異說，[10] 上帝、存有的永恆在當下的臨在/在場就是終末的 parousia，莫特曼稱這種臨在/在場為「永恆的當下的顯現」（epiphany of the eternal present）。[11] 莫特曼舉了現代神學家艾伯尼爾（Ferdinand Ebner）的思想為例。艾伯尼爾認為「所謂永恆的生命乃是在絕對當下（absolute present）的生命，而事實上人的生命乃是上帝臨在他的意識之中」，[12] 因為上帝的本質就是絕對的精神性臨在/在場，而人的「當下」並非別的，只是上帝的臨在/在場。[13]

可是，莫特曼的終末論卻非希臘式的。終末固然由道來決定，但這道卻不是「永恆的當下的顯現」，而是從死裏復活的耶穌基督。基督信仰的終末論（Christian eschatology）必然是基督論式的終末論（Christological eschatology）。然而，何以基督論式的終末論是非希臘式的終末論、非邏各斯中心主義、非當下在場式的？這即涉及從死裏復活的耶穌基督。從死裏復活的耶穌基督並非上帝永恆的當下的顯現，其 parousia 也不是基督當下的在場（praesentia Christi），[14] 反之，上帝乃是將來的上帝（God of future），莫特曼引布洛赫指出「上帝以將來為其本性」，[15] 基督的 parousia 乃是其來臨（adventus Christi）。[16] 是甚麼使得耶穌基督如此？

## 三

套用德里達的用語「痕迹」，在莫特曼的思想裏，耶穌基督乃是上帝自身在世的痕迹；作為痕迹，耶穌基督並不是上帝永恆的當下顯現，而是邁向那跟當下實在不一樣的終末將來。莫特曼正是站在這一立場上批判他的師輩巴特和布特曼那種高抬永恆的當下在場的觀點。上帝的道——耶穌基督，乃是上帝的應許，這是承繼舊約學者馮拉德（Gerhard von Rad）對上帝顯現的看法再作進一步的發展。舊約中的上帝其顯現並非永恆當下式的，而是在給予應許一跟現狀不一的將來中出現。這樣，上帝的出場總是將來的、非當下的，意思是上帝沒有在當下全然顯現其自己而為一在場的上帝，祂只以一給予應許的身分出現而為一應許的上帝，其本性有待於應許在將來的實現來決定而為一信實的上帝。如此一來，上帝的全然在場乃是將來意義的，卻非當下的，當下的只是其對將來的應許，也可以說是全然在場的痕迹而已。

莫特曼明白表示：「『上帝自己』因而不能了解為其超越的『我性』（transcendent "I-ness"）的反思，而當是其在歷史中對其應許的信實所顯明的自我同一（self same-ness）。」[17] 因此，上帝絕對不可能直接地顯現其自己，無論是透過祂自己（巴特的立場），或是透過人（布特曼的立場），卻只能出之於耶穌基督這一上帝應許的道。當耶穌基督乃為上帝應許的道，那麼，耶穌基督同樣不是上帝永恆的當下顯現，上帝在耶穌基督裏並沒有以全然在場的方式出場，而是以應許的方式出場。這樣，上帝就在耶穌基督裏隱藏其自己。然而，所謂隱藏是指其尚未完全在場而言，所以更恰當的說法該是尚未在場、尚未存在。

耶穌基督，這上帝應許之道，其從死裏復活的事件，本身正是指向終末將來的，從而使得其自身非在場化而成為指向終末在場的痕迹。耶穌基督復活的事件是給予世界的應許，讓世界有所盼望：有一天上帝會實現這一復活的應許，更新及轉化世界的現狀，使之從死裏復活，成為上帝的居所。因此，基督的復活絕非上帝全然在場的顯現或預演〔此是潘寧博的立場〕，[18] 而僅只是先付之訂金（down payment）。基督的復活僅只是憑據，可是沒有這憑據也不可能進一步談上帝終末的全然在場。這不僅是認識的問題，亦是實現的問題。這並非表示兩者有任何亞里士多德式（Aristotlean）的潛態與顯態的關係。基督的復活並不涵有上帝全然在場的種籽在內，後者並非前者自然而然的發展。反之，一切都只在乎上帝自己終末將來的信實。上帝在終末的全然在場只繫於其自己對應許的實現。沒有應許就沒有實現，但應許之實現卻不由應許本身所決定，兩者之間沒有必然的關係，只在於賜予應許者的信實。

如果基督的復活並非上帝的終末全然在場，那麼人就不能執著當下的現狀；如果基督的復活乃是指向上帝終末的全然在場，那麼人就不能執著當下的現狀。這樣就把現在的優先性取消了。反之，終末的將來是使得現在不會僵化而恆常向前邁進的條件。終末的將來從來都沒有現身出場而為人全然把握，因為它總是在上帝的應許中被認識，總是在跟當下現狀的對反中被察識。因此，當下的任何現狀都不會是真理的全然在場，從而不可絕對化任何當下的現狀。反之，人必須不斷革故鼎新，離開現狀而非執於現狀，否則，他就是把現狀偶像化。一切文化中應許的當下就是永恆，都不可信；一切文化中應許的此刻即圓滿，都是虛幻。一切高抬當下此刻的言說，都將引致無力轉化更新現狀而淪為意識形態。

基督的復活所指向的終末將來乃是開啟現在而使其可以邁向將來，以致脫離現有的景況。這一終末的將來，固然可稱為上帝的全然在場，可是其全然在場，在莫特曼看來，並非靜態僵化的，「在榮耀的國度中還將會有時間和歷史，有未來和可能性」，[19] 這就意味著終末的將來亦非一徹底全然朗現的在場，其所強調的乃是沒有朽壞與死亡。[20] 將來和可能性並沒有因著終末將來的臨到而消失，因為上帝的全然在場其實乃指上帝自身作為可能性臨在於萬物當中從而使得萬物日新又新、生生不息，其自己作為可能性本身是不會因這一臨在而耗盡。在這裏我們完全不可以採取亞里士多德式的潛態、顯態來了解終末將來臨在的意義。是以，上帝終末的全然在場只能理解為作為可能性自身的上帝與萬物同在，使得萬物恆常朝向新的可能景況轉化與更新，而非可能性全然實現以致再無任何新的可能。在這裏全然在場乃是指對朽壞和死亡等否定，即消除那否定生之可能性的勢力，以致生之可能性得以全然無礙地在萬物中不斷地發生作用，讓萬物不斷地邁向新的境地。

## 四

在莫特曼的神學中，不單耶穌基督的復活是反當下在場的，其十字架事件亦是對希臘式的永恆在場的道/論的否定。這主要在於上帝在基督的十字架事件以隱藏的方式揭示其自己，其在場即以隱藏的在場的方式出現。按莫特曼的解釋，上帝在十字架上，乃是以相反的方式臨在，他說：「〔……〕『上帝之作為上帝』只啟示於他的反面：無上帝的和上帝所棄絕的存在。具體説來，上帝啟示於上帝所棄絕的基督的十字架中，〔……〕」[21]「上帝的神性在十字架的悖論中顯現」。[22] 當上帝在基督的十字架事件中顯現其自己之時，乃是上帝自我的否定：聖父上帝對聖子上帝的否定，聖子自己對自己的否定，在這一否定的事件中，上帝即隱藏其自己的榮耀。換句話説，當下乃是無上帝的，當下乃是上帝所棄絕的，絕非上帝榮耀的在場。可是，弔詭的卻是，上帝仍在其中，只是以無上帝、為上帝所棄絕的方式出現。這樣的上帝就不是一位永恒在場的上帝。

這樣的神學乃是十字架的神學（theology of the cross），它要針對的是榮耀的神學（theology of glory）。榮耀的神學所著重的乃是當下就可反映、再現上帝的榮耀。莫特曼這樣撮述榮耀神學的思想：

> 上帝不可見的本性可由其作用和世界的實在性而為人所知；反過來説，世界的實在性被認為是上帝的世界，即上帝神性可見的軀體〔斯多亞〕，用基督教術語來講，世界的實在性被認為是上帝看為好的創造物。可被體驗和認知的世界其實在性就像一面鏡子，能夠間接地反映上帝的神性、上帝的大能、上帝的智慧和上帝的義，因為這是一個被創造、被完成的世界，已被置定於運轉、有序和有條不紊之中。它是宇宙，是上帝的創造。[23]

這段文字表明了榮耀神學兩個特點。首先，它以為世界已經被完成，其次，它以為這一個被完成的世界可以完全反映上帝的本性。榮耀的神學所講的是在場形而上學的上帝。在場形而上學的上帝是全然而在場的，意即上帝不可能隱藏、缺席，上帝不可能虧損、死亡。莫特曼指出：「在形而上學看來，神聖存有的本性為其統一性和不可分割性、無始無終性、不動性和不變性所決定。」[24]為甚麼必須如此規定神聖的存有——上帝？背後的理據乃涉及拯救的問題。簡單地説，即只有沒有死亡、苦難、混亂的神聖存有，才能克勝這個世界的死亡、苦難、混亂，「因此，必須從神聖存有中排除死亡、苦難和必死性」。[25] 這樣一來，神聖存有的上帝就成了全然在場的上帝。

這樣的上帝，很明顯，只在榮耀中出場，卻在死亡中缺席。上帝只是榮耀的上帝，而非死亡的上帝。當上帝的榮耀可以透過受造的世界而得以反映出來，或藉著當下的受造世界而可以反映上帝的榮耀，這無疑即肯斷當下受造世界榮耀的一面，並且不單如此，更肯斷當下的受造世界即可反映上帝自身的榮耀。如此一來，即高抬當下的受造世界，而無視其死亡、苦難、混亂的一面。然而，十字架的神學剛相反，指出上帝正正在十字架上，上帝正正在死亡、苦難之中。當下的世界，無論是人性也好，歷史也好，自然也好，都沒有反映上帝的榮耀，因為上帝選擇了在十字架上以相反的方式——無上帝的和為上帝所棄絕的——出現。十字架，在莫特曼看來，乃是戳破一切高抬當下榮耀在場的利器。

十字架表明了這個世界的破碎與襤褸，根本不足以承載上帝榮耀的在場，更何況上帝榮耀的在場乃屬終末的事件，且恆常在一不可能完全徹盡的景況中在場，因而使得上帝終末的在場仍然是不在場的在場。十字架矗立在大地之上為的是要打破一切在場形而上學的偶像。這個世界固然不是處於真理全然落實的景況，上帝也沒有此時此刻全然地以其榮耀臨在於人性、歷史、自然之中。這並非説上帝全然地沒有臨在，而是説上帝沒有全然地臨在，祂以反面的方式臨在，以隱藏的方式在場，好表明此時此刻絕非圓滿，絕不可以絕對化而成偶像。

耶穌基督作為上帝的道，其十字架事件與復活事件明顯地是一解構當下在場的形而上學的舉動。一方面，十字架事件顯明當下的不圓滿，上帝在十字架上的苦難與死亡完全跟榮耀截然相反，上帝甚至把苦難和死亡收納進入自身的生命、成為自身生命的一部分。榮耀的生命與苦難、死亡的生命是不能分割的，後者是構成前者的不可或缺的部分。這樣即解構了當下在場的榮耀的神學。另一方面，復活事件表明當下的不圓滿，因為前頭有上帝應許跟現狀不一樣的將來。復活事件要説的是將來的可能性，而非當下圓滿的實現。將來的可能性恆常是可能性，不因其在現實中的不斷實現而告終，卻是現實不斷離開當下邁向不一樣的將來的可能性自身。這就是莫特曼所説的終末的將來。最終，就是開始。莫特曼如此説。

**註釋**

1. 有關解構哲學跟馬克思主義的關係，可參 Michael Ryan, *Marxism and Deconstruction: A Critical Articulation* (Baltimore and London: The Johns Hopkins University Press, 1984)。
2. Jürgen Moltmann, *Theology of Hope: On the Ground and the Implications of a Christian Eschatology*, trans. James W. Leitch (London: SCM, 1967), 17.
3. Moltmann, *Theology of Hope*, 17.
4. Moltmann, *Theology of Hope*, 17.
5. Moltmann, *Theology of Hope*, 17.
6. Moltmann, *Theology of Hope*, 16.
7. Moltmann, *Theology of Hope*, 26.
8. Moltmann, *Theology of Hope*, 27.
9. Moltmann, *Theology of Hope*, 28.

10. Moltmann, *Theology of Hope*, 31.
11. Moltmann, *Theology of Hope*, 28～29.
12. 引自 Moltmann, *Theology of Hope*, 29。
13. Moltmann, *Theology of Hope*, 29.
14. Moltmann, *Theology of Hope*, 31.
15. Moltmann, *Theology of Hope*, 16～30.
16. Moltmann, *Theology of Hope*, 16.
17. Moltmann, *Theology of Hope*, 116.
18. 潘寧博的立場及莫特曼對其批判，參 Moltmann, *Theology of Hope*, 76～84。
19. Jürgen Moltmann, *God in Creation: A New Theology of Creation and the Spirit of God*, trans. Margaret Kohl (London: SCM, 1985), 213；中譯本：莫爾特曼：《創造中的上帝：生態的創造論》，隗仁蓮等譯（香港：漢語基督教文化研究所，1999），頁 289。
20. Moltmann, *God in Creation*, 213；莫爾特曼：《創造中的上帝》，頁 289。
21. Jürgen Moltmann, *The Crucified God: The Cross of Christ as the Foundation and Criticism of Christian Theology*, trans. R. A. Wilson and John Bowden (London: SCM, 1974), 27；中譯本：莫爾特曼：《被釘十字架的上帝》，阮煒譯（香港：道風山基督教叢林，1994），頁 49。中譯按英譯本稍作修改。
22. Moltmann, *The Crucified God*, 27；莫爾特曼：《被釘十字架的上帝》，頁 49。
23. Moltmann, *The Crucified God*, 210；莫爾特曼：《被釘十字架的上帝》，頁 275～276。中譯按英譯本稍作修改。
24. Moltmann, *The Crucified God*, 214；莫爾特曼：《被釘十字架的上帝》，頁 281。中譯按英譯本稍作修改。
25. Moltmann, *The Crucified God*, 214；莫爾特曼：《被釘十字架的上帝》，頁 281。中譯按英譯本稍作修改。

# 3.

## 導讀《盼望神學》*

### 一

莫特曼的神學在漢語學界的翻譯和研究，要到二十世紀九十年代才開始稍為熱鬧起來。其早期著作三部曲之一《被釘十字架的上帝》，[1] 在一九九四年出版中文版，此後十多年至今莫特曼的彌賽亞系列（messianic series）即陸續翻出，包括《創造中的上帝》（一九九五年中文版）、[2]《來臨中的上帝》（二〇〇二年中文版）。[3] 此外還有《當代的基督》（*Jesus Christ for Today*）（一九九九年中文版）、[4]《俗世中的上帝》（*God for a Secular Society*）（一九九九年中文版）、[5]《科學與智慧》（*Science and Wisdom*）（二〇〇二

---

* 本文原以〈中譯本導言〉為題，載於莫爾特曼：《盼望神學：基督終末論的基礎與意涵》，曾念粵譯（香港：道風書社，2007），頁xv～xxxvi。蒙漢語基督教文化研究所授權轉載。

年中文版）、[6]《神學思想的經驗》（*Experiences in Theology*）（二〇〇四年中文版）。[7] 值得注意的是，《神學思想的經驗》一書是莫特曼以自傳的形式來敍述他的神學思想的方式，這書作為其對自身思想的總結性回顧，跟他的成名作品《盼望神學》具有一種首尾呼應的關係。[8]

過去漢語學界對莫特曼的研究情況，可參曾念粵的文章〈漢語學界關於莫特曼神學研究的成果與現況〉。[9] 在這裏主要就《盼望神學》之研究情況講述一下筆者的觀察。就筆者讀到的最早研究的文章乃是安德華於一九八八年發表的〈莫特曼的希望神學〉，[10] 以及劉小楓收於一九九〇年出版的《走向十字架上的真理：二十世紀神學引論》[11] 一書中的文章：〈十字架上的未來是大地的希望〉。這兩篇文章都屬導論性。前者就《盼望神學》一書的重要關鍵觀念作出介紹和討論。全文分三節：一、末世論在希望神學中的地位；二、從末世看創造；三、應許和信實的上帝。這是屬於主題式的內容介紹。後者則在思想背景上極有著墨，如布洛赫，並由其「尚未存在」（Noch-Nicht-Sein）的看法切入，討論莫特曼的將來與盼望、解放與實踐，最後以《被釘十字架的上帝》來表明莫特曼的終末論同時是以耶穌基督的十字架和復活為其基礎和內容的。這兩篇文章各自以不同的方式介紹了莫特曼的《盼望神學》的核心主題，但卻尚未進到對全書作出分析性的解說，指出各章的主題內容。一九九二年安希孟發表〈從復活節的希望到十字架的受難 —— 莫爾特曼的神學思想評述〉，[12] 介紹莫特曼的《盼望神學》跟《被釘十字架的上帝》兩書的思想，就前者來説，其介紹只是簡要重點式的，而非導讀式的。其後安希孟在曾念粵主編的《莫特曼的心靈世界》[13] 發表的〈《盼望神學》十年歷程〉，所著眼的也只是《盼望神學》出版後的十年期間莫特曼的思想發展，於《盼望神學》一書的結構並無觸及，即或鄧紹光於一九九〇年發表的〈末世中的盼望——莫特曼「希望神學」淺介〉[14] 也只是借用研究莫特曼神學有素的英國學者包衡（Richard Bauckham），來表達《盼望神學》一書之中的辯證基督論（dialectical Christology）與辯證終末論（dialectical eschatology）的關係。無疑，鄧紹光稍後在一九九九年出版的《終末・教會・實踐：莫特曼的盼望神學》，[15] 在第二部中的頭五章中仔細疏解《盼望神學》一書，但亦僅只選取當中的導論及一至三章進行解說，固然未及第四及第五章，[16] 更沒有為讀者全面分析整部作品的結構。至於林鴻信的《莫特曼神學》[17] 一書，雖然闢有專章〈盼望神學〉講解莫特曼的《盼望神學》，但亦主要就此書之哲學背景及神學主張予以介紹，同樣沒有就《盼望神學》作出導讀性的分析。

一個值得關注的現象，就是漢語學者對《盼望神學》某些論題的專門及深入探討、比較。這尤可見於二〇〇二年十一月於台灣中原大學舉行的「莫特曼與漢語神學」國際學術研討會。當然，首先不得不提的是莊雅棠在一九九二年完成的博士論文：〈「將來」的優先性——海德格與莫特曼時間觀及歷史觀之比較研究〉。[18] 這是漢語學界第一篇專門研究莫特曼的博士論文，深入分析莫特曼的歷史觀。不單如此，這也是漢語學界第一篇從比較的角度來凸顯莫特曼《盼望神學》及其後相關作品中對歷史的看法的論文。其後以中原大學舉辦的「莫特曼與漢語神學」國際學術研討會為基礎而編成的《莫爾特曼與漢語神學》，當中多篇文章就有上述這種現象，如陳佐人的〈盼望之詮釋——里克爾與莫特曼之對比式探討〉、林鴻信的〈回憶與盼望——奧古斯丁與莫特曼的時間觀〉、陸敬忠的〈盼望詮釋學與善之理念——一種莫特曼神學與柏拉圖哲學之對話嘗試〉。

換句話說，過去漢語學界研究莫特曼的《盼望神學》很早就進入專門性探究的階段，如對時間及善之研究，或是開展深度的比較：如與海德格（Martin Heidegger, 1889～1976；或譯海德格爾）、利科（Paul Ricoeur, 1913～2005；或譯里克爾、呂格爾）、奧古斯丁及柏拉圖（Plato）等相提並論。固然這樣可以對漢語學界研究莫特曼起著一種深化的作用，但卻同時過度專門化，使人感到要進入《盼望神學》瀏覽其中的內容，舉步維艱。人都容易錯誤地以為這部莫特曼開山之作是深不可測的神學作品，這就對普及其以盼望為標誌的神學構成攔阻。在這裏，我們不得不轉向西方學者的介紹。

## 二

在西方英語的介紹中，筆者毫不猶疑首先想要推薦的卻是翻成英語的德文作品，這就是穆勒—法衡豪士（Geiko Müller-Fahrenholz）的《國度與能力：莫特曼的神學》（*The Kingdom and the Power: The Theology of Jürgen Moltmann*）。[19] 當然還有筆者老師包衡為《盼望神學》二〇〇二年的英文版所寫的序言。[20] 穆勒—法衡豪士在《國度與能力》一書中的第三章介紹的就是《盼望神學》，寫得生動活潑，特別在交代這書的前因後果一事上。在這章的第二節作者分兩部分帶出全書的重要討論：一、為布洛赫的《盼望原理》所洗禮？二、《盼望神學》的基本內容。前者簡要交代莫特曼與布洛赫的平行與差異，並且直接引述《盼望神學》的引言〈對盼望的默想〉來表明此書的中心主題：耶穌基督的復活及將來之間的關係。作者進而認為以此一主題為內容的第三章〈耶穌基督的復活與將來〉實為全書的核心，指出第一及第二章為背景，第四及第五章為結論，涉及解釋學及教會論。[21] 接著作者縷述每章之論題及重點，具有提綱挈領的作用，又交代各章之間的起承轉合，予人十分整體全面的幫助。

包衡為二〇〇二年的英文版所寫的序言，亦是一篇對閱讀《盼望神學》很有助益的文章。這序言的篇幅不及穆勒一法衡豪士的文章一半，但卻點出了此書兩個跟其背景及處境相關的向度：與德國神學的關係、與現代性的關係；[22] 然後方才介紹此書的三個關鍵概念：神聖應許、以耶穌的復活為應許，以及以歷史為使命，[23] 這即分別為第二、三、四章的內容。作者繼而提出閱讀《盼望神學》的策略：略過第一及第四章，先閱讀第二及第三章，這兩章講的是盼望，以及第五章，這章闡明盼望對教會在社會中的使命所蘊含的意義。[24] 最後作者為讀者指出了第四章在全書的意義：與當代歷史學及歷史哲學對歷史的反省作出對話，顯出它們當中所蘊涵卻又可被基督信仰超越的終末取向。[25] 相較於穆勒一法衡豪士的介紹來說，包衡的序言更有指引性而非純是內容的撮要。因此筆者在下文會更多引述此一序言以幫助我們全面認識莫特曼的《盼望神學》。

事實上，包衡這篇序言中的看法，可以追溯至其早年作品《莫特曼：形成中的彌賽亞神學》（*Moltmann: Messianic Theology in the Making*）[26] 第二章第一節「《盼望神學》的結構與方法」（The Structure and Method of *Theology of Hope*）。此書第一章處理《盼望神學》與《盼望原理》的關係，第二章討論《盼望神學》一書的結構方法、主要論題，以及此書之後的政治神學。筆者以為讀者在看過上述穆勒一法衡豪士的《國度與能力》的第三章及包衡的序言，不能錯過包衡此書的第一及第二章。此外，包衡亦對《盼望神學》中所講的復活作過深度的探討，見其收於《莫特曼的神學》（*The Theology of Jürgen Moltmann*）[27] 的第二章〈重訪《盼望神學》〉（"*Theology of Hope* Revisited"）。

最後不得不提的兩本著作分別為康爾斯（A. J. Conyers, 1946～2004）的《上帝、盼望，以及歷史：莫特曼及基督教的歷史概念》（*God, Hope, and History: Jürgen Moltmann and the Christian Concept of History*），[28] 和米傑士（M. Douglas Meeks）的《盼望神學的根源》（*Origins of the Theology of Hope*）。[29] 康爾斯一書的第三章〈在歷史中的上帝的應許〉（"The Promise of God in History"）以歷史為主線貫串來討論《盼望神學》一書，極能展示出莫特曼此書的全貌。米傑士一書至今仍然是全面深入研究《盼望神學》的必讀之作。作者追尋塑造莫特曼此書思想的哲學及神學資源與人物、先輩與同輩，又同時能夠幫助讀者深入當中各章節去了解其思想。然而筆者並不鼓勵對莫特曼全無認識的讀者以此為首選。若對《盼望神學》缺乏概略的掌握，此書只會讓人迷失在各種知識處境的追索之中，卻摸索不到莫特曼盼望神學的精粹和要項。

## 三

莫特曼倡議終末取向的神學，事實上並非只是他個人的創建。二十世紀六十年代還有潘寧博、麥茨和紹特等人轉向以盼望為主題來發展基督教的神學。包衡指出這一共同強調盼望與將來的轉向，都重視基督教的盼望乃一對世界將來的盼望。[30] 這種形態的終末取向神學或盼望神學，使得他們跟其師輩如巴特、布特曼及田立克等人的終末論分別開來。下文首先討論兩種終末觀點的差別，然後再行確定莫特曼與其同輩的分別，藉這兩重對比從而讓讀者把握莫特曼的終末神學的獨特性。基本上我們在這一節和下兩節要做的是定位的工作。

舒維堡嘗指出：「二十世紀，在神學上來説，確實可被稱為終末論的世紀。」[31] 當中又分為兩段白熱化時期，分別為第一次世界大戰之後及六十年代。[32] 第一次世界大戰過後，巴特、布特曼及田立克都認為終末論是基督信仰的神學的決定性框架，一致認為時間與永恆乃辯證的關係（the dialectic of time and eternity），永恆進入時間乃終末的臨在，但各人對終末臨在的內容意義卻有不同的開展。[33] 巴特由基督的復活而見永恆對時間的對質，田立克由契機（kairos）把一切歷史中宣稱具有終極意義相對化而見永恆與時間的辯證，布特曼由宣講基督所生的終末時刻的決定——體現人的本真存在的意義於當下——以見永恆對時間的挑戰。[34] 由於他們以祈克果（Søren Kierkegaard；或譯齊克果、基爾克果）式的辯證來了解永恆與時間的關係，其終末論即為辯證的終末論。舒維堡簡要但到位地指出，辯證神學關心的是永恆臨在以挑戰時間的每一刻，這就是危機，在當中永恆威嚇著時間的穩定性，永恆因而被了解為時間的界限。[35] 這一界限並非量上意義的，而乃係質上意義的，意即永恆對一切時間中的事物具有批判的界限意義；是以，基督的臨在是一切量上的時間在質上的界限與揚棄。[36] 這樣，parousia（意即實體/真理的來臨）就不是一時間的問題，反之，它挑戰時間的每一刻，再無所謂 parousia 的延遲，因為 parousia 並非在時間之中發生的。[37]

莫特曼及其他神學家在上世紀六十年代提出的終末取向神學或盼望神學，可說是對師輩那種從上而下的終末論作出反動。當辯證的終末論強調終末的當下突破時間，就有一種非時間性、非歷史性的傾向，意即否定歷史的意義。然而，對莫特曼等人來說，這樣只會把終末論的將來境域/視域（the future horizon）吞噬，終末論所講的終末就會變成沒有將來的終末，結果就是未能在世界歷史和時間的經驗中看見上帝來臨中的將來，將來為永恆的當下所遮蔽起來。因此，莫特曼作為二十世紀六十年代新一代的終末取向神學家的一分子，他在《盼望神學》一書中所講及的終末，必然有別於辯證神學家的看法，他清楚地在《盼望神學》的第一章第四及第五節對巴特及布特曼的終末思想作出批評。基本上，莫特曼把這兩人的終末思想歸入一種希臘式的永恆當下的顯現（the epiphany of the eternal presence），其上帝乃是「當下的上帝」（the God of the present）、「永恆當下的上帝」（the eternally present God），[38] 而基督信仰的上帝卻跟這樣的上帝截然有別。莫特曼清楚表明「出埃及與復活的上帝不『是』永恆的臨在，〔……〕乃是一位以『將來為其本性』的上帝、一位應許且讓現在留在後頭以面向將來的上帝，〔……〕」。[39]

接著下來，我們想要透過把莫特曼置於其同代的終末取向的神學家之中，來作出定位，這中間涉及的是紹特和潘寧博。按照紹特的分析，莫特曼與潘寧博同屬一種類型，視終末論為一種歷史的神學。[40] 根據紹特的看法，過去一百年出現過三次「終末論」的風暴，第一次發生於二十世紀轉折的時刻，而為**貫徹的終末論**（consistent eschatology），以耶穌所宣告的上帝國度的臨近來挑戰十九世紀基督信仰中的樂觀進步論。第二次則為辯證神學的**根本終末論**（radical eschatology），發生於第一次世界大戰之後，於歷史轉折之中瞥見基督信仰的契機，這歷史轉折乃是上帝在耶穌基督的將要臨到，一次過地創造出來的。第三次就是六十年代以**歷史神學**（theology of history）為出發點，這歷史神學訴諸復活節所發生的世界事件（world-event）的意義：世界的終結可以由此而見，而歷史可透過此一事件而重新被認識。[41] 紹特同時確認這三種類型的終末論，然而，由於他常被問到他的神學跟潘寧博及莫特曼的有何關係，紹特在確定這兩人的終末論同屬於歷史的神學之餘，進一步提問：「這樣的一種歷史的神學，〔……〕是否真能掌握到基督信仰盼望的緣由、對上帝來臨的盼望的緣由？人也會問：這種終末論是否充分處理『我們敢於盼望的是甚麼？』這問題，無論在闊度或靈性的深度上？」[42] 是以，紹特重提貫徹終末論和根本終末論以與歷史神學式的終末論對證，希望能在這三者之中產生對話。[43]

然而，紹特重提根本的終末論，卻有其值得注意的地方。一方面這固然想要表示歷史神學式的終末論有所不足，另一方面不免想要突出根本終末論的根本性。紹特在解釋何以稱第二種終末論為「根本的終末論」時很清楚表示：「『根本的』意即『進到本源處』(to go to the roots)，而以這種根本意思(而非一種表面的意思，尤如標貼某種政治態度)來講的終末論，問的是基督信仰的盼望其至深層的原因和根基，這盼望是根植於上帝的行動。這種終末論的性質是根本的，因為它根植於信仰的盼望，〔……〕是以，根本終末論的基本問題乃是『為甚麼我們可以被容許去盼望？』」[44] 這樣的判斷就意味著莫特曼和潘寧博的終末論並非根本的，卻是回應著紹特的修辭式提問：「這樣的一種歷史的神學，〔……〕是否真能掌握到基督信仰盼望的緣由、對上帝來臨的盼望的緣由？」而事實上，紹特自己在思考終末論的時候，他首先提問的就是：「我們敢於盼望的是甚麼？」「在甚麼基礎底下我們可以被容許去盼望？」[45] 這些都涉及盼望的根由。對於紹特，他以為盼望的根由必須回到上帝的行動來了解，而不能只從歷史來思考終末論。他尤以莫特曼下列一段文字為根據來判定其終末論的思想：[46]「基督教的終末論並不講述將來之本身(future as such)。它從歷史中一特定的實在(a definite reality in history)出發，並宣告此一實在的將來、其將來的可能性及其對將來的影響。」[47] 當然，莫特曼接著就講：「基督教終末論講及耶穌基督和**祂的**將來。」[48] 然而，基督的復活作為應許，乃是宣告「一尚未存在的實在的來到」。[49] 紹特就表示：「〔應許〕乃對歷史的宣告，拯救的事件被視為跟歷史的事件相關連，這些歷史的事件具有一種在其自己之外的意義，打開了期盼的視域。」[50] 換句話說，紹特認為莫特曼過於著重基督拯救事件的歷史後果，他特別指出莫特曼《盼望神學》一書副題的含義：「基督教終末論的基礎與意涵」，認為莫特曼把終末論的根據跟終末論的倫理結果連上關係，從這結果推論出盼望的根本因由。[51] 即是說，莫特曼是從基督拯救事件的歷史後果來了解基督拯救事件的意義，但卻沒有回到上帝自身的行動來探究基督的拯救事件。紹特這一評論，若僅就《盼望神學》及《來臨中的上帝》兩書來說，可說是十分公允的。

## 四

那麼，莫特曼跟潘寧博的關係又如何呢？紹特稱這兩人的終末論均為一種歷史的神學，他如何判別兩人的分別呢？他有一段說話很能幫助我們了解莫特曼跟潘寧博兩人的差異。

> 對於潘寧博來說，世界歷史乃一統一的結構，當中各部分的連結可經由這結構的中心而被發現，這中心就是耶穌基督的復活。在復活節中整個歷史的意義全然朗現，這就是上帝的能力完全臨在這被死亡俘擄的世界。這一「普世歷史」的看法其名稱是由德國觀念論及唯心論（特別是黑格爾〔Georg W. F. Hegel〕）的歷史哲學所衍生出來的。由此，這看法即可把一切整合至一全球歷史而為整全的，而可以盼望的眼睛來看待之。莫特曼亦受到某種觀念論及唯心論的歷史哲學所影響。然而，他追隨馬克思主義哲學家布洛

> 赫，極為強調政治的鬥爭，以之為推進歷史的動力。莫特曼明白到上帝的國度乃跟一切歷史的狀況與堅持「現狀」的權勢互相矛盾。這些權勢拒絕任何邁向公義、和平與人性的真正進步。[52]

若內在於《盼望神學》的主調來說，莫特曼跟潘寧博的分別，其關鍵乃在前者以應許（promise）來了解世界歷史的終結。但若就整個莫特曼的神學來看，則尚涉及十字架的終末論，而這卻是其另一著作的主題。[53] 就《盼望神學》來說，莫特曼在第二章除了批評巴特與布特曼之外，尚有跟救恩歷史的終末論及潘寧博的歷史作為上帝間接自我啟示的觀點進行對話。基本上我們可以在本書第二章第七節中，發現莫特曼如何了解他自己的終末論跟潘寧博的終末論之間的分別。

簡單來說，莫特曼認為舊約聖經的基本洞見乃是「歷史是發生於應許與實現之間」的，這一曾經是潘寧博神學的出發點，現在卻被廢棄了，取而代之的乃是一種普世歷史的終末論。[54]「這種歷史的神學〔……〕未能對那種視實在為歷史 —— 終末的及神學的意義上 —— 之所以可能的條件進行批判的反思。」[55] 對於莫特曼來說，潘寧博這種終末論之所以具有終末的性格，只在於如下的事實：實在尚不能可以被思為一整體，因為它還沒有到達終點。[56] 可是，「正如在希臘的宇宙論式的神學，上帝的永恆存有是間接顯現於當下，因而可以從當下推演上帝的永恆存有。是以上帝的存有可在歷史之已成之中被確認」。[57] 這只是著眼於歷史在終結時為一整體而可反顯上帝，但卻沒有進到對實在作為歷史是如何可能的批判性反省。莫特曼特別關心的是歷史的推動的可能條件，他並不同意歷史是自然而然地發展的，強調復活的基督站在歷史的前頭扮演某種的原初推動者。[58] 這樣，基督的復活就不是如潘寧博所認為的乃是一對普世歷史的終末的預先演出。[59] 莫特曼清楚表明：「我們不能僅只認為耶穌是首先復活的，而信徒會**像祂**那樣復活，我們更要宣告祂自己就是復活和生命，而後果就是信徒**在**祂裏面找到他們的將來，而不僅是**像**祂那樣。因此，他們藉著等候祂的將來來等候他們自己的將來。」[60] 重要的是，只有在這樣了解的將來底下，教會的使命才能被確定為參與轉化世界的工作。那麼，復活的基督乃是其自己的將來及世界的將來的應許事件，跟現下世界的景況截然對立相反，這就是使得實在變成歷史的可能條件。因此，莫特曼跟潘寧博對歷史各有不同的看法，甚至是互相矛盾。簡單來說，莫特曼視歷史為充滿矛盾、對立、衝突的印記，這些都是推動歷史的元素；至於潘寧博則以歷史為一構成整體的處境、脈絡，歷史漸進地揚棄（黑格爾）一切個別的時刻、差異與矛盾，這些都被保留在整體之中並從而獲得其意義。[61]

## 五

接著我們要在這裏介紹《盼望神學》一書的主題和結構。全書除導言外共五章。分題如下：

導言：對盼望的默想
第一章：終末論與啟示
第二章：應許與歷史
第三章：耶穌基督的復活與將來
第四章：終末論和歷史
第五章：出埃及的教會

從整個莫特曼的神學來檢視《盼望神學》，我們可以説此書所提出的神學方向的確決定性地規劃了他繼後的神學思考與寫作。這神學方向可見於《盼望神學》一書中的導言部分。莫特曼開宗明義表示：「基督信仰徹頭徹尾，而絕非附加的，是終末論，是盼望、向前眺望和向前運動，因此是對當下進行革新及轉化。終末論並非基督教的某種成分，而是基督教信仰的中介，是基督教信仰中萬事萬物據以定音的基調，是在所期盼的嶄新日子的黎明普照萬物的晨輝，因為基督教信仰從被釘十架的基督的復活中得到生命力，並且追求基督全面性將來的應許。終末論是彌賽亞激發的苦難和激情，因此，終末論根本就不可能是基督教教義的一部分。毋寧説，一切基督教的宣講、基督教的存在和整個教會的特徵是以終末論為定向的。因此，基督教的神學只有一個真正的問題：將來的問題。」[62] 這段文字一方面表明了終末論乃基督教教義的首要部分、基督信仰的本質所在，是解釋整個基督信仰和神學的關鍵鑰匙。另一方面又指出這終末的將來是建基於被釘十架基督的復活，指向了其於導言中同一節稍後所説的：「基督教的終末論並不講述將來之本身。它從歷史中一特定的實在出發，並宣告此一實在的將來、其將來的可能性及其對將來的影響。基督教終末論講及耶穌基督和『祂』的將來。它確認耶穌復活的實在並宣告復活主的將來。」[63] 不單如此，這段文字也提及對當下進行革新及轉化而使實在變成歷史。事實上，導論是全書的精華撮要，完全展示出莫特曼對基督教盼望及其影響的看法，介紹了許多其稍後全書仔細討論的基本概念，如應許與盼望、永恆的現在與將來的臨在、實在的轉化與歷史的實在等，都早已在這裏出場。

包衡勸喻讀者應反覆來回閱讀導論，以便能深入把握莫特曼所了解的基督信仰的盼望，無論是精神或觀念。[64] 但讀過導論後，卻可以跳過第一章，直接閱讀第二及第三章，然後又可以跳過第四章，進到最後的第五章。[65] 包衡這樣的閱讀策略是針對第一次翻看此書的讀者，當中的理由在於第一章的作用是確定莫特曼的盼望神學在德國的神學傳統中所佔有的地位。[66] 可是這一章卻不是一種平鋪直敘的表達，而是以啟示的概念為焦點，對那些一直主導二十世紀直至六十年代的神學當中的終末論作出批判。包衡準確地描繪了這一章的目的和內容：「這一章因而包含了莫特曼對以下的神聖啟示的觀念的批判：以啟示為已經完成的過程或永恆臨在於非歷史的時刻，甚至視啟示為對救恩歷史或普世歷史（潘寧博）的解釋。反之，啟示發生於上帝對將來的應許。這樣意義底下的啟示既非跟歷史無關也不是能簡單地把歷史的事件撇棄，而是開啟將來並由此創造歷史。上帝在應許中及忠於祂自己的應許中啟示祂自己。」[67] 莫特曼判定了巴特與布特曼的神學均屬於一種康德主義（Kantian）的超越終末論（transcendental eschatology），[68] 分別把上帝的主體性（subjectivity）和人的主體性置於超越的領域，甚至也把潘寧博的歷史神學確定為仍然受限於康德（Immanuel Kant）所批判的神學的形而上學（theological metaphysics）。[69] 要通讀這一章，不單要了解巴特、布特曼、救恩歷史觀和潘寧博，康德的哲學和希臘式的從宇宙論證上帝存在的神學也是不可少的。前者是了解巴特和布特曼的哲學預備，後者的反溯性論辯正是莫特曼用來識別潘寧博的歷史神學的工具。

包衡指出《盼望神學》一書由三個關鍵的神學概念來定義其終末論：神聖應許、以耶穌的復活為應許、以歷史為使命，分別對應第二、三、五這三章。因此，讀過導論之後，要想仔細明白莫特曼怎樣了解上帝在應許中啟示其自己、基督的復活乃上帝的應許事件，以及在這一基督復活的應許事件底下歷史的意義，就要進到這三章之中。簡單來説，第二章講的是舊約中上帝以應許的方式啟示祂自己，第三章講的是以舊約中的應許歷史來了解耶穌基督的復活，由此而可以進到第五章講轉化、更新現存實在為歷史的實踐使命。因為第二及第三章從上帝的終末應許來建立了基督信仰的終末論，所以產生了相應的歷史神學，即在終末上帝國度的視域底下來了解歷史的本性。這樣一來，莫特曼就在第四章涉入當代的歷史學及歷史哲學對歷史的看法。若以第四章為背景來閱讀第五章，那麼，基督教的終末論一方面否定那種內在於歷史而可以實現終末圓滿終局的看法，另一方面，卻又在這一只有上帝才可以完全實現的天國面前，把一切歷史中的當下現在轉化而成不斷向前移動的歷史，這就使得歷史具有一種否定終局乃由歷史自身的發展而達至的作用，而這亦正是歷史的使命所在。第五章講的其實乃是《盼望神學》一書副題中基督教終末論的「涵義」或「後果」，第四章則表示當代的歷史學及歷史哲學並不提供如此實踐的合法根基。那麼，歷史的不斷開展而不落入絕對化其自己的根基何在？此即《盼望神學》一書副題中的「基督教終末論的基礎」所要著力的，亦即此書之第二及第三章了。

紹特扣緊盼望的兩個前提來了解莫特曼此書，他指出，「首先，盼望的根源可在舊約找到，特別在關乎遊牧列祖的故事之中可以發現，舊約乃是一遊牧宗教的典籍。這種解釋意謂著盼望乃是『行在途中』。安頓並停留在一處地方就出賣了盼望。第二，盼望在復活節之中為自己創造了場所，在上帝這一對死亡的創造性否定之中，盼望的存有論根基被啟示了。」[70] 這兩個前提分別就是《盼望神學》第二及第三章所要討論及建立的。然而，何以可能盼望呢？包衡則聚焦於以應許來解釋這盼望。他指出莫特曼在第二章要建立的是其對應許的了解：「〔莫特曼〕把舊約故事看為上帝的歷史，這歷史涉及的是上帝對將來永不耗盡的應許。終末論並非建基於預言而是應許。換句話說，這不是某些將要發生的事件的命定知識，而是上帝給予祂的子民及祂的世界的應許。這中間涉及上帝的自由及忠誠，也呼籲順服的人回應，就是那些相信上帝應許的人，現下朝著上帝這些應許將要成就的方向來生活。」[71] 這裏必須注意的是上帝應許的矛盾結構。正是由於這一跟現況矛盾的應許的將來，使得實在不是僵化的而是敞開的、可以轉化的，由此，實在乃是歷史。

莫特曼以這種對應許的了解來解釋耶穌的復活，第三章要做的就是這種工作了。如此一來，「〔……〕復活的耶穌就被解釋為上帝對一切事物的新創造的終極應許。藉著把被釘死的耶穌復活過來而擁有新的生命，上帝保證，並且可說是，以行動來給出祂的應許。普世國度的應許仍然未完全實現，因為只有耶穌復活，但祂的復活乃是為了一切死者的將來的終末復活和一切受造物的更新。耶穌的復活**承擔**這普世的將來。這樣子，莫特曼神學中的基督中心及終末視域其建立是必然而彼此意涵著對方的。」[72] 然而，若扣緊應許的矛盾結構來看耶穌的復活，那麼我們必須同時注意到莫特曼對耶穌被釘十字架這一事件的解釋。簡單來說，莫特曼借用了黑格爾的觀點而視耶穌的死亡為一普世的事件。如果耶穌的復活是被釘死在十字架的耶穌的復活，並且這被釘死的事件是一普世的事件，那麼，耶穌的死就是與這一世界的整個實在認同一體（solidarity）的舉動。當被復活過來的是這一被釘死的耶穌，那祂的復活就不是應許另一世界，卻是轉化這一世界而成上帝終末臨在的應許。[73] 耶穌的復活固然因著耶穌的十字架事件而成為普世的，但卻也同時因著耶穌的死是分擔這世界至為負面黑暗的一面：無上帝、被上帝所棄絕與死亡，那祂的復活則特別是對那些無上帝的、被上帝棄絕的及甚至已死者所給予簇新將來的應許。[74] 此外，由於耶穌從死裏復活並非出於耶穌自己內在的能力，卻是因為上帝從無造有的創造能力，那麼，基督信仰中的盼望不純是來自這世界本身的內在可能性，而是由那位叫人可以從死裏復活的上帝所賜予的超越可能性（transcendental possibilities）。[75] 是以，一切強調人類世界在歷史中可以靠著自身本性的可能性而達至圓滿終局的看法，都將被莫特曼這一建基於從死裏復活的基督所否定，因為復活的基督才是這世界的根本盼望所在。

最後必須談及莫特曼對現代性（moderity）的看法。包衡注意到莫特曼早期的著作對現代性是頗為肯定的，這特別是因為現代性著重歷史之轉變，追求更美的將來，但這也只是一種批判的認同：真正的基督教盼望超越一切世俗盼望的可能性。[76] 莫特曼在《盼望神學》第五章即就現代社會的特性及其對宗教在這一社會中的角色和作用作出的規定，開展其分析及確立其看法。基本上這一章是以第二及第三章為正面根據，以第四章為反面根據，從而確定其對現代社會和信仰羣體其使命的分析。基本上，莫特曼是按黑格爾的「法哲學」（philosophy of right）來了解現代社會的：現代社會乃一需求系統（system of needs），人與人之間的關係以需要與滿足來相互連繫起來，[77] 其後果就是把「宗教從一種公開的社會義務變成了一種私人的、自由的活動」。[78] 一方面，莫特曼同意現代社會的出現，正好打破了那種宗教與社會或政權過於緊密一體的關係，[79] 但另一方面他又反對現代社會在需求體系的支配及主宰底下把基督宗教的使命規定為私人領域性的：「拯救及保守那個人的個體的及私有的人性」、[80] 在效益主義的世界中提供溫暖與親切的社羣但又無損個人的自由、[81] 為個人在建制中所面對的意義問題提供建制性但非強制性觀點。[82] 莫特曼認為在終末上帝國度的視域中，因為所看見的將來乃是整個世界的全然更新，所以基督信仰羣體必然要求擺脫現代社會所給予的角色。莫特曼清楚表明信仰羣體的使命：「教會的使命擴及全人類。這項使命並不在社會允准給教會的社會角色的期盼視域中執行，而是在教會本身的終末期盼視域（來臨中的上帝國度、來臨中的公義、來臨中的和平、來臨中的自由和人性尊嚴）中進行。基督教服事世人的目的不在於使世界照常運作或保持現狀，而是為了改造它，使它成為它被應許的樣式。」[83]

## 六

莫特曼於一九六四年出版的《盼望神學》在其整個神學研究的生涯中，不單標誌著其有別於師輩及同輩的神學方法，更是他自己繼後神學思想探險的起點與方向。此後三十多年的開展與探索，基本上都是貫徹著這一終末取向的原初神學洞見。由《盼望神學》所開啟的神學三部曲，到其後的彌賽亞系列，莫特曼一再回到其以基督的復活為基礎的盼望神學之中，來思考基督信仰中的各種教義。無獨有偶，莫特曼的彌賽亞系列是以一九九五年出版的《來臨中的上帝》來結束的，表明了他自己是以終末的將來為其思考基督信仰的開始和結束，以及貫徹以終末論來思考基督信仰的做法。然而，這種對應是從基督信仰的教義來著眼的，而非就方法論來説的。若然《盼望神學》首要的乃是倡議一種以終末為首出的和中介的做神學的方法，那麼，恐怕晚於《來臨中的上帝》而在二〇〇〇年出版的《神學思想的經驗》，更能呼應其起初所開拓的終末盼望式神學進路。

## 註釋

1. 德文本於一九七二年出版，英文版於一九七四年出版。中文本由阮煒翻譯，香港漢語基督教文化研究所於一九九四年出版。
2. 德文本於一九八五年出版，英文版於一九八五年出版。中文本由隗仁蓮等翻譯，香港漢語基督教文化研究所於一九九九年出版。
3. 德文本於一九九五年出版，英文版於一九九六年出版。中文本由曾念粵翻譯，香港漢語基督教文化研究所於二○○二年出版。
4. 德文本於一九九四年出版，英文版於一九九四年出版。中文本由曾念粵翻譯，台北雅歌出版社於一九九八年出版。
5. 德文本於一九九七年出版，英文版於一九九九年出版。中文本由曾念粵翻譯，台北雅歌出版社於一九九九年出版。
6. 德文本於二○○二年出版，英文版於二○○三年出版。中文本由曾念粵翻譯，台北校園書房出版社於二○○二年出版。
7. 德文本於二○○○年出版，英文版於二○○○年出版。中文本由曾念粵翻譯，香港道風書社於二○○四年出版。在推動漢語學界對莫特曼的研究一事上，曾念粵鍥而不捨的翻譯是需要予以肯定的。
8. 德文本於一九六四年出版，英文版於一九六七年出版。
9. 收於曾慶豹、曾念粵編：《莫爾特曼與漢語神學》(香港：道風書社，2004)。
10. 安德華：〈莫特曼的希望神學〉，《文化：中國與世界》第四輯（1988年），頁 115～142。根據文章末尾所示初稿成於一九八三年五月，後於一九八六年八月修改，作者工作單位為山西大學哲學系。筆者猜想安德華即安希孟。
11. 劉小楓：《走向十字架上的真理：二十世紀神學引論》(香港：三聯書店，1990)。此書增訂版為劉小楓：《走向十字架上的真》(上海：三聯書店，1995)。
12. 安希孟：〈從復活節的希望到十字架的受難——莫爾特曼的神學思想評述〉，《基督教文化評論》第三期(1992 年)，頁 38～63。
13. 曾念粵編：《莫特曼的心靈世界》(台北：雅歌出版社，1998)。
14. 鄧紹光：〈末世中的盼望——莫特曼「希望神學」淺介〉，《今日華人教會》

第 137 期（1990 年 7 月），頁 25～27。亦收本書第 11 章。

15. 鄧紹光：《終末・教會・實踐：莫特曼的盼望神學》（香港：基道出版社，1999）。
16. 有關《盼望神學》第五章之教會使命，可參鄧紹光：〈莫特曼論「教會與使命」〉，《山道期刊》卷九第二期（2006 年 12 月），頁 22～32。亦收本書第 15 章。
17. 林鴻信：《莫特曼神學》（台北：禮記出版社，2002）。
18. 東海大學哲學研究所博士論文，一九九二年五月。
19. Geiko Müller-Fahrenholz, *The Kingdom and the Power: The Theology of Jürgen Moltmann*, trans. John Bowden (London: SCM, 2000).
20. Richard Bauckham, Preface to *Theology of Hope: On the Ground and the Implications of a Christian Eschatology*, trans. James W. Leitch (London: SCM, 2002), xi ～ xix.
21. Müller-Fahrenholz, *The Kingdom and the Power*, 44.
22. Bauckham, Preface to *Theology of Hope*, xii.
23. Bauckham, Preface to *Theology of Hope*, xiii ～ xvi.
24. Bauckham, Preface to *Theology of Hope*, xvi.
25. Bauckham, Preface to *Theology of Hope*, xvii.
26. Richard Bauckham, *Moltmann: Messianic Theology in the Making* (Basingstoke: Marshall Pickering, 1987).
27. Richard Bauckham, *The Theology of Jürgen Moltmann* (Edinburgh: T & T Clark, 1995).
28. A. J. Conyers, *God, Hope and History: Jürgen Moltmann and the Christian Concept of History* (Macon, GA: Mercer University Press, 1988).
29. M. Douglas Meeks, *Origins of the Theology of Hope* (Philadelphia: Fortress, 1974).
30. Bauckham, Preface to *Theology of Hope*, xi.
31. Christoph Schwöbel, "Last Thing First? The Century of Eschatology in Retrospect," in *The Future as God's Gift: Explorations in Christian Eschatology*, ed. David Fergusson and Marcel Sarot (Edinburgh: T & T Clark,

2000), 237；舒維堡此文是了解十九世紀及二十世紀基督教終末論發展的入門佳作。

32. Schwöbel, " Last Thing First?, " 227.
33. Schwöbel, " Last Thing First?, " 223.
34. Schwöbel, " Last Thing First?, " 223.
35. Schwöbel, " Last Thing First?, " 222.
36. Schwöbel, " Last Thing First?, " 222.
37. Schwöbel, " Last Thing First?, " 222.
38. 參 Jürgen Moltmann, *Theology of Hope*, 28。
39. Moltmann, *Theology of Hope*, 30.
40. Gerhard Sauter, *What Dare We Hope?: Reconsidering Eschatology* (Harrisburg: Trinity Press International, 1999), xii.
41. 紹特這一分類見其 *What Dare We Hope?*, 25。對此詳細的分析討論參此書第二、三、四章。
42. Sauter, *What Dare We Hope?*, xiii.
43. Sauter, *What Dare We Hope?*, xiii.
44. Sauter, *What Dare We Hope?*, xiii ～ xiv.
45. Sauter, *What Dare We Hope?*, ix.
46. Sauter, *What Dare We Hope?*, 134.
47. Moltmann, *Theology of Hope*, 17.
48. Moltmann, *Theology of Hope*, 17.
49. Moltmann, *Theology of Hope*, 85.
50. Sauter, *What Dare We Hope?*, 136.
51. Sauter, *What Dare We Hope?*, 133. 紹特認為英譯 implications 是誤導的，應為 consequences。
52 Sauter, *What Dare We Hope?*, xii ～ xiii.
53. 事實上，莫特曼在《盼望神學》中已提及十字架的終末論，參 Moltmann, *Theology of Hope*, 83，並第三章第四及第五節。
54. Moltmann, *Theology of Hope*, 78 ～ 79.

55. Moltmann, *Theology of Hope*, 79.

56. Moltmann, *Theology of Hope*, 79.

57. Moltmann, *Theology of Hope*, 78.

58. Moltmann, *Theology of Hope*, 88.

59. Moltmann, *Theology of Hope*, 82.

60. Moltmann, *Theology of Hope*, 82 ~ 83.

61. Sauter, *What Dare We Hope?*, 134.

62. Moltmann, *Theology of Hope*, 16.

63. Moltmann, *Theology of Hope*, 17.

64. Bauckham, Preface to *Theology of Hope*, xvi.

65. Bauckham, Preface to *Theology of Hope*, xvi.

66. Bauckham, Preface to *Theology of Hope*, xvi.

67. Bauckham, Preface to *Theology of Hope*, xvi.

68. Moltmann, *Theology of Hope*, 45 ~ 46.

69. Moltmann, *Theology of Hope*, 79.

70. Sauter, *What Dare We Hope?*, 133.

71. Bauckham, Preface to *Theology of Hope*, xiii ~ xiv.

72. Bauckham, Preface to *Theology of Hope*, xiv.

73. Bauckham, Preface to *Theology of Hope*, xiv

74. Bauckham, Preface to *Theology of Hope*, xiv.

75. Bauckham, Preface to *Theology of Hope*, xiv ~ xv.

76. Bauckham, Preface to *Theology of Hope*, xiii.

77. Moltmann, *Theology of Hope*, 307.

78. Moltmann, *Theology of Hope*, 310.

79. Moltmann, *Theology of Hope*, 304 ~ 307.

80. Moltmann, *Theology of Hope*, 311.

81. Moltmann, *Theology of Hope*, 320.

82. Moltmann, *Theology of Hope*, 323.

83. Moltmann, *Theology of Hope*, 327.

# 第二部 方法・神學

ogy:

n

ar r

# 4.

# 生平與方法*

## 一、生平遭遇與神學特色

### I

「今日，於我們來說，基督是誰？」這是基督徒信仰生死存亡的問題，而且是每個世代的基督徒都要回答的問題，都要尋找一個屬於他們自己時代的答案，然後為之而活，直到這答案不再能夠為他們的世代提供有意義的解釋和方向。於是，提問和尋索的歷程又再開始。

因此，這個問題本身跟它的時代不能截然分割，因而並非抽

---

* 本部分五篇文章乃作者於一九九六年二至三月在中國神學研究院延伸課程所講授的「今日基督教與我何干？——莫特曼眼中的基督」的講稿。因為課程講論關係，當時未加任何註腳，為保持當時寫作原貌／神髓，不作增補。全部課程共五講。

空，而是有其歷史的上文下理，隱含著那時代獨特的文化情景，亦因此而合法地要求一個對應的信仰意義或方向。正如當莫特曼著手以盼望為綱來重新了解基督宗教的信仰，正正表示他那個時代，甚至今日我們這個世代，正處於無望失落的處境；並且反映出中世紀以愛為中心和宗教改革時以信為中心的神學的限制與不足。

潘霍華（Dietrich Bonhoeffer；或譯朋霍費爾）在其博士論文《聖徒相通》（*Sanctorum Communio*）曾經說過：羣體之客觀精神是可以具體地展現於個體精神之中，或反過來說，個體精神足可映現其所處的羣體的精神面目。以此而論，莫特曼年青的生命遭遇固然是他自己的經歷，也同時是他那個時代所有德國人的共同掙扎；亦因而可以進一步說，他對自身遭遇所作的神學反省就不獨只有個人的意義，也同時對他那一代的德國人提供了信仰的出路。莫特曼十分清楚意識到他自己的生命、信仰和神學，從來都跟他所屬於的羣體分割不開的：「我個人的生命傳記為第二次世界大戰最後幾年的德國人民的集體傳記所塑造、打叉，甚至徹底改變，即使在戰後有好一段長日子都被囚禁其中。因而，我的信仰和思想以及『我的神學』的個人進路，也是深嵌於我那一代的罪咎和苦難的集體經驗之中。」

基督是誰？這問題既是莫特曼個人切身的呼喊，又是同時代的德國人以至一切人的呼喊。

## II

一九二六年，莫特曼生於德國漢堡（Hamburg）一個信奉自由神學的家庭，熟悉萊辛（Gotthold E. Lessing）、歌德（Johann W. von Goethe）和尼采（Friedrich Nietzsche），更勝於聖經，基督宗教和教會一直是陌生的東西。十六歲那年，莫特曼一心想要進大學唸數學和核子物理，想不到，隔一年就被召入伍，參與祖國征服歐洲的戰爭，從此改寫了他的一生。一九四三年七月莫特曼在漢堡內城從事地對空作戰，親身體驗盟軍飛機轟炸帶來的毀滅，漢堡在燃燒彈的攻擊下，陷於一片火海。對他來說，這不單是一個城市的倒塌，更是整個德國文化的崩潰、個人生命的破裂，一切都粉碎了，不再完整。一九四四年，莫特曼被送上前線，翌年就被盟軍俘擄，先後被囚於比利時、蘇格蘭和英格蘭的戰時俘擄集中營。年青的願望理想，隨著德意志帝國的殞落而歸於無有，隨著奧斯威辛（Auschwitz）集中營的大屠殺而長埋黃土，隨著被囚的日子而萎縮凋謝。

帶著自家民族的罪咎與羞辱跟個人前途的幻滅，莫特曼眼看著許多囚友從裏到外的崩潰，放棄一切希望，不單病倒牀榻，有些更心死身死。莫特曼強烈感到被人被上帝棄絕，前頭再無任何將來可言。然而，正是這種悲慘、被棄和日復一日的屈辱讓他可以體驗到上帝，體驗到上帝是那位與在黑夜中的靈魂同在的上帝。

在軍中，莫特曼原只唸歌德的詩、尼采的文章，但在囚中，這些都派不上用場，倒是隨軍牧師送給他的新約聖經後面附錄的詩篇成了他的「緊急食糧」，特別是詩篇第三十九篇：「我默然無聲，連好話也不出口；我的愁苦就發動了。（德文聖經表達得更強烈——我必得吃盡自己心中的悲愁）〔……〕我流淚，求你不要靜默無聲！因為我在你面前是客旅，是寄居的，像我列祖一般。」上帝與心靈破碎者同在，與倒向鐵絲網後的囚犯同在，與黑夜中的靈魂同在。由此，莫特曼深切體驗到上帝是盼望與痛苦的能力，他抓緊這種經歷，不至沉沒於虛無絕望的深淵，在內外俱頹的處境中仍能站立起來而繼續活下去。從十八歲到二十一歲，莫特曼就活在這種經驗中；或說，是這種經驗塑造了莫特曼此段青春歲月的生命。基督宗教的信仰，不但甦醒了莫特曼的靈性，也同時拯救了他的肉體，將他從絕望與放棄之中救拔出來。

一九四八年，莫特曼被釋放返回德國，踏上了研讀神學的道路，走出了一條屬於他自己的神學思想的道路，為的是竭力了解這種叫他不至放棄生命的盼望力量。然而，正如莫特曼說：「我寧願說：於我而言，基督徒的信仰基本上是跟特殊存在的處境經驗分不開的，並且這處境不純是私人性的，更是羣體性的。」他的神學思想，也同時成了他那一代人，並且我們這一代人甚至將來另一代人的信仰出路。

## III

莫特曼的神學起點是他的囚中經歷，是他的同代人的集體經驗。當一個人的親人、朋友、至愛飽受摧殘甚或死亡，他的呼喊就不是他一個人的，他的神學就不是他自己的。對歐洲人來說，奧斯威辛之後，人們還怎能談論上帝呢？對日本人來說，廣島轟炸之後，人們還怎能談論上帝呢？對今日的中國人來說，天安門事件之後，人們還怎能談論上帝呢？這一切豈不都指向著邪惡虛無勢力的橫行與跋扈？然而，莫特曼反問：奧斯威辛之後，人們怎能不談論上帝呢？奧斯威辛之後，人們若不談論上帝，還可以談論些甚麼呢？

莫特曼如斯的反問，其基礎正在於他在黑暗絕望中對上帝的體驗。奧斯威辛之後，人已絕望，對人性、對文化文明、甚至對「上帝」已然絕望，再沒有甚麼可以倚靠信賴，一切都變得不肯定。他那一代的人，因此被稱為「懷疑的一代」（the sceptical generation）。莫特曼認為既非懷疑也不是退縮，而是重得難以背負、清付的罪咎，生命中難以痊愈的悲痛，叫人不能再投入生活，有所信任。罪咎與悲痛變成絕望的根源，生何以堪，一切都不可戀。但莫特曼三年的囚中經歷卻展現了另一個可能，生命中種種痛咎可被撫平，可以隨著那被釘死的基督的復活而再生。正正因為奧斯威辛，人們就更需要談論上帝。

莫特曼的神學，基本上就是以這種切實存在的處境為起點，絕非抽空夸夸而談。然而，莫特曼的神學卻並非一種存在神學（existential theology），反之，他對布特曼的存在神學的批判甚烈。他反對把對上帝的認識建基在人的自我了解（humans self-understanding）之上，認為應倒轉過來，是上帝的經驗決定了人的自我了解。因此，莫特曼關注的是：那一位讓他有如此信仰經歷的上帝，究竟是一位怎樣的上帝？這位上帝是誰？

一九六四年，莫特曼出版著名的《盼望神學》，年僅三十八歲，八年後完成《被釘十字架的上帝》，這兩本書即展示出基督宗教信仰的上帝是一位怎樣的上帝：**盼望的上帝**（God of hope）和**受苦的上帝**（the suffering God）。莫特曼這樣的上帝觀，並非出於對上帝永恆本性（the eternal being）作抽象的玄思，而是基於上帝自身在世界歷史中的經歷而言的，簡單地說，即從上帝自身的歷史經驗來了解上帝。可是，莫特曼並不僅止於此，他由此而進一步探討如此之上帝對這世界有何意義？如此之上帝能引起何種之行動以改造轉化人間？如此之上帝如何影響人塑造其自身之經驗？這一切即莫特曼所言的「上帝的經驗決定人的經驗」的意思所在。因此，在莫特曼的神學當中，實踐是必然的一環。甚至可以這樣說，他是從上帝在人世間的實踐開始，經人世間自身的實踐，而最終歸結於上帝終末的實踐（the ultimate and eschatological praxis）。

## IV

莫特曼戰後經過十多年對神學的學習、浸淫，不斷出入大師級的神學著作之間，於六十年代開始其研究寫作生涯，直到今天仍然創作不輟。他的作品基本上可被劃分為兩個階段、時期，也就分別由兩組著作代表著。

第一段時期所寫的為著名的三部曲作品，橫跨六十年代和七十年代，分別是《盼望神學》（1964 年），《被釘十字架的上帝》（1972 年）和《在聖靈能力中的教會》（1975 年）。當然其中亦先後出版好些文集，所收錄的文章可被視為大部頭著作的預備版或實驗版。

第二段時期則從八十年代開始至今，莫特曼稱此階段的神學著作為「彌賽亞神學」（messianic theology）。已出版的包括《三一與上帝國》（1980 年）、《創造中的上帝》（1985 年）、《耶穌基督的道路》（1989 年）、《生命的靈》（1991 年）和《來臨中的上帝》（1995 年），先後處理基督宗教信仰的重要教義：上帝觀、創造論、基督論、聖靈論和終末論。

在莫特曼看來，相應於「彌賽亞神學」系列，三部曲僅屬於預備性的作品。雖然三部曲作品中的三部著作，分別採取了三個不同的焦點或向度來全幅解釋基督宗教信仰：終末的取向、十字架的判準和聖靈的及教會的視角，但在其中卻奠定了日後莫特曼整個神學的基本取向、架構和觀念。因此，這兩個階段的著作絕非分割互不相干的，三部曲神學與彌賽亞神學系列是一脈相承的，以致後者在討論各別的教義時能夠彼此扣緊而不鬆散，具有一內在的關聯性。可以說，前者為後者提供一種基礎性的預備，後者在前者的取向和架構中繼續仔細開展討論各基督宗教的教義。

這一脈相承可以歸結至基督事件——上帝在世的經歷，在這一經歷中上帝同時揭示祂自己的本性，即在基督事件中上帝不單顯露出祂行事的手法，並同時可由此而推述使其所以如此行動的本性。因此，一切關乎上帝的了解和認識，都得從基督事件開始，即從上帝在世的經歷開始。另一方面，又由於基督事件乃一上帝與世界緊扣兩不相分的事件，上帝的命途或基督的將來，也就決定了世界的命途、被造物的將來。因此，討論世界或被造物的種種，亦絕對不能離開基督事件。在莫特曼的神學中，基督事件永遠具有核心不可取代的位置。在三部曲的神學著作如是，在彌賽亞神學系列亦如是，在莫特曼個人的生命中更是如是。

## 二、神學方法與終末應許

### I

如果我們要述說上帝的故事，會從哪裏開始呢？會不會一如過往許多的神學家一般，從天上講起，以永恆為起點，抑或選擇從塵世開始，以歷史為舞台？而選擇的背後又持著甚麼的理據呢？即為何以此或以彼為起點呢？當然，我們關心的並非我們自己怎樣講故事，而是莫特曼怎樣講上帝的故事，並且他是根據甚麼理由這樣講。

從方法上來說，莫特曼的神學基本上由兩條原則掌控著（governing），亦即莫特曼是根據兩條方法原則來做神學。第一條為具體性原則（the principle of concreteness），第二條為終末性原則（the eschatological principle）。這兩條認識論的原則（the epistemological principle）分別針對玄思抽象（speculative and abstract）和類比推論（analogical inference）的思考方法。所謂玄思抽象的思維方法是運用普遍的概念來認識掌握事物，凡普遍的概念都是抽象的，即從具體事物或具象中抽取出來；至於類比推論的方法則是從已出現的來掌握將要出現的，從過去推演未來。這兩種思維方法的共同特點是抹殺及不考慮事物的具體特性，不獨單只關注事物的通性，並且進一步以此通性為事物的本質所在，結果事物反而失去其本來面目。這種思維方式正是西方哲學自柏拉圖以來的傳統，也是傳統形而上學的思辯特性。因此，莫特曼做神學的方法就一反西方傳統經院哲學或神學的進路，而與當代現象學有相可比擬的地方。

具體性原則其實並非莫特曼首先提出的。在當代德國的基督宗教神學傳統中，巴特是第一個反對經院神學以存有類比（analogy of being）方式思考上帝，並提出以上帝自我啟示的進路來取代之。莫特曼在這一點上是承繼巴特的精髓的。然而，終末性原則卻是莫特曼的獨特貢獻。作為認識論的終末性原則，其實是一「回溯性原則」。莫特曼説過：「根據古代的神學學説，認識的法則（ratio cognoscendi）與存在的法則（ratio essendi）相反。對人類知識來講是最後的，對存在來講則是第一的〔……〕所有知識都是『自下而上』歸納地肇始的，是以結果追溯原因的，所有歷史知識是『後於事實』（post factum）的，但注定為人所知的東西是先於知識或歷史知識的。」

這段説話主要表達一個意思：最後認識的往往是最先存在的。順著這個意思來講，則最先認識的往往是最後存在的。

按著這兩個原則，莫特曼講述上帝的故事的起點就落在耶穌基督的復活事件之上。首先，基督的復活事件是上帝自我具體的行動而非任何形而上的概念；再者，基督的復活事件無論在舊約的背景底下或新約作者的筆下，都是一終末性事件，新約作者更以此為起點來了解耶穌基督在世的日子和十字架上的死亡，是屬於一種向後閱讀的方法（backward reading）。在這裏要注意的是，莫特曼並沒有否定向前閱讀的方法（forward reading），從耶穌的生平來透視祂的死亡，但向後閱讀比向前閱讀更具優先性（priority），因為只有這樣，才能避免使得向前閱讀落入類比推論的格局。

## II

何以莫特曼會認為基督的復活是一終末性事件，以致他選取了這事件作為一向後閱讀的起點？或者更確切的問，何以在舊約的背景底下和在新約作者的筆下，基督的復活是一終末性事件？這就涉及舊約以色列人如何理解歷史事件這一問題，也即希伯來人的歷史觀的問題。

對於以色列人來説，過去之為過去乃對比於一全然不同的將來，否則即無所謂過去、現在與將來。理解過去之為過去，全在於意識到一截然不同的將來與之相對比。無論在經歷或認識過去之為過去，一全然不同的將來是先決的條件，因此，將來就有優先性。這種全然不同的將來使得歷史成為可能，使得歷史的每一刻都不是價值相等的。這種將來具有優先性的歷史觀不單使以色列人經歷歷史，並且在閱讀歷史上亦採取了一種向後回溯的方法。這正是莫特曼所説的「最後認識的往往是最先存在的」，最先認識的往往是最後存在的。

莫特曼這句説話其實隱含著一十分重要的信息，當存在與認識的次序是相反的時候，那麼，基督復活事件作為首先認識上帝的起點，是否表示在存在的層次上這一事件為一最終末的事件？很明顯，我們可以想像在一切歷史終結之後的那一刻（the moment of the end of history）是最終末的，在基督宗教信仰中，此即末日（the eschaton）的來臨，亦即上帝全面更新被造物的日子。然而，在這一刻一切歷史都已終結，再無歷史可言，一切對上帝的認識都是直接當下，無有隱藏，回溯性的認識已無任何意義。莫特曼同時亦反對以存在神學的方式來解釋基督復活的事件（如布特曼等人）。存在神學認為基督的復活表徵著本真的人性的狀態（the authentic humanity），是發生於當下永恆的領域之內而非時間之內的。如此一來，復活事件的歷史性就被取消，終末就是指與歷史、時間相對的永恆。但莫特曼確認基督的復活為一終末性事件，並無任何取消歷史的意味，反之，這一終末性事件是推動歷史更新變化的動力所在，是使歷史成為歷史的可能條件，並且在這個意義底下稱之為歷史事件。

但應當如何了解基督的復活為一終末性事件呢？在莫特曼看來，這事件基本上是發生在歷史之內但又推動歷史走向其所指向的終末結局。除此之外，再沒有上帝在歷史中的其他作為可以取代其地位，即使聖靈隨後在歷史中工作，但仍只能被視為對此一復活事件的意義的再一次確定，至於聖靈最終更新一切受造物則已非在歷史之內，而是圓滿地完成了在基督復活事件中開始的工作（the consummation of God's work starting with the resurrection of Christ）。因此，基督復活的事件被稱為終末性，就包含兩個意義。第一，這事件是上帝**在歷史中**的最高峯的作為，只有在時間以外的「從無造有」可堪比擬。第二，這事件指向世界一切受造物的終末結局，並且同時也指向上帝自己的終末結局，因為世界的命途不能跟上帝的命途分割。相應於上帝的「從無造有」、「從非存在造存在」，受造物的終局就是一「從舊造新」的事件，一切都變成新的了。

值得注意的是，基督復活事件的這兩層意義其實是互為表裏的。因為復活事件並沒有帶來即時的歷史完結，所以它自身仍在歷史之中，亦因為如此，它就同時指向那尚未實現的終局。是以，莫特曼稱此為歷史中的應許事件，因為復活事件乃一歷史中的應許，故而具有歷史的性格。

然而，在這裏還沒有解釋何以以色列人對歷史有如此理解，是甚麼因素導致這樣的歷史觀點，對莫特曼在掌握基督的復活事件中起著怎麼樣的影響，這些都是要詳加說明的。

### III

以色列人的歷史觀以將來為首出（primarcy），但何以如此呢？這將來的意識是如何出現的，是人自身的向前投射，抑或是外在某種的給予令得此意識浮現？亦即，這將來意識之可能條件是內在的抑或外在的？這是問題所在。

現代舊約學者如馮拉德等人對以色列歷史的研究成果，都表明以色列的歷史的發動和發展是基於上帝的應許，此歷史一旦被發動起來亦同時成為應許本身而不斷推動歷史向前，故而被稱為應許的歷史。換句話説，上帝的應許是發動以色列歷史的條件。可是，這又跟將來意識的浮現有何關係呢？這就要進入對應許之結構之分析了。

莫特曼借用舊約學者閃民利（Walther Zimmerli）的研究來解釋應許的結構和意義，共有七點：

1. 應許所宣告的要來臨的實在並未存在。而上帝的應許所宣告的將來實在不必然是發展自當下現在實在所內含的可能性，而是來自上帝自身所具備的可能性。
2. 此應許引發一實現此應許之歷史，藉著喚醒人盼望實現此應許而使他們參與歷史，因而產生歷史感。
3. 這應許所引發的歷史有一特定的方向，就是朝著應許的成就而進行。由此即產生了過去與將來的意義，應許把實在界分為要過去的和被期盼要尋求的。

4. 因為應許宣告一將要來的實在，所以它就與現存的實在經歷相矛盾、對立，並使人追尋一可與此應許相一致的實在。
5. 在應許與實現之間，人要麼就是生活在盼望的順服之中，要麼就是生活在退縮與背道之中。因此應許並非命定的預言。
6. 既然賜應許的是上帝，那麼也當信任這位上帝會以祂的自由與信實來實現這些應許。這樣，應許之實現就不是僅僅對應許的實現，更可以包含令人驚喜和簇新的元素在內。
7. 以色列的應許沒有因其實現或落空而被棄於以色列的歷史之外，而是透過不斷的解釋而擴闊其意義。在每一擴闊應許的歷史之中，每一實現都留下更多的應許的剩餘價值，指向更遠大的實現，因為一完全與上帝所給予的應許相吻合的實現從沒有出現過。

這七點對應許的理解全面決定了莫特曼《盼望神學》一書的神學討論。有兩點特別值得注意的，首先是第四點，因為所應許的跟現在所經歷的相互對立，於是引致捨離現在進而追尋實現這應許的實在，這就解釋了何以以色列的歷史觀的將來有優先性。主要乃在於上帝所應許的要否定現下的實在，上帝的應許讓人有一距離以批判檢視眼下的景況，於是乃有否定現在的意識出現，但這否定意識之出現跟上帝的應許所引發的將來意識不可分割。簡單地說，一旦上帝給予一與現況截然相反的應許，即引發一捨棄現在追尋將來的意識，這兩種意識是並生的，但邏輯地講，則否定意識取決於將來意識，亦即否定意識是由將來意識一併帶出來的。於是當下的實在就有一方向發展、轉變，此即成一歷史。

然而，此一歷史卻不會因應許的實現或落空而停止，原因乃在於第七點，以色列人會透過重新解釋應許而擴闊應許之範圍，由此而繼續推動歷史前進以實現這應許。因為最終實現這應許的是那位賜應許的上帝，所以任何歷史中的實現都不會是完全的實現，卻總會剩下尚未實現的。於是，以色列人把部分實現了的歷史解釋為上帝的更大應許，即以歷史為應許，跟著此應許又實現而成為歷史但又不是完全的實現，於是又再以此歷史為應許，應許遂不斷擴闊，一直滾存下去，歷史亦因而不斷展開，成為應許的歷史。這樣，上帝對以色列的應許就不斷擴闊，從得地進入迦南到王國的建立，再經歷先知和天啟文學時期，上帝的應許即由一特殊的應許發展至一普世的應許而成為一終末性的應許（an eschatological promise），其特性為終末的，乃因完全對應上帝所應許的那一截然不同的終極將來，再無任何剩餘價值在內。因此，終末應許既同時是普世性的，這是闊度上的終末，人與一切受造物無一不包括在其中；亦是勝過死亡的，這是深度上的終末，人與一切受造物全都要被轉化更新。

莫特曼是這樣子了解舊約終末應許的意義。而在莫特曼的分析底下，基督的復活亦具相應的意義。因為基督的復活正好表明從非存在再造存在，而因為死亡是一切受造物的命運趨向，所以基督的復活也具有普遍性，基於此，莫特曼即以基督的復活事件為一終末應許的事件。這是一件上帝以其自身的歷史經歷為內容的應許事件，上帝在基督事件上以基督的生死確認了舊約先知和天啟文學的應許。因此，莫特曼就以此為了解上帝故事的起點，由此出發回溯閱讀上帝生命的種種。

# 5.

# 復活底下的上帝與人性

## 一、復活基督底下的上帝觀

### I

從舊約的背景來了解基督事件，看來像是一次向前閱讀的實踐，並且莫特曼在他的《盼望神學》一書中的寫作次序又確是把〈耶穌基督的復活和將來〉（“The Resurrection and the Future of Jesus Christ”）這一章置於〈應許與歷史〉（“Promise and History”）之後，似乎大有違反他的回溯性閱讀的原則。可是，不能忽略的是，從起初莫特曼已就基督的復活本身來確立其為一終末性事件。這確立是先於其回溯以色列人的應許歷史的，因為至少在寫作次序上，莫特曼是討論完〈終末論與啟示〉之後才進入〈應許與歷史〉這一章的。〈終末論與啟示〉是《盼望神學》的第一章，莫特曼在這章的最後一節即透過對耶穌基督身分的分析來確定基督的復活乃一應許，且是終末性應許的事件。

莫特曼指出基督宗教神學乃是基於復活的主在復活節的出現且宣稱復活的那一位跟被釘的那一位是同一的。這裏有兩點要注意，第一是從復活的角度來肯認耶穌基督的身分；第二，所肯認的身分是一被釘的和復活的身分。這兩點實亦蘊含於初期教會「耶穌基督從死裏復活」的說法之中。但為何這事件是一應許呢？即莫特曼如何從基督事件來講明其應許性質，而非從應許的概念來解釋基督事件呢？當中最重要的是死亡與復活的本質性差異、全然矛盾。從復活的角度來肯認復活的那一位就是被釘死的那一位，即表示在耶穌基督身上復活否定了死亡；由此即揭露了一事實：死亡並非最終的結局，無有之後仍然有生之可能。如此就打破了那種以為一切實在都是沒有轉化更生之可能的實在，否則即合法化一切苟活妥協或逃遁內在心靈世界的舉動。因此，基督之復活即上帝向世界表明祂已開始實現其主權、實現其克服和銷毀死亡的應許，基督的復活就是祂將來的榮耀和主權全然彰顯的預嘗和應許。這樣子，基督的復活就指向人與世界有一跟現存實在完全不一樣的將來在前頭等待實現，如此即可言應許。

另一方面，此應許何以是一終末性的應許呢？這就要從應許之內容來說明。基督的復活作為一應許事件，其內容即指向「死亡中的復活」、「上帝的國度和公義的全面實現」。換句話說，即「從非存在物中再造新的」，死亡和虛無已被全然否定銷毀，此即莫特曼所言的終末將來（the ultimate future），再無任何死亡、哭號和眼淚，一切都變成新的。當基督的復活事件指向這一終末要被實現的將來，則其為應許即為一終末性的應許。

莫特曼堅持具體性原則，先從基督的復活事件分析出其應許性和終末性。故此他說：「如果『復活的主的出現被視為祂自己將來的預嘗』這樣的說法是真確的，那麼，祂復活後的重現就可在舊約應許歷史的脈絡中來了解。」意思表明了只有確立了基督的復活為一預嘗性的終末應許事件，才可以在舊約的應許歷史背景底下來向前閱讀，印證其應許性和終末性。

事實上，從歷史的具體發展而言，上帝對以色列人的應許是先於基督事件的應許，可是，在莫特曼眼中，從時空性的角度來認識基督事件卻不一定能確定其終末應許的性格。反之，必須就基督事件本身來作出分析，並從此分析結果往後閱讀從而確定整個以色列人的歷史是上帝應許推動引發而成的，具有應許的特性而成應許歷史。再由此而向前閱讀，則基督之復活乃是此一應許歷史的高峯，並且進一步展示出上帝的信實，以聖子上帝的死亡和復活來保證祂必定會最終實現祂在舊約透過先知和天啟文學所給出的應許。這樣了解以色列人的歷史觀，其實亦正正符合當代舊約學者的研究成果，因此，可以說莫特曼是接納了這些成果而反過來以基督之復活事件為起點進行推論以色列人的歷史觀，因為只有這樣，才真能在方法論上同時符合以色列那種將來具有首出性的歷史觀點。方法與內容必須一致，方法上從後回溯，得出的內容亦是一從後回溯的歷史觀。

## II

以基督的應許性復活為起點來了解上帝，即突出了基督宗教跟希臘那種神聖永恆臨在的宗教的分別。前者的上帝是一位透過應許而展示祂自己的上帝，因此，祂的本性的揭示就全在於祂對應許的實現，由此而表現的本性即為信實（faithfulness）。上帝的本性並不能透過反省祂的超越的「我性」（his transendent "I-ness"）而得出，而應從祂對應許的實現中來了解祂的自我同一（his self sameness）。可是希臘式的上帝觀卻缺乏這種歷史向度，不單如此，其上帝的本性更是與歷史相對立的。上帝的永恆現在的顯現（epiphany of the eternal present）臨在這個世界，換句話説，上帝並沒有真正進入歷史的世界。上帝的本性就完全是一絕對超越或外在於歷史的上帝。這樣子的上帝觀背後實具有一永恆與歷史/時間相排斥的思維在主導著，當世界的歷史意義和價值被否定時，則自然會反過來肯定其對立面：永恆。於是，上帝就會被設定為一超越且外於歷史的上帝，祂的進入歷史其實並非真正的進入，即自身並不經歷世界的變化、受到死亡的威脅，而只是永恆現在的顯現，沒有過去，沒有將來，當下的顯現即為圓滿無缺，亦因此而可言此顯現之時刻為末日之顯現，末日原來就有圓滿的意思。既為圓滿，即為永恆。

莫特曼整本《盼望神學》正是針對這種形態的上帝觀和終末論，以巴特、布特曼、潘寧博等人為討論對手，力陳基督的復活乃終末應許的事件而非上帝永恆現在的臨在。簡單地説，巴特與布特曼分別以上帝的超越主體性和人的超越主體性來了解基督的復活事件。巴特視基督的復活為上帝超越永恆層面的事件，跟世界只有一「切線」（tangent）的接觸關係，故本身完全不屬於歷史，但其切線之接觸卻決定世界之終局。布特曼認為在宣講基督的復活時，復活的基督與人之超越主體性相遇，而相遇之領域自然不屬時間而屬超時間的永恆，基督復活事件的性質就必須扣緊人之超越主體性而被決定為一永恆事件。巴特和布特曼同樣認為事物的真正本性不在生成變化的領域之內，而在其對立面非生成變化的永恆世界之內，於是，無論是上帝或是人，必不以時間歷史為其活動之場域，其真正的活動必然在一超離世界的層面，而此活動雖為活動，卻是一無生成變化、過去將來的活動。套用中國哲學的術語，即為一動而無動的永恆活動。這樣的神學觀點帶來的後果就是置基督的復活於非歷史的超越領域之內，並由此而言終末。對巴特而言，基督的復活這一揭示世界終極的活動是上帝圓滿的舉動，因此不再需要談論復活基督的將來（the future of Christ），既已圓滿，何需將來？對布特曼來說，任何一刻人之超越主體性與復活的主相遇，都是永恆末日的出現，在這一刻中，人不再活在歷史時間中但卻進入永恆的向度，此刻之復活基督亦無將來可言，當下即永恆。

在莫特曼眼中，其實他們的神學起點並非基督在歷史中的復活而是他們各自的神學預設。巴特以上帝超越的主體性為起點，布特曼以人的超越主體性為起點，於是就超越地了解基督的復活為上帝永恆現在的顯現。而何以此兩人均採取超越的立場為起點，則在於他們深受他們的老師赫曼（Wilhelm Herrmann）的新康德學派（neo-Kantianism）的神學影響，認為一切生成變化的現象都不是事物的本相，只有超越領域的永恆方為真實所在，再深一層則要歸於在思考問題上以黑格爾所批評的知性觀點為指導，即一切事物「若非此則屬彼」，結果是要麼就是歷史，要麼就是永恆，二者不可兼得。

潘寧博雖與莫特曼同被歸入盼望神學學派（School of Theology of Hope），但莫特曼批評他的普遍歷史的神學（theology of universal history）不過企圖延伸及超越希臘的宇宙神學（the Greek cosmic theology）。即潘寧博以歷史取代宇宙論證（the cosmological proof of God）中宇宙的地位，不以宇宙為出發點而改以具有統一性的歷史來推論出一歷史的上帝（from the unity of " reality as history " to the one God of history）。潘寧博雖把歷史與上帝掛勾，可是其反溯思考方法（the retroflexive argument）卻引致把歷史以一整體來看待（reality as history in its totality）而得出一普遍歷史的觀念。由此而靜態化了歷史。即是說，當潘寧博認為上帝在歷史中的行動如一面鏡子反映出上帝本身，於是只有等到歷史完結時上帝才完全啟示其自己。但此時之歷史已完結而成為一整體，站在這一點上講，對於歷史進程中的世界，將來當然有首出性，可是在歷史進程中如何可以跳出歷史去掌握認識到這一點呢？潘寧博在這一關鍵問題底下方才討論耶穌的復活的意義，認為上帝乃透過歷史中此一事件預告了世界的終局，因此人可以有一普遍歷史的概念，由此而生將來意識。如果總體歷史於歷史終結時間接地啟示上帝的本性，那麼作為預示世界終局——已死的全然復活——的基督復活事件就展示了上帝永恆的本相。這樣子，在潘寧博的神學中，基督的復活自身就已圓滿無缺，受造物的末日終局不過是基督復活的重複而已，基督在此刻之外再無任何與此不同的將來。

雖然巴特、布特曼和潘寧博在解釋基督復活事件時喪失了其將來向度，但仍然扣緊此事件來討論終末性的結局。可是，救恩歷史學派卻因過度重視歷史而忽略了從基督復活事件來了解末日終局。

## III

救恩歷史學派認為上帝的拯救是按著預定的計劃逐步實現出來，與此同時，上帝的啟示亦逐步在歷史中顯明，而基督事件的拯救和啟示意義則是在這拯救歷史和啟示歷史中而被了解，因此，基督的事件就不是上帝的一個永恆環節，也不是預先顯現的末日，而是上帝國度進程中的一個轉折時刻，被認為是上帝最後的啟示資據。可是，這樣的了解乃是從歷史進程而得出的，即是直接從歷史來解釋基督事件的意義。因此，救恩歷史的終末進程並不由基督事件決定，而是由歷史本身來決定，由天啟的歷史觀點所了解的歷史進程，教會及世界的腐化、墮落，就變成了「時代的徵兆」（signs of the times），揭示救恩歷史終末性的進程。

救恩歷史學派重視歷史，但卻非正面的肯認其價值和意義，其作用不過是取代了基督事件的地位，用來顯明世界終末的臨近。明顯的結果是反歷史的傾向。為甚麼會是這樣子呢？因為在思想方法上救恩歷史學派跟理性主義者的非歷史的歷史主義同出一轍，沒有探問「歷史知識是如何可能的？」這一問題，這其實會進一步引進另一更根本的問題：「歷史是如何可能的？」對於莫特曼，這正是基督事件的重大意義所在。作為上帝的應許，基督的復活既顯明歷史的可能根據，亦因此而使歷史知識成為可能，在將來與過去的差異中認識歷史。可是，救恩歷史學派卻只能順歷史之發展而推斷歷史的終局，而未能提供一在歷史中可見的不同將來，結果歷史成為一體平鋪，無有差異。

**IV**

如果巴特和布特曼以超越主體性先行，那麼潘寧博和救恩歷史學派就以歷史先行，兩者相同的就是沒有從基督事件本身來講上帝和歷史，結果基督事件就喪失了其將來的向度。莫特曼卻是倒轉過來，上帝與歷史全都不能離開基督事件而論，不能預先設定一超越主體性來規限上帝，亦不能先行採取某種歷史觀點來限定歷史的意義，因為這些看法和觀點是抽離了上帝在具體的基督事件的啟示所作的玄思構想，並不一定是上帝和歷史的本性。只有從具體的基督事件出發才能合法地認識上帝和歷史。

## 二、復活基督底下的人性論

**I**

莫特曼在《盼望神學》一書中劈頭就說，基督宗教的神學只有一個問題：將來的問題，是這個問題決定了基督宗教的神學為一終末性的神學。終末論在基督宗教神學中並非僅為其中一項教義或信仰元素，反之，乃是基督宗教信仰的中介，定位一切事物，讓所有在困苦中的都能燃起希望，所以終末論乃指基督徒盼望的教義（eschatology means the doctrine of hope），即基督宗教就是終末論。可是，莫特曼隨即指出基督宗教的終末論並非就將來而論將來，而是述及耶穌基督和祂的將來，確認耶穌從死裏復活的實在並宣告復活主的將來。因此，一切關於將來的討論都必須建基於耶穌基督和祂的歷史之上，而正是在這一點上基督宗教的終末論有別於烏托邦式的空想。就是說，基督教的終末論是從歷史的實在出發而宣告此實在的將來，這在歷史中的實在就是耶穌基督復活的事件。具體性原則之運用於此清楚顯明。

這將來既未發生，因而就不能以希臘哲學中對道（logos）之解釋來明白"eschato-logy"，希臘的 logos 乃指一恆常存在的實在（a reality which is there, now and always），已經圓滿無缺，不具生滅變化，故與終末論中尚未出現的將來相矛盾，除非此一將來不過是當下的延續或經常的回歸重複。從莫特曼的神學出發，此 logos 若要與將來不相對立排斥，則必得為一動態向前變化之道，並且此道已展現於歷史中並邁向一與當下不同的將來——終極的將來，則 eschato-logy 方可成立。從這一點來看，eschato-logy 乃首先指一向終末邁進的道，此道絕不能以靜態的知性概念去思考、捕捉、認識，而必須以盼望和應許等詞語描述，因為只有這些詞語才是指涉著一尚未到來的將來，而非對應著恆常存在的道。由此而言，終末論並不以知性概念討論終末，由於對象（subject matter）之將來性（futurity），盼望和應許的語句方才是最恰當的表達方式，只有這些語句才能表達出道的將來性，亦即是耶穌基督的將來性。

道並不在當下完全徹盡，道在一行程中，當道完全朗現祂自己之時，也就是歷史終局之時，而耶穌基督作為道，不單邁向將來，且揭示出一最終邁向的將來，正是基督事件這一雙重功能，叫萬物燃起希望而不輕言放棄。何以能如此？從存有論的角度看，基督從死裏復活乃道勝過苦難、死亡、邪惡，更根本來說，勝過這一切的根源：要將一切的虛無力量否定；當此一事件發生於這世界之內，即向此世界揭示了死亡並非最終的結局，虛無並沒有主宰一切的力量，故此，認識論地說，基督的事件讓這世界認識有另一不同的實在在前頭跟當下之實在相對立、相矛盾，盼望即由此而生，盼望即由基督之復活事件而引發。莫特曼就說：「**基督徒的盼望乃一復活的盼望**」（Christian hope is resurrection hope）。基督宗教的上帝並非一完全內在於世界或完全外在於世界的上帝，基督的復活事件顯明祂是一位「盼望的上帝」（God of hope），祂是一位以將來為本性的上帝（a God with future as his essential nature），永不在我們裏面或在我們上面，而在我們前頭，以應許將來來引領我們，燃起我們的盼望，一如以色列人出埃及的經驗和先知的體會。

## II

莫特曼如此獨特的上帝觀，為上帝的超越性提供了一個新的解釋，或者說，他重新定義上帝的超越性，而更準確的說法應該是：上帝在基督的復活事件中定義祂自己是那一位。在過往的哲學和神學中，超越（transcendence）一詞有好幾種用法，全都是與內在（immanence）互相指涉，並且以空間性的形象為指導，缺乏時間的向度，即只有縱的關係（vertical）而缺乏橫的連繫（horizontal）。

譬如說，希臘形而上學視神聖超越為世界內在的反面，但兩者之界限如何分別呢？簡單地說，一切受到有限性、變易性和短暫性威脅的存在物，都是內在的，屬於世界的，因此之故，這些存在物會渴求成為一無限、非變易和恆常性的存在物。希臘哲學認為透過參與無限的領域，或分有無限性，則有限的存在物即獲取了超越性，這種超越性基本上是與內在性對立的，並且是一切事物存在的根基。因此，早期教會雖然不離拯救論來討論上帝，但由於深受這種與有限、變易對立的超越觀所影響，其上帝就變成一永恆不變、無生成變化、不能為情所動的存在根基及拯救根據。歸根究柢，希臘哲學與早期教會神學囿於這種內在與超越的體驗，因而引致一超絕的上帝觀。

當代社會對超越和內在的體驗跟希臘哲學有所不同。人不再把自己視為世界的一部分，或純粹為一有限的存在物，他注意到或反思及自己內在精神或理性的超越能力。人的地位高於自然，且主宰自然。當人超越世界的主體性愈強，世界和自然的客體化或對象化也就愈加厲害，成為人的工具、手段。這在西方文化的發展可首先見於笛卡兒（René Descartes）的哲學，「我思故我在」，並進而推出上帝與世界之存在。一切存在的根基都安立在「我」的超越主體性之上。這樣子，內在與超越都集於人的一身，他同時可以經歷有限與無限。在康德的哲學上即表現於「自然王國」（kingdom of nature）與「自由王國」（kingdom of freedom）兩個觀念之上。一方面，人受制於自然因果律，但卻又是他的認知理性建構著整個現象世界；並且另一方面，在道德實踐的領域內人更是絕對自由的，他的道德理性是無條件限制的，可以自作主宰地實現天理，行所當行的。人，同時具有超越之認知理性與實踐理性。

如此一來，傳統的希臘式上帝觀就崩潰了。如果要講上帝就絕不能離超越的主體性來講，甚至要扣緊人的超越主體性來講。從有限存在物向後推述一永恆不變的第一因已經失去效力，因為自然世界的規律是靠人的超越主體性來確立的，即康德所謂的「人為自然立法」的意思所在；也是這個緣故，「上帝已死」是一自然後果。傳統希臘式的形而上學所講的上帝已經死了，於是「上帝」要以另一面貌出現、復生，因為人對內在超越的體驗已轉變了。存在神學（existential theology）就是其中一種回應方式。這種神學以布特曼為首，倡言當人墮陷於一非本真處境之中（inauthentic state）而淪為行屍走肉，只有在存在的領域內與復活的主相遇，被挑戰抉擇活出其本真的本性（authentic nature），人方能重新恢復和獲取其超越性，而不致成為一客觀對象化的物。相應地，客觀對象化的語言再不能用來思考上帝，而應當以主體存在的語言來重新講述基督宗教的信仰。人活在有限性之內，但卻可經歷超越性，而上帝的意義即只能在此一存在領域內而非自然領域內被確立，上帝不再是一客觀對象的上帝，而是相應於人的存在主體的另一超越主體。

希臘時代由宇宙自然推論上帝，現代社會由人的存在推論上帝，因為超越、內在的意義已由自然轉到人自身的領域內被體驗，故只能扣緊人的主體來論上帝的超越性。

然而，當代社會有另一面貌使得現代人產生另一種對超越、內在的體驗，即使存在神學亦束手無策的。

當現代社會中的人開始意識自己具有一種能塑造、改變現存一切的能力，一方面他不再受制於自然而能反過來克服自然，透過種種的工具化行動，人製造了許多制度、組織，無論是經濟上、政治上、文化上的，好保障人類社會的穩定，可是正因為這個原因，在另一方面人開始受制於自己所創造的環境、第二自然或準自然。原來的第一自然宇宙被人自己的客觀化能力所製造出來的新宇宙所取代，並被囚禁其中，囚禁在自己製造的鐵籠裏面。在這鐵籠裏面，人成為工具、物，以維繫整個社會制度、經濟運作、政治組織等。人被宰制掌控，被理性透過科學與科技文化所創設的人工宇宙逼迫。人不甘被囚於其中，於是非理性以另一方式重回文明之中，再度被尊崇起來，藉著非理性以另一方式脫離現代社會的捆綁而進入超越的領域，弔詭的是，這些非理性的方式根本亦是理性社會的產物。

當外在世界變成鐵籠而非人的超越主體性可以扭轉的，那麼轉入內在領域是一很自然的路向，一種內轉的超越性（inner transcendence）就成為逃避主義者的歸宿。這個領域是一個遊戲的王國（the kingdom of play），人在其中可進行任何幻想，借助影像科技再造實在，在這一理想的虛擬實在中人獲得快感、滿足。這些影像科技包括電影、電視、影碟、電腦等，不斷製造一種不現實的景況，讓人可以脫離外在那種非人化的世界而獲取最大的快感。虛擬的實在最吸引人的地方乃在提供無窮的可能，不受現實世界種種客觀的限制。一切現實中失去的或缺乏的感覺和經驗，虛擬世界都能予以徹底的滿足。只是當人重返現實時卻會加劇他們對這種虛擬實在的慾求。虛擬的世界帶來虛假的經驗，由此經驗而塑造的人，結果只是一虛假的人。但當代的文化已進入製造虛擬世界的時期。人已沉迷其中，一切都只為「過癮」。

在這裏，內在與超越之分只在於自由與必然。在內在超越的遊戲領域中，人感到前所未有的自由，重新享受他失去了的關係和人性，可是這一切都只是現代影像科技虛擬出來的實在所帶來的虛假經驗，真正的現實仍是不自由的，仍然受著許許多多的規範制度所操縱，人與人之間仍然疏離。反之，因為人有一避難所可供安心，也就間接地容許現實繼續以現存方式運作下去，而此種內在超越只會加劇個人之孤獨感與疏離感，結果更強化他們向虛擬的世界逃遁，一種惡性循環令得人再無能力改變現實，創造真正的自由王國。因為他們想要逃避的世界為他們創造了安樂窩，在科技影像再虛擬實在中體驗自由和超越，正是在這一點上，莫特曼指出必須從終末性的將來來講超越，方能真正讓人實踐自由、經歷自由，否則，人最終仍受制於現實及其所製造出來的虛幻實在，他們經歷、體驗的自由和超越，不過一場虛幻。

## III

在莫特曼的神學中，將來之所以能使人自由，全在於此將來乃一在質上完全新的將來（qualitatively new），只有如此，舊的才會被取消、否定，才不會再具有束縛一切的能力，只有如此，將來才不是現在的延續和發展，而是與當前歷史相對立的，也就是說現在的歷史要被徹底轉化而成一全新的將來，這才是超越的意義。因此，超越就不是一空間上的全然他者（the wholly other）的意義，而是時間上歷史上的全然他者的將來。可是，是甚麼使這全然不同的將來成為可能呢？

在基督宗教的信仰中，或者說，在莫特曼所理解的基督宗教信仰當中，只有那位使基督從死裏復活的上帝才能轉化更新一切。而上帝在基督復活事件中給出來的將來應許，更激發人不滿現狀而產生改革的意識，透過種種行動超越現狀以達至一新的景況。並且，這一改革的行動並非一次過的，因為歷史尚未到這終局之前，一切的努力都有被死亡、邪惡等虛無勢力粉碎的可能。但基督的復活事件既發生在歷史內，也就表明世界仍然在上帝掌握之中，也因此而表明虛無勢力沒有最終權力破壞一切，歷史仍然是有可能被轉化的。在這一不斷轉化的過程中，人就經歷到真正的自由，人不一定要受制於任何形式的束縛和宰制。

只有從基督復活的事件出發，把超越理解為終末性的將來，才能真正有可能超越這一被制度規範奴役、失去自由的現在，才有可能因將來激發的改革意識，而創造一更符合終末性的將來的歷史的將來（historical future），才有可能體會由將來所引發的自由。

當上帝是一盼望的上帝時，祂同時是一自由的上帝，讓人經歷自由成為可能。當上帝是一盼望的上帝時，祂就是以將來為其本性的上帝；祂就是以將來為其超越之所在，讓人有真正的可能透過轉化改革之實踐，體驗到真實的自由。當上帝是一盼望的上帝時，人才能真正走出虛幻的實在，享受他們嚮往的自由。因此，並不是我們的經驗決定上帝，而是上帝的經驗決定我們。

# 6.

# 復活與十架底下的自我

## 一、復活的盼望與十架的受苦

### I

「絕望是罪！」何以如此說？

莫特曼說：盼望是信靠不能分割的伙伴，須臾不離（Hope is the inseparable companion of faith），那麼，若不存盼望，就是不信上帝了。若不信上帝是罪，則不存盼望亦是罪了。故此：**絕望是罪**。

我們相信的是一位怎樣的上帝？我們相信的是那一位從死裏復活的基督，我們相信的是那一位使基督從死裏復活的上帝：父與聖靈。因此，我們所信的是一位帶領我們越過死亡界限，脱離死亡轄制得以自由的上帝。相信這行動讓我們毫無條件地接受上帝在基督裏所啟示的一切。然而，在基督裏的盼望卻給予信靠其深度和闊度。一旦信靠以盼望為內容，則必然因為深信上帝必然成就祂的應許，而心存盼望等候其實現。

這樣的信仰沒有叫我們逃避現實，退縮不前，反叫我們勇於面對一切不幸與艱難，死亡仍是死亡，腐敗朽壞仍是腐敗朽壞，罪咎傷痛仍是罪咎傷痛，真實得可以，沒有半點花假。信仰不是魔術戲法一下子把這一切轉成天堂、烏托邦，信仰叫我們敢於正視這些現實，因為它告訴我們多一點：這些現實的頑固勢力已被基督的復活所打破，不再是終極的結局。

當上帝把人前面的實在如此揭示——是那麼寬闊和自由，則人之自甘安於現狀甚或倒退不前，即為背叛上帝。罪的本質是自我中心，但卻可以兩種完全相反的形態呈現。其一是驕傲自大，要想成為上帝；另一則是絕望、退縮、保守和悲觀，不想走上上帝要我們走上的道路，依戀著舊日的襤褸、失落與沮喪，對一切都不存盼望。「如果信仰是以盼望為生命，那麼，不信的罪就具體地建基於絕望之上。」

然而，為何絕望呢？莫特曼認為至少有兩個原因，其一是要即時或按著自己的時間去實現自己的意願，另一是僅僅著眼於我們盼望上帝成就的卻沒有成就的。這兩種形態的絕望跟盼望的本性相反，盼望就意味著忍耐、信靠那位應許的上帝，但絕望卻完全不容這樣的特性，沒有忍耐，也沒有信靠。第一種形態的絕望會要求一種即時實現的應許，因而去除了盼望的歷史性。第二種形態的絕望要求一次過實現所有的應許內容，因而亦同樣去除了盼望的歷史性。故此，絕望具有一種非歷史的性質，跟盼望的歷史性格截然相反。

這種要求即時實現應許或一次過實現所有的應許內容，同時具有一更深層對實在的看法。他們深切體會到實在為一延續體，並且過去決定現在，現在決定將來，將來不過是過去和現在的延伸或重複，因此，他們認為惟一的出路是徹底地否定現況，一次過地從根本上改變方向才是盼望所在。可是，上帝並沒有即時及一次過實現應許，這就導致他們徹底失望，以為世界的將來已注定是現在的重複，再無新的可能。

整個問題的關鍵在於以為實在是一個整體，要麼就整個否定，要麼就整個擁抱，卻完全忽略了第三種可能，採取一種不斷斷裂以終止現況之持續而創造新的理想實在的態度，亦即在歷史中進行持續革命持續造反的舉動。這第三種的做法視實在為充滿可能性的，過去並不能完全決定現在，同樣現在也不能完全決定將來，總有不一樣的可能性存在其中。

但莫特曼對可能性的看法並不以亞里士多德式的為依歸。亞里士多德（Aristotle）雖然十分重視事物的可能性，但他的可能性的觀點必須在他的潛在性與實現性的關係來了解。亞里士多德認為事物乃由其自身之潛在性（potentiality）向一實在性（actuality）的方向發展，於是，可能性其實就是指事物未達實在性之前但又會向這一方向發展的特性而言。因此，嚴格來説，亞里士多德是以潛在性來了解可能性的，而潛在性又不能脱離實在性來掌握，這樣子，事物之可能性只是其潛在性之狀態，其未達圓滿狀態的景況。

事物的這種可能性是內在的而非外在性，即事物之可能性由事物自身提供，內藏於事物自身，不假外求。正是這種觀點令得決定論成為可能：過去決定現在，現在決定將來，當然，在亞里士多德的哲學中，這是一次自我實在化的過程（actualization），是具有價值的。可是，撇開其內容而單就其形式而言，實亦可循此而言，或好或壞之發展，端在乎其起點如何，其中的決定性性格導致接納一種連續不斷無質的差異的實在觀點，而這正是莫特曼所要反對的。

莫特曼認為事物發展之終極可能性不由事物自身提供，真正的可能性是外在的。這在他講述應許的第一個意義時就已經率先強調：上帝的應許所宣告的將來實在不必然是發展自當下現在實在所內含的可能性，而是來自上帝自身所具備的可能性。因為莫特曼從基督事件的分析中，確認兩點。第一，真正的可能性必須是一質的轉變的可能性，而非同質的潛在實現；第二，這質的轉變不能憑藉事物自身，而必須依賴事物自身之外的能力方能完成。

當然，這樣的可能性乃一終末性轉變的可能性，即事物最終是可以徹底轉變，這樣豈非否定了歷史中的轉變的可能性？關鍵仍然在基督事件。莫特曼十分重視基督事件的歷史性，基督從死裏復活沒有同時或即時帶來世界終末的結局，因而就成為一指向終末的歷史事件，開啟了歷史可被轉化的可能性。簡單地說，上帝透過基督事件參與世界而具體顯明這世界並非完全受過去塑造決定，人的努力在其中是可以有成果的。但這樣並非表示在終末前這世界可達至完美，而是具有轉化更新的可能性，終末前的世界實在是可以相對地被轉化更新的，意思就是一切成功都是暫時的，但卻同時表明虛無的勢力也只是暫時的。若虛絕的勢力徹底彰顯，則世界即進入無有的狀態，亦不必言歷史和歷史轉化了。即便如此，上帝仍然可以從不存在中再造存在，世界及一切受造物會以全新的面目出現。但在這一刻尚未來臨之前，世界仍然是充滿可能性的，人是可以在其中持續不斷地扭轉局勢，克服不同時代不同形式出現的虛無勢力：可以是制度上的，可以是人性上的，可以是經濟政治上的，可以是文化生態上的。因此，世界的實在並非一個同質的整體不斷重複過去，再無新事，反之，乃是一個不斷否定的異質化過程，沒有最圓滿的一刻，只有終末的新天新地來臨時方才完結。

對應於這樣的一種觀點，人自然不需絕望，既不會對終末絕望，亦不會對現況絕望，反而是真真正正的面對現況，奮力不懈地去改變眼前世界的不合理和不公義，反抗虛無的毀壞，創造開展歷史新的一頁。不存幻想，也不絕望，這正是莫特曼對世界現況的態度，既非樂觀又非悲觀，不落兩邊，恰如其分，始可持續不懈投入世界而不退縮，始可活出信仰中的盼望，始可言真正的基督徒。

## II

若以時間的維度來看，莫特曼的《盼望神學》是指向將來的，而他的《被釘十字架的上帝》卻是現在的。曾經有人批評莫特曼的上帝過於將來化，以終末的將來取代了傳統的永恆，忽略了上帝當下的臨在。莫特曼一直強調基督教的信仰是建基於基督**從死裏**復活這一事件之上的，從基督復活的角度反省上帝只是個起點，絕不表示神學就以此為終站、頂峯，再毋須發展或深化，剛剛相反，因為基督的復活乃一**從死裏**復活的事件，祂的十字架就絕對不能輕輕帶過，絕對不能變成附從於復活之上的事件。十字架深化了復活，深化了復活的基督，深化了盼望；基督不純是得勝的基督，盼望不純是一歡欣無淚的盼望。

莫特曼沒有忘記十字架，沒有因復活而把十字架淡化，耶穌基督手上的釘痕仍存留在復活的身體上，永不消失，成為苦難的印記。對於莫特曼來說，基督徒的盼望若抽離不平的苦難，則必然不真實並失去解放的力量。只有以十字架神學為基礎的盼望神學才更具體實在，更具深刻的向度。因此，當莫特曼執筆從復活的角度脈絡來認識十字架的事件，他沒有輕描淡寫，沒有輕率掠過，字裏行間卻充滿激情與批判，既批判傳統神學，亦批判當前社會，成為當代十字架神學的典範作品，其震撼性非單不下於《盼望神學》，且有過之而無不及。

《盼望神學》中的上帝是將來的，可是祂不只是活在那終末的將來，祂不只是那位最終才全然臨在一切受造物之中的上帝，祂也活在現在，以十字架的方式活在苦難的現世當中，這是《被釘十字架的上帝》中的上帝。莫特曼關注的是，在十字架上被上帝棄絕的基督究竟是一位怎樣的上帝？這樣的一位上帝究竟與我們何干？

## III

十字架首先是上帝自身的事件，是上帝自己定義祂自己的事件。莫特曼拒絕援引上帝以外的任何思想架構或人性要求去掌握其意義，他繼續堅持其終末性原則和具體性原則，因而在《被釘十字架的上帝》一書的〈對主題的說明〉中就表明：

> 今天，回歸十字架神學意味著避免對此傳統的片面化，意味著在基督復活的精神和關聯中來領悟被釘十字架的基督，因而也就是按照自由和希望的精神來領悟被釘十字架的基督。
>
> 今天，採納十字架神學就是跨出拯救論的局限，探索上帝概念中已發生的革命。誰是被上帝離棄的基督、受難的十字架中的上帝呢？
>
> 今天，發展十字架神學意味著超越對個人得救的關注，探索人的解放的可能性和探索人與其社會中的嚴重危機這一現實的新關係。在被棄絕並在上帝之自由中復活的人子面前，誰是真正的人呢？

> 最後，在今天，實現十字架神學意味認真對待批判性的改革神學的主題，並發展改革神學，使之不僅僅成為一種教會批判，從而成為一種社會批判。在一個行在無數屍體上而竟然持樂觀主義態度的社會中，回想被釘十字架的上帝意味著甚麼呢？

第一點清楚表明莫特曼的終末性解釋取向，從基督的復活向後閱讀其十字架的意義，於是十字架就不是一切的終局，而是自由與希望前的最後一站。在復活的亮光底下，十字架因而具有拯救的意義；若孤立地看上帝在十字架上的死亡，結論絕對不能超出「一切都再沒有希望了，因為上帝已死」的觀點。十字架自身如何可能提供任何拯救的希望？只有從十字架的否定面——復活——的角度來審視十字架才能得出這樣的結論：死亡不是終局，十字架卻是否定死亡的第一步，隨著的是自由和盼望。

第二點是莫特曼此書的震撼處。先別問其拯救意義，而更首要的是問對上帝十字架是一種怎樣的經歷。莫特曼並非全不理會十字架的拯救意義，而更重要的是，十字架的拯救意義是由上帝自身的經歷來決定的，十字架首先是上帝自身的事件，若不先問其對上帝自身的意義反倒問其對我們對世界對一切受造物的意義，豈非以後者的要求來限制和定義上帝在十字架上的經驗？這也是為甚麼莫特曼十分不滿傳統以神人二性論來處理耶穌基督在十字架上死亡的經歷，這是以先定的架構來規限上帝之本性。

第三點的意義對現代社會原子式的個體觀尤為重要：十字架只對應個人的保證，而無視其羣體的向度；十字架只是上帝代替眾多個人的犧牲代贖，因而眾多**個人**只須以**個人**身分回應這一流血捨身的基督。但莫特曼從終末的角度來了解十字架就超越了這一觀點，要問的是人的解放問題，人跟社會自然的關係，人如何活在仍飽受虛無壓迫的實在中。

最後，十字架固然是教會內部的批判準繩，但同樣是對社會的批判基礎。換句話説，十字架具有批判一切的本質。這不單針對一切褫奪並扮演上帝位置的建制和組織，更針對其背後那種崇尚強權和宰制、同化、壓抑異者的意識形態。這一點對現代社會具有深刻的意義，因為信仰已逐漸淪為私人性的選擇，對公共領域已嚴重地失去其發言權。

## 二、自我的否定與自我的定義

**I**

《被釘十字架的上帝》跟《盼望神學》有一平衡的結構。《盼望神學》拒絕永恆現在的上帝（a God of eternal present）而提出終末將來的上帝（a God of eschatological future）；《被釘十字架的上帝》則反對榮耀的上帝（a God of glory）而接納受苦的上帝（a God of suffering）。莫特曼此舉其實並非完全否定上帝為一永恆現在的上帝、上帝為一榮耀的上帝：因為在基督的復活和死亡中所顯示的上帝首先並非如此模樣的，只有到了終末的日子上帝才是永恆現在的上帝、榮耀的上帝。

莫特曼承認他對基督被釘死在十字架上的解釋是追隨路德的十架神學，但他卻超出了路德所關注的。路德的〈海德堡爭議〉（“Heideberg Dispute”）其中的第十九條和二十條是其十架神學的基礎：

- 第十九條：那從被造之物之中尋找不可見之上帝的不配被稱為

神學家。

- 第二十條：那從十字架和苦難中窺見上帝那不見的背後，能被稱為神學家。

對路德來說，第十九條所說的是榮耀神學，而第二十條則是十架神學，焦點是對上帝的認識。路德的十架神學主要指出只有十架神學所認識的上帝才能拯救我們。換句話說，路德首要關心的是拯救問題，而莫特曼則超越「十字架對我們的意義」而進一步問「十字架對上帝的意義」。

甚麼是榮耀神學？榮耀神學其實就是自然神學，試圖從上帝手所創造的世界宇宙自然去追尋認識上帝，背後的理據是因果連鎖的關係，凡果必然在一定程度上包含因在內，因此就可以由果溯因，從結果推導出原因，從上帝可見的工作成果來確定上帝不可見的本性。但路德卻認為如此做神學的人不配稱為神學家，因為最終他們榮耀的只是他們自己。作為受造物之一，他在肯定所有受造物與上帝有一本體的因果連繫底下，同時肯定自己的美善、正直等正面本性，肯定人的榮耀可以反映上帝的榮耀。莫特曼指出路德已意識到榮耀神學背後的趣向（interest），不過是要榮耀人而非上帝，充滿自義和驕傲，沒有看到在上帝與受造物之間已出現一道鴻溝，使得此一由果溯因的推論無法進行。

是以，路德提出上帝是可見的，但卻不是以榮耀的方式而被見，乃是以十字架和苦難的方式而被見，以榮耀的否定面而被見。上帝不單以受苦的方式出現，並且，上帝在苦難中啟示祂自己是受苦的上帝；受苦不僅是顯現的媒介，而且就是啟示內容本身。上帝只能在祂自己的十字架上被認識，所認識的上帝乃是一無能、被羞辱、被出賣、被唾棄的上帝，跟榮耀神學所強調的大能威榮的上帝實有雲泥之別。十字架完全是榮耀的反面，但這正是上帝在十字架上所活出的上帝，面對這樣子的上帝只有謙卑自己的人才能真正認出掛在十字架上的就是上帝，那些只重權力榮耀永恆無限的人永遠都不會認得這就是上帝，因為他們根本不會容許上帝以這樣的方式出現，不會容許上帝是一位受苦的上帝，他們自己的趣向決定了他們的上帝觀。

路德的十架神學純粹就十字架而論上帝，但莫特曼卻在終末論的角度下來進行深入剖析，這是他超越路德的地方。沒有復活的脈絡則很容易即時陷進拯救論的領域，提問十字架對我們的意義，而不能繼續以上帝自身之事件來探問到底，從而錯過了十字架對上帝神聖生命的經歷是何等深刻、何等令人震撼。

## II

從復活向後閱讀，基督的十字架會是甚麼呢？固然，十字架是復活的前奏，但可不是一延續性的關係，兩者的關係乃斷裂且否定的。基督的復活否定了祂自己的死亡，換句話說，復活與死亡是互相否定，彼此對立，不能相容，死亡是復活所要否定的否定面。當莫特曼肯定復活的價值和意義時，則死亡就是負面的，死亡否定了、破壞了、銷毀了生命，所以要被徹底否定。因此，在復活否定死亡這一舉動中，即顯示了死亡之負面性。在基督的復活否定其自己的死亡當中，即顯示死亡否定了基督的神聖生命。第二次的否定必然預設第一次的否定。否定的否定必以否定為對象，這樣一來，基督事件就是一辯證運動的事件，包含了兩次否定的環節：死亡和復活，否定和否定的否定。

莫特曼扣緊上帝自身的行動來進一步指出上帝的啟示是辯證的而非類比的，這可是相應於路德的十架神學和榮耀神學而言的，突出了各別的啟示觀原則及相應的認識上帝的方法，因而也就在存有論和認識論的層次上凸顯了兩者的本質分別，這是莫特曼從終末論的角度發展十架神學的成果。

基督的活動既為辯證的，那麼，祂就必然同時會向世界揭示祂自己。因為基督已經不再住在天上，而是離開緊密的三一團契來到世界死在十字架上。基督是在十字架上揭示出祂是一位自我否定的上帝，十字架同時是途徑亦是內容，上帝透過上十字架方可顯出祂是十字架的上帝，上帝透過自我否定方才揭示了祂自己，並且揭示了祂自己的自我否定。只有否定的行動才可以使啟示成為可能，因為所啟示的對象是跟上帝不一樣的受造物。因此，上帝的啟示從來就不能抽離祂在受造物之中的行動來討論，上帝在世界中的作為即同時是祂的自我啟示，上帝在耶穌基督身上的死亡和復活就同時是祂自我啟示為一受苦的上帝和盼望的上帝，上帝的自我啟示必然以上帝屈就自己參與世界為根據。

這樣的啟示觀有兩重特色。第一，這是上帝**自我**的啟示，而非透過上帝以外其他的媒介如歷史、自然、人性等方才成為可能。第二，這是一種**自我否定**的自我啟示，上帝並不直接顯現其自己，而是在其自身的對立面中啟示其自己，也就是在自我否定的過程中啟示其自己。合此兩點，類比啟示，即使是以耶穌基督為中介，但若是非辯證性的，莫特曼亦會強烈反對。因為若非如此，則對十字架的實在性未能予以嚴肅的對待，沒有考慮到十字架是神聖生命的一個本質性及建構性的環節，更完全忽略或否定或開脫上帝在十字架上的死亡乃真正的死亡，成為無有。一切的問題全在於如何理解十字架上的死亡。

## III

上帝在十字架上啟示了甚麼？上帝在基督的死亡中揭露了甚麼？當莫特曼以自我否定來了解基督的死亡，就表示了神聖生命跟死亡是對立的，上帝必須經一自我否定而進入死亡的勢力中方可成為無有。死亡固然是無有，完全沒有生命，但基督的死亡作為神聖生命的對立面，也就進一步表示死亡的景況是上帝所遺棄的，是非上帝的。換句話說，當基督被釘在十字架上，祂不單為死亡吞噬成為無有，而且還經歷著上帝的遺棄。如果基督的死亡是全然的死亡，沒有半點生命留下，那麼，祂所遭遇的遺棄也必然是全然毫無保留的被棄絕於無有的景況之中。

這樣一來，十字架不單揭露了上帝可以受苦，上帝可以死亡，同時揭露了上帝可以全然被棄絕於無上帝的景況中。然而，如果上帝真的死了，真的被棄絕於無上帝的景況中，那麼，這是如何可能的？在傳統的神學中，上帝一直是全能、非情、不會受苦的，那該如何解說這一難題？上帝如何可以歸於無有呢？莫特曼在回答這一問題的過程中，掀起了一次上帝觀的革命，不單承繼路德繼續批判經院哲學的傳統，並且進一步指出若要掌握上帝在十字架上受苦的意義，就必須脫離傳統的神人二性的基督論架構，採取三一上帝論的框架。如此一來，十字架就同時是三一上帝論的起點，任何討論上帝的本性都不能離此而有別的根基。

在正式討論這一革命的上帝觀前，有必要首先澄清莫特曼對受苦的看法。

莫特曼注意到古代教父強調「上帝是不可變的」並非一種絕對的陳述，只是一個比喻，表示上帝不受非上帝的東西所強制。莫特曼說：「如果說上帝不能消極地被其他東西如其他受造之物改變，這並非意味著他不能自由地改變自己，甚至自由地出於自己的自由意志讓其他東西來改變自己。」莫特曼區分了上帝與受造物的改變，前者是出於自己的自由意志，後者則是無所選擇的，故此，說「上帝是不可變的」僅只是一相對性的說法，即相對於受造物而言，而非一絕對的說法。

其次論到上帝的受苦，莫特曼注意到主流教會堅持認為上帝是不可受苦的，全囿於兩種受苦的觀點：一是不情願的受苦（unwilling suffering），另一是本質上不能受苦（not-suffering）。但莫特曼指出尚有其他形式的受苦：積極主動的受苦（active suffering），即「自願地向『為其他人所打動所影響的』可能性敞開自己」，即為一主動受苦。在這裏莫特曼再一次訴諸於上帝的主動性，而避免了上帝因其自身的不圓滿而受到外在世界之影響以致受苦，受苦乃出於上帝對受造物深情以致激情的愛：「如果上帝不能在任何方面受苦，並因而說上帝在絕對意義上不能受苦，那麼祂就不能愛。〔……〕這樣的不能受苦就跟基督宗教的基本斷言即上帝是愛相矛盾〔……〕能愛者自能受苦，因為祂把自己向介入愛的苦難敞開，但憑著愛又保持對苦難的優越地位〔……〕」在這裏，莫特曼觸到了上帝的本性：愛，把上帝的受苦連繫到祂的愛來合法化受苦的舉動，解消傳統神學以上帝為「不變、不能受苦」的看法。傳統神學認為變化受苦乃出於事物的缺陷不完美，但上帝是圓滿的，故沒可能會受苦變化的，但卻沒有考慮到上帝也可以出於自主的愛為受造物敞開自己而容讓自己受傷害以至於死。正是因為愛，上帝在十字架上自我否定，落入死亡，被遺棄的絕境當中，因為只有如此，祂方才貫徹其愛的本性，方為真正的上帝。

# 7.

# 棄絕與十架

## 一、上帝的破裂：棄絕與被棄

### I

十字架上究竟發生了甚麼事？

問題是，從甚麼視域去看十字架。過往的神學傳統一直在拯救論的角度下審視其意義，但莫特曼說：「這種做法當然不錯，但畢竟還不夠徹底。」因為這樣並沒有先從聖父與聖子的關係出發來理解十字架，而是突然一下子就把十字架跟人類連繫起來，視之為贖罪之死，又或是以之為順服之榜樣和忠於召命的證明。在拯救論的框架下十字架並沒有回答莫特曼的問題：「**對上帝自身來說，耶穌的十字架意味著甚麼？**」

莫特曼同意天主教神學家拉納（Karl Rahner）的說法：「耶穌之死乃是上帝的自我陳說」，但他追問，「耶穌慘死十字架上的命途，上帝自己在何種程度上『感到震驚』或『受到刺激』呢？上帝在十字架上，究竟承受的是祂自己的受難呢？還是承受另一位的受難？十字架受難究竟引起了多大程度的觸動，以致於人們會把耶穌之死當作上帝之死呢？因此，那位讓耶穌受死的上帝究竟是誰呢？或者，這位受難而死的耶穌究竟是誰呢？上帝之中以何種破裂成為這一事件的前題？」莫特曼感興趣的是，耶穌在十字架的命途，在何種程度上影響到上帝呢？在十字架上是上帝自己受苦呢？還是上帝在基督裏受苦？如果說耶穌之死是上帝之死，那麼，是否表示神聖生命裏面出現了某種破裂？這種破裂是甚麼呢？該如何理解這種上帝內的破裂？

莫特曼認為傳統的單一的上帝概念（simple concept of God）根本無法把握這種影響的程度。這裏單一的上帝概念乃是指聖父、聖子、聖靈共同具有的本性或特質，即基於聖父、聖子、聖靈共同分有這一本性或特質，故為獨一上帝。而問題亦出在這裏，這是一種抽象的思維方法，作用是普遍化一切事物以便分類，但亦具有把握事物的本質的能力，但這卻是一次捨離具體特殊性而執於抽象普遍性的過程。如此地理解三一上帝中的一，使得在了解十字架上的死亡出現弔詭或悖論（paradox）。這是怎麼說的呢？

問題乃出在能否把基督的死亡說成是上帝的死亡？一方面聖子跟聖父與聖靈分有了同一的本性，故為上帝，祂的死亡就自然是上帝的死亡了。可是，另一方面，這上帝卻又不單只指聖子基督，卻又同時指到其他兩位聖父和聖靈，於是，就出現「上帝『死』在十字架上，然而，上帝卻沒有死」的悖論。上帝如何可能同時死在十字架上但又沒有死呢？再者，這悖論可以再進一步推演為「在十字架上上帝對抗上帝」、「在十字架上上帝殺害上帝」等令人費解的講法。主要原因乃出在以一單一的上帝概念來認識十字架上的死亡。因此，莫特曼返回具體的十字架事件作出分析，發覺只有從三一上帝論的框架始能解釋清楚此一悖論，並且亦只有這一框架始能全面徹底地顯明基督之死對三一上帝神聖生命的影響程度。否則，若使用上帝這個單一的概念，「人們就必須説：發生在十字架上的，是一個上帝與上帝之間的事件。就上帝遺棄自己，與自己相牴牾而言，這是上帝自身中的深深的分裂；同時，就上帝與上帝是一體，上帝符合上帝而言，這又是上帝自身中的統一。如果是這樣，就必須矛盾地表述這個表達式：上帝在十字架上作為罪人死了，但卻沒有死。上帝死了，但又沒有死。」

## II

基督的死亡作為神聖生命的對立面，即表示基督被棄絕於無有的景況中，於是，分析十字架上發生的事情，也就是分析棄絕的經驗了。而莫特曼正正是要弄清楚十字架上「耶穌的被棄性」究竟會導致一種怎麼樣的上帝觀。

莫特曼首先注意到耶穌基督在十字架上的呼喊：「我的上帝！我的上帝！為甚麼離棄我？」（可十五 34）這呼喊揭示了離棄的結構。離棄或棄絕由兩端組成，一端為棄絕者，另一端為被棄絕者，兩者互相預設。當耶穌基督的呼喊顯出祂是那位被棄絕者，即被另一位上帝所棄絕，那麼，這另一位的上帝的棄絕究竟是一種怎麼樣的舉動呢？

莫特曼對十字架上的棄絕舉動的了解主要是透過聖經的「交出」這一概念。這概念的希臘文為 paradidonai ，德文為 Dahingale ，英文則為“ deliver up ”，是莫特曼解釋十字架經驗的一個關鍵字眼，絕對不能被淡化，隨隨便便帶過就可以算數。莫特曼引用普高士（Wiard Popkos）的研究成果：「上帝把祂的親生子交出去，這是《新約全書》裏最聞所未聞的斷語之一。我們必須在其充分的意義上來領『交出』這個字眼，而不是把它淡化成『派』或『給』。這裏發生的事是亞伯拉罕沒有必要對以撒做的事（參羅八32）：基督完全是被父親故意捨棄給死亡之命運的，上帝把祂交給了腐朽的勢力——無論它叫作人還是叫作死。為了最精當地表達這個意思，我們不妨用早期教會教義的話説：三位一體的第一位格驅逐並毀滅了第二位格〔……〕任何一種十字架神學都不可能比這表達得更徹底了。」這裏表明了發生在十字架上乃一父親捨棄兒子於死亡命途的事件。父否定子。可是，莫特曼進一步指出基督不是被動的受到死亡所壓傷，祂並非毫不自願地被交付給邪惡勢力，祂並非無可奈何地接受不幸命途的擺佈；莫特曼同時認定十字架也是兒子的自我捨棄：「在加拉太書二章二十節裏，『交出』（編按：《和合本》作『捨』）表達的出現也是以基督為主語的：『〔……〕上帝的兒子〔……〕祂愛我，為我捨命。』根據這一段話，就不僅是父親交出耶穌，讓祂在十字架上被遺棄死去，而且是兒子捨棄自己。這與符類福音關於耶穌受難的敍述相符。根據這敍述，耶穌有意識地自願走向十字架，而不是像被邪惡、厄運壓倒那樣被死亡壓倒。從神學上來講重要的是，必須注意到保羅的敍述程式的出現，是以父親與兒子作主語的，因為如關於橄欖山的敍述所報導的那樣，保羅的表達式表達了十字架事件裏父親的意願與兒子的意願之間那種深刻的一致。」

於是，十字架上出現的就是一次雙重的棄絕。父親棄絕兒子，兒子棄絕自己。可是這種棄絕的經驗卻不單只由兒子去承受，父親亦以另一種方式去分擔了這一難以承受的傷痛。

何以如此？棄絕者與被棄絕者乃父親與兒子的關係，並非毫無關係，並非互為外在；反之，父親之為父親乃因為祂是兒子的父親，兒子之為兒子乃因為祂是父親的兒子，父親與兒子是互相建構的。正正因為這種互相建構的關係，也就使得棄絕的舉動不單深切影響兒子，也同時對父親做成傷害；在十字架上，當兒子成為無父的兒子之時，則父親亦成為無子之父；當兒子在被遺棄中經歷死亡過程的痛苦之時，則父親亦在愛的無限悲痛中經歷兒子的死亡；當兒子受苦並死在十字架上，則父親亦蒙受著兒子死亡的痛苦。棄絕與被棄絕帶來的是難以言喻的分裂、疏割，是神聖生命中至慘痛的經歷。父親在受苦，但卻並非傳統教會定為異端的聖父受苦論（patripassian）的意思；兒子死了，但卻不能從上帝受苦論（theopaschite）來理解其為上帝之死。父親並沒有在十字架上受苦，單一的上帝亦沒有死在十字架上，死的是具體獨特的耶穌基督。可是，耶穌基督的死，卻是三一上帝生命中的事件，故實是上帝之中的死亡（death in God）。

## III

如此這樣的棄絕與被棄絕，就其對上帝觀之意義而言，至少有兩點可言。首先，在此一棄絕與被棄絕的舉動中，預設了兩個主體、兩個位格，決不能以單一的上帝概念來理解，否則就會落入莫特曼所講的悖論之中。這就引伸出三一的上帝觀。就這一點，莫特曼説：「三一的教義以基督的十字架為質料原則」（The material principle of the doctrine of the Trinity is the cross of Christ）。即是説，要講三一就只能以基督的十字架為起點、為具體內容，而不能毫無內容地玄思三一的意義，然後再由這個意義去決定基督的十字架。剛巧相反，當三一教義以基督的十字架為內容時，三一教義才可以成為基督的十字架的框架，用莫特曼的説話就是「十字架以三一教義為其知識的形式原則」（The formal principle of knowledge of the cross is the doctrine of the Trinity）。「誰要切實地談三一，就得談耶穌的十字架，並且不要去冥思天上的祕密。」

其次，十字架上的死亡固然是耶穌基督的死亡，可是其影響卻並不止於祂自己身上，而是成了神聖生命中的死亡事件，成了上帝中的死亡，這死亡在神聖生命中割裂著第一位格與第二位格的關係，嚴重地破壞了其中的緊密關係。然而亦正是透過這樣的方式，三一的上帝建構著祂自己，即祂容許自己受到傷害、受到打擊，經歷到最密切關係的斷裂，祂容許自己被改變。莫特曼説：「在十字架上，上帝並不是讓自己以不可觸及的至美和永恆僅僅外顯出來，在十字架上，上帝乃是在對待自己，並隨之自己親身承受苦難。正是在十字架上，上帝付出了祂全部的愛的存在。」在十字架事件之上，上帝以愛的方式存在，並同時建構祂自己。當莫特曼稱十字架為愛的事件，祂即以之為一上帝「為我們」(for us)的事件。在十字架上，上帝如何為我們呢？這是跟著要討論的：十字架對苦難世界的意義，也就是傳統神學所關心的拯救問題。

## 二、十架的上帝：三一的上帝

### I

十字架的事件首先是三一上帝神聖生命中的關係破裂的事件，莫特曼這樣的了解帶來怎麼樣的拯救意義？與我們何干？

十字架是道成肉身的完成，這是從十字架向後閱讀的結論。上帝成為人進入這個世界，這是「道成肉身」的形式意義(formal meaning)，但其內容或實質意義(material meaning)卻必須由十字架提供。當十字架被理解為聖子上帝的自我否定，則道成肉身即此自我否定的起點。所以，莫特曼説：「上帝絕非按我們的做人觀念之尺度成人的。上帝成為我們不願做的人，一個被唾棄者、被詛咒者、被釘十字架者。」當上帝在拿撒勒的耶穌裏面成為人時，祂不僅進入了人的有限性，進入人的有限情景裏，他不僅進入、下降到裏面，而且全然地以其本性擁抱整個人類的存在。祂是在十字架上的死亡裏進入人被上帝遺棄的處境中。

道成肉身以至於死，是上帝徹底認同人被遺棄的處境的表現。十字架上的割裂是神聖生命敞開其自己的拯救表現，惟有這一徹底敞開才能講拯救，因為「只有當一切災難、被上帝遺棄、絕對的死、永恆的詛咒以及淪入虛無等等在上帝自身裏面時，與這樣的一位上帝相交才是拯救、無限的歡樂、不可摧毀的揀選與神聖的生命」。「上帝在十字架上敞開自己的神聖的生命是為了拯救，透過神聖生命的分裂，才能包含歷史的全部怒吼與不忿於其自身之中，才能包含被上帝遺棄、絕對的死，以及非上帝這整個深淵於其自身之中。」如此一來，上帝在各各他山上的歷史，就包含了人類歷史的全部深度與深淵，是歷史中的歷史。「一切人類歷史，無論在多大程度上為罪與死所決定，全都被接納進這『上帝的歷史』」，因而「在上帝的歷史裏，沒有甚麼苦難不是上帝的苦難；沒有甚麼死不是上帝在歷史上各各他的死」。也因此，上帝在基督的將來，也就成了苦難世界的將來與盼望。

十字架是上帝愛的事件，是神聖生命中的三一事件；在耶穌的受苦與死亡中，三一上帝不再是天上自足的羣體，而是一向整個被棄絕的受造物敞開自己的過程，「把不信上帝者和上帝遺棄者的永恆死亡擔當到自己身上，從而所有的不信者和被上帝遺棄者都能與祂團契相交」。而這就是三一的十架事件的拯救意義。

## II

十字架是三一結構的，因而被稱為三一的十字架。當莫特曼在分析十字架的棄絕經驗而迫出三一架構時，他明顯地是有所針對的，他針對的是傳統神學從神人二性的角度來了解十字架上的死亡。何以有此針對？全只在於神人二性的架構未能嚴肅地正視棄絕經驗對上帝自身內在神聖生命的影響。莫特曼更進一步發掘其背後的預設及由此而建立的上帝觀，並從三一十字架的上帝觀予以徹底的批判。莫特曼此一工作，不單是實踐「十字架乃批判基督宗教神學的判準」此一信念，並且進而以十字架批判一切意識形態，因為在這一神人二性論之中蘊含了某種世界的觀點，不單影響了其對上帝的了解，並且同時導致政治經濟文化社會自然生態等的宰制與同化。

## III

基本上，對耶穌基督作神人二性的解釋是有其背景的，並非無中生有：這背景就是人對拯救的要求有所渴望。本來渴求拯救本身並無任何不對，但在認識上帝的過程中卻不能掉以輕心忽略了主次的分別。究竟是依據人的被拯救願望或興趣而決定上帝的本性和在世界的經驗，抑或是從上帝在世界的經驗去認識其本性及其對受造物的拯救意義，是兩種截然不同的進路。早期教會接受希臘的哲學思想，把人與上帝作了對立的界分。「上帝的本性是不容玷污、不可更變、不可分裂、不會受難、永生不死的；而人的本質卻是暫存的、可改變、可分裂、會受難、終有一死的。」這一對立的界分限制了上帝的本性，祂不能如人一般可以改變、分裂、受苦、死亡，固然，上帝可以有如此表現，但卻是毫不觸動祂最內在的本性，祂的行動不會影響祂的本性。

何以早期教會會接納此種人與上帝的對立界分呢？這就跟他的拯救渴求分不開了。人在世界中經歷著變化、朽壞、苦難和死亡，自然渴望著離開這些景況，因此，他們推想出另一與此截然相反對立不同的世界：永恆、不朽、無變更、無分割，而這就是神聖的世界，人只有參與這世界才能得救，脫離死亡與腐朽。

本來人對世界的經驗是真實的，不可置疑的，人的確活在變幻朽壞的世界裏面，可是人可以憑著他這種經驗來要求神聖世界是與此相反的嗎？這就是問題所在。人透過否定自己的經驗來設定上帝所在的世界、上帝自身的本性，而這就是從世界的經驗出發來決定上帝的經驗的意思了。渴求被拯救並無不對，惟是以此來推論怎樣的上帝才能拯救這世界就犯了越俎代庖的錯誤了，後果是十分嚴重的：上帝的本性是不能受苦、也不會受苦，結果祂在十字架上的受苦就成了一個難題：一方面既要肯定這事件是真實的，另一方面又要維繫上帝內在的純潔無污染的本性。

## IV

早期教會的拯救觀與上帝觀使得她在了解十字架事件上產生困難。莫特曼總結地指出：「上帝不會死的有神論上帝概念與按照它人也能永生不死的拯救希望，使人們不可能把耶穌視為真正的上帝同時又認為祂為上帝所拋棄。」

神人二性這教義在這裏就可以發揮其功能：既然一個像其他所有受造之物一樣也免不了苦難的上帝不可能是「上帝」，那麼神一人基督就只可能「按肉體」和「在肉體裏」受難，即在祂的人性本質中受難。如此一來，即可避免了上帝受苦和死亡的說法，也就是說，在十字架上死去的是基督的人性，祂的神性仍然完整無缺，絲毫無損。

當然，問題仍然出現，耶穌基督豈不是一個位格嗎？十字架上的呼喊豈非是聖子基督整個位格——既是神性的又是人性的位格？早期教會教父亞歷山太的區利羅（Cyril of Alexandria）這樣解釋：「任何人只要聲稱基督被恐懼和軟弱打垮，便是拒絕承認祂是上帝。」他認為基督不是以祂自己的名義，而是以祂的全部本性的名義那樣喊叫的，因為，只有這樣才能表明不是祂本身成為敗壞的犧牲品。祂是為我們呼喊聖父，而不是為祂自己。區利羅的意思是聖子以其全部本性所發出的呼喊，其實並非出於自己的受苦與死亡，反之祂並沒有受難；祂是為受苦難與死亡威脅的世界、受造物而苦喊。

神人二性的基督論不純是要分割神性與人性，也同時要肯定這兩性是統一於基督的位格之中的，但這統一仍然需要解釋清楚，就是並非一種互相影響互相塑造的關係，只有神性才能完全等同基督的位格，是三一中的第二位。這樣，神性就不是一種性，而是一個位格。這樣的神性在道成肉身時內住於人性之中並因而肯定人性，以致成為具體存在的耶穌基督。在這一具體存在的神聖位格中，人性並非自存的，但神性卻是自足的，並且是這自足的神性使得人性在聖子的位格中有其地位，因此而可說神人二性統一於一個位格之內。

中世紀的經院哲學在這基礎上就運用「屬性相通」（communicatio idiomatum）去重新解釋：「聖子基督受難，死了。」神性本質會因為人性本質的受難與死亡而受到影響，神性本質分有和分擔了人性本質的痛苦，因而可以把苦難與死這人類屬性歸於基督的整個位格。如此一來，我們可以說：「基督的位格終有一死」，卻不能說：「神性本質也會受難與死」。

到了改革的路德則是這路線的終極發展。路德提出「信仰講基督時，不僅說上帝在祂裏面，而且說基督是上帝本身」，神人二性的合一乃一「基督位格本性中的事件」（an " event " in the being of the person），超越了思想中的想像，而是實質上的合一。因此，神聖位格在基督的受難與死裏面受難和死去。但路德始終囿於神人二性的教義架構來理解上帝，因而出現悖論：「上帝對抗上帝」、「上帝殺死上帝」。

路德的十架神學從上帝自身的否定面出發是全然符合從上帝自身之表現來認識上帝的原則，可是，路德仍然未能徹底貫徹此一觀點而太快地過渡到十字架對我們的拯救意義這一關注之上，因而沒有繼續追問十字架對上帝自身的影響、在十字架上上帝究竟經歷著一種怎樣的景況，從而迫出三一的架構以取代傳統的神人二性觀來了解十字架上的死亡。

撇開路德的神學不談，就著神人二性的教義本身，在莫特曼看來，是需要被放棄的。最關鍵的原因乃在於這並非出自上帝自身的經驗，並非上帝自己定義自己的表現。雖然路德最終亦能講上帝之死，但這仍然不是最恰當的架構，仍然遺留悖論難以處理，惟有從十字架上的棄絕經驗開始才有可能不單講聖子基督的死亡，亦能在其蘊含的三一上帝的結構中避免了路德的悖論。

此外，神人二性教義背後的預設是需要再作進一步的分析及指出其神學含義及社會政治含義。簡單來說，在神學上會導出有神論（theism）與無神論（atheism）此一孖生兄弟，在社會政治層面上會合法化一切的宰制壓迫疏離與同化。這是下一章要處理的問題。

# 8.

# 十架的批判

## 一、十架的批判：類比原則

### I

基督的十字架的批判意義何在？這得要先從神人二性教義的基督論開始討論。基督教引進神人二性來了解基督的身分，主要的一個目的是為了維護上帝在基督裏的不可玷污性、不可朽壞性。而正正在這裏顯示出人對實在的了解和背後的思考模式。

人在經歷自身的變幻、有限與腐朽後遂要求一不變、無限與永恆的世界，並以之為真實之所在。這裏面有一個很吃緊的關鍵地方，就是兩者是互相排斥、彼此對立，中間有一條不可超越的鴻溝橫堵著。就是在本質上，有限變幻腐朽的世界不能過渡轉化成為無限不變永恆的世界，反過來，無限不變永恆的世界也不可能過渡轉化成為有限變幻腐朽的世界。這樣子把兩個世界完全對立起來，在思考上是依循著思想三律中的排中律（law of mutual-exclusiveness）

來進行的。

思想三律就是指同一律（law of identity）：A＝A、矛盾律（law of contradiction）：～（A・～A）和排中律（law of excluded middle）：A V～A，其中矛盾律和排中律可以互相轉換，因而也是互相定義的，但在運作的層面上卻是以排中律為首的，就是要把非 A 的東西排斥在 A 之外，使得 A 內部不存在任何自相矛盾。透過這樣的方式，A＝A 的意義就得以確立，保護了 A 的自身同一性。

可是，這排中律和矛盾律就同時定義了A的自身同一性為抽象性的，簡單地說，抽象性是指抽離了具象而論事物的本性，即沒有照顧到具體事象而抽離地論其普遍本質。在這裏，德國哲學家黑格爾對這種思維方式的批判就值得注意。黑格爾指出這是知性（understanding）的思考特性，把認識的對象固定化、靜態化而忽略了其運動性、辯證性。因為知性的思維方式強調分別、對立、矛盾，由此而顯出各別事物的獨特性質。知性就是要從混沌中顯出分別，可是其固定化與靜態化的特性卻規限了事物的本性，而不能容許其過渡至其對立矛盾面。這固定化與靜態化的根源乃在於其思考方式以知性邏輯之思想三律為內容。黑格爾並非完全否定知性邏輯，他要求知性邏輯要過渡成為辯證邏輯，成為辯證邏輯的一個環節，但不是惟一的本質環節。

根據知性邏輯的思考，在無限的上帝與有限的世界之間必然橫堵著一道無法跨越的深淵。黑格爾稱這樣的上帝並非真正的無限，仍是有限，因為這樣的上帝不能進入有限的領域，有限成了祂的限制。因為整個思考的過程是運用抽象的知性邏輯，所以這樣的一個無限上帝亦被稱為抽象的無限上帝，這樣的上帝只能自己跟自己建立關係，絕對不可能跟有限之世界有任何連繫，結果成了一不食人間煙火的上帝，即我們不可設想上帝可以受苦、分裂和死亡，祂只能是天上的上帝而不是地上的上帝。

## II

如此之上帝觀一直成為過往神學之主流，並由此而引起反動，出現其對立面與抗議式的無神論（protest atheism）。傳統的有神論（theism）在中世紀的亞奎那（Thomas Aquinas）得到確立。亞奎那運用類比原則（principle of analogy）來掌握上帝的本質。這類比原則的存有論基礎是連續性的因果關係，即受造物作為上帝之果，當然包含某些上帝之本性在內，因此，可由果而溯因。可是，類比原則作為認識論之運作原則卻表現了這種因果關係是受制於先設的知性邏輯，就是上帝與世界已經被設定為無限與有限的分別，所以這世界即使是內具某些上帝美善的本性，也只是有限的。從類比原則之具體運作可以很清楚地看見這種性格。

類比原則之運作由兩部分組成，其一為否定進路（way of negation），其二為無限化進路（way of affirmation）。受造世界的醜陋、缺陷、敗壞要被完全否定，經過這否定過程得出來的就是上帝擁有的屬性或本性；至於受造世界的美善卻因為是有限的，故必然經一無限化的過程方可肯定其為上帝的本性。無限化此一步驟其實底子裏亦是否定性的，就是否定有限性。類比原則的原意本來就是從相似的認識相似的，若要透過不相似的認識相似的，則必須經過否定的方式才能達至。

根據類比原則達至的上帝觀自然是一不能受苦的上帝觀。遺憾的是抗議式的無神論者在提出反對如此之上帝存在之時，只注意到經驗上的反證，上帝若有無限美善、具有無限能力，為何不改變苦難的世界，任由罪惡與死亡暴虐，人世間仍然不是樂土，則此一上帝必然不存在，若存在則不過是一惡魔而已。抗議式的無神論接受了有神論的推論和背後的預設：上帝是不會受苦的，這是上帝無限能力的本性所必然包含的。因此，在這一點上，莫特曼稱有神論者與無神論者乃孖生兄弟，同出一源。

## III

在此我們有興趣的是這種上帝觀背後的思想模式會帶來何種社會政治意義，也就是類比性原則的社會政治含義的問題。

基督在十字架上的死亡在這裏有一更深的含義。十字架作為道成肉身的頂點，徹底地展現出上帝並非以類比的方式出現，而是以其反面的辯證或自我否定的方式來到這個世界。因此，耶穌所展現的另類生命方式就威脅著以類比原則生活的世界。以類比原則為生活準則的世界，按其本性必不能容忍有跟其不同的另類生命，故此，把耶穌基督推上十字架並釘死祂是很自然的結果。套用潘霍華的說話，這是人的道（human logos）把神聖的道（divine logos）殺害了。這樣子理解，十字架上的死亡同時展示了世界在虛無威脅底下的表現。

世界在虛無死亡的威脅底下生活，渴求著永恆無限之權能，以為抓著這一切即可有安全，即不會淪為朽壞。他們抓著的、崇尚的是一從自己有限權能投射出去的無限權能。這樣，無限的權能就成了這世界的偶像。從有限權能之經驗過渡到無限權能之要求，自然是類比原則運作的成果，可是這無限權能的否定性果效尚未至此終結。對無限權能之要求必會化為實踐上之行動，即具現於現實世界之上，在各個人類與自然領域中就帶來難以想像的宰制與同化。

最關鍵的地方是此一無限權能具有排斥軟弱、無能、失敗的特性，在前者的眼中，後者是需要被否定的，否定的方式有兩種。其一是消滅、取消之，正如第二次世界大戰德國對待猶太人的手法。另一是宰制與同化，把與強者有差異的置於強者的控制底下，按照某一標準模式進行同化的工作。這兩種手法背後的理據都是一樣，不能容忍有異於己的存在物，控制那些異於自己的存在物，是為了讓自身之存在不受異己或異物所威脅而達至安全的狀態。

這裏即揭示了人的自保的性格，人以自己的能力去保護自己免受異於自己的存在物所威脅。「自己的能力」就是指消滅、取消或宰制、同化異物的能力。這樣的自保實是抗拒生存受威脅的表現，但卻是自我中心的自保，即以自己為中心的自保，一切的自保行動都以強化自己為目標，以增強生存能力，而不致被另類勢力所消滅。

從這個角度來看，人的道把上帝的道殺害其實最終是為了自保，免於被軟弱無能所拖垮。人因害怕軟弱無能所指向的死亡虛無，就必然竭盡能力去對付一切如斯表現的存在物。然而，正因為這種舉動，人所表現的種種適得其反，成了死亡虛無的幫兇，助紂為虐，在人與上帝之間、人與人之間、人與自然之間帶來種種割裂，反自陷於死亡虛無之中。莫特曼稱這種自我中心的自保為罪，人不單崇尚一無限權能，且創設種種方式以求接近，甚至獲取此一無限之權能，由此而不受軟弱無能的束縛或左右，類比原則於社羣文化中的運用，即可溯源於此。

## IV

類比原則之所以可能從知識論轉而應用於社羣文化上，其根源即在於自我中心的自保意識。此一自保意識的結構導致提倡一不能受苦不會受苦的大能上帝，無論傳統的有神論或抗議式的無神論都未能脫離這個窠臼，從而使得在行動上出現宰制同化一切異物以脫離無能軟弱的景況而達其大能的標準。換句話說，自我中心的自保意識以類比原則作知識論上之支持，以無限不變永恆之世界或上帝為真實之景況，並以之為人文世界之組成與運作原則，對知識論上所否定的有限變幻朽壞的世界進行強力之改造與宰制。基督的十字架正正是批判此一自我中心的自保以及其一切之相關後果，這是以下要討論到的。

## 二、十架的批判：自我中心

### I

自我中心的自保意識的結構究竟是怎樣的，以致與類比原則具有一種親和性（affinity），並以後者作為實現其意識之運作原則？

自我中心的自保意識實是一種抽象的自我關連的意識（abstract self-related），所謂抽象，就是不會跟與自我完全不同的他者建立關係，而只會跟相似的他者聯結，因此，這個自我就不能從有異於己的他者中進一步充實自己和發展自己。在黑格爾來說，抽象的自我關連，即自己直接等同自己，沒有任何中介過程，故稱為抽象的自我同一性（abstract self-identity）。自我關連其實是自我建構、自我身分的確定和建立，但若此自我關連只是一直接與自己等同，或與跟自己相似的等同，那麼，所建構出來的身分就是抽象的。這種抽象的自我同一性就會視一切異於己者為威脅自己存在的他者，若非消滅之就是宰制之、同化之。

因此，抽象的自我關連意識實是一種純粹為己（for self）而非為他（for others）的意識，在其結構中絕不存在任何為他的意識，不會進一步為豐富自己的生命而與異於己者建立一互為影響塑造的關係；反之，為求消除異己對自我生存之威嚇性，自我會進行單向建構對方的舉動，使之為自我所控制或同化，卻不會反過來受其塑造，否則即成為相向的建構，威脅著自我的抽象同一性。

這種純粹為己的意識可表現為：

- 經濟上的剝削：企業財團的壟斷謀取暴利，第一世界對第三世界開發資源帶來的生態破壞，高息貸款給未開發的國家卻低價收購其農產品手工製品。
- 政治上的壓迫：獨裁高壓的統治，以種種非法方式輸出政治理想，軍事鎮壓。
- 文化上的疏離：跨國公司向第三世界輸入消費文化，種族、膚色、性別歧視，意識形態之控制。
- 自然生態上的蹂躪：追求無限度的增長而無情地開發自然，破壞人類生存的環境，人為滿足自己的意欲而肆意按著己意去改造自然。

莫特曼認為這樣即把世界變成無意義，喪失方向，甚至落入被上帝遺棄的景況：地獄。生命出現危機、漫無所歸，只可能歸於虛無。死亡以宰制、壓迫、同化的面目在經濟、政治、文化、自然生態等領域中出現，其所以可能如此，全在於人的自我中心的自保意識。

## II

基督十字架卻顯示出另一種生存方式：與他者關連（other-related）的為他。十字架上的自我否定是上帝為那些跟祂不一樣的受造物而死的舉動。受造物本來就跟上帝不一樣，兩者之間存在著一本體上的差異，再者，人更因自我中心的自保而淪落成為虛無死亡的幫凶，把世界陷入被上帝遺棄的景況，一切受造物都在勞苦歎息。於是，十字架上的死亡就是上帝認同這被棄絕的受造物的表現，認同一切無能、軟弱的以至於死；認同那些在本質上及在景況上與自己完全不同的受造物，以至於三一的神聖生命受到嚴重的傷害、破裂，亦在所不計。在此，三一上帝並非一自閉的小圈子，而是開放進入他者與異於自己的受造物相交，甚至容許自己受到傷害。

上帝並沒有以宰制同化的方式對待祂的受造物，反之，祂分擔他們的屈辱與壓迫，付出生命跟他們相交；上帝並沒有以大能的方式來到這個世界，反之，祂以卑微弱小的形象被釘在十字架上，與社會上一切被遺棄的人同在，與一切在勞苦歎息中的受造物同在。十字架上的自我否定，就多了一層意義，否定那種以自我為中心的生命形態，走出自己進入與異於己者相交團契。

並且，在十字架上，三一的上帝經歷著聖子上帝的死亡，其實是經歷著關係的破碎、神聖生命中的斷裂，亦即是經歷著死亡的後果：終斷一切關係，終斷了生命的關係。從這個角度來看，則經濟、政治、文化、生態自然亦經歷著不同程度的死亡；在宰制與壓迫底下關係破裂。被宰制及壓迫的一羣固然處於生命割裂的處境，就是主導著宰制及壓迫的一羣也因此舉動而自陷於生命破裂的情景，前者被逼同化失去自我，後者強逼他者同化亦同時失去自我，一切個別特殊性都因此而消失，一切因個別特殊性而有可能的關係亦消失。真正的關係絕非同一化的關係，否則即成了一自我關連的抽象關係，真正的關係應該是容許保留雙方的獨特個性；在尊重對方的獨特性底下團契相交，始能真正建立自己，也同時建立他者。

生命是在關係中建立的，而死亡則帶來破裂與分割。基督從死裏復活正好從反面的角度來否定破裂與分割的正當性，也間接地否定宰制、壓迫的合法性。

如果說十字架是批判那種小圈子式的關係，批判自我關連的抽象同一性，那麼，耶穌基督從死裏復活就進一步批判由此帶來的種種關係破裂，並表明這一切決非終局，重建關係是可能的。耶穌從死裏復活是三一上帝團契的恢復，打破了死亡的終局性。因此，十字架是上帝自我否定地認同這個世界在死亡虛無的威嚇底下經歷破裂不完整的關係，而復活則是上帝否定死亡以開出重建完整關係的可能。當死亡虛無不再是最終的勝利者，則人不必因為懼怕死亡虛無而尋求自保，面對十字架人當可從自我中心的自保心態中擺脱出來，一如耶穌基督從死裏復活，成為一個為他者而活的新人。

上帝對世界的批判並非隔岸觀火式，祂沒有抽離地指點應當如何；反之，上帝的批判是屬於一種內在的批判，祂進入世界受造物的處境之中，死在十字架上，即就此一舉動已經是對世界的批判。換句話說，十字架的認同同時是批判，以認同的方式去批判世界那種自我和疏離。而復活則是在這認同的基礎上以否定的方式去批判世界的自我和疏離，提出團契相交與之對照而反顯其不合理、不恰當。

## III

最後，以下是莫特曼對主餐的解釋。

為甚麼要守主餐呢？保羅說這是主耶穌吩咐的，為的是記念祂。守主餐也就是紀念主耶穌。可是，莫特曼所說的記念並非改教時慈運理（Ulrich Zwingli）的意思。慈運理認為這是一次回憶拯救歷史的場合，即記念耶穌基督為我們死在十字架上的事件，餅和酒僅只是我們與基督在靈裏團契相交的外在記號而已。因此，主餐是屬靈回憶的記號。若慈運理重視過去，則路德強調現在，認為主耶穌的身體和血的確是臨在於（are present in）餅和酒，理由是既然道成肉身是可能的，則道臨在酒和餅亦是可能的，祂可以臨在一切事物之中，所以，主餐是上帝臨在地上的記號。

莫特曼則認為主餐是記念盼望的記號（the sign of remembered hope）。餅和酒象徵著終極的將來，是預嘗天國宴席的舉動。這一現在的預嘗卻又並非無根的，乃是以過去的十字架事件為基礎，但必須是一在復活的角度下所理解的十字架事件，此即為一終末性的十字架事件。這樣，過去的並不真的完全過去了的，在過去發生的十字架事件是一敞開的事件，一向將來敞開的事件，指向終末天國的降臨，故此，當下之記念就具有盼望的意義，當下之記念就只是預嘗終末天國的團契相通而非完全享受主的臨在。在這一角度下來看，莫特曼則會批評慈運理和路德都沒有從十字架事件的終末性意義來思考主餐的意義，後果若不是把主餐視為純粹記念一不具將來意義的過去事件，就是以主餐為基督身體的再度臨在於當下之中，兩者都缺失了終末性的向度。

主餐所記念的是帶有盼望的事件，主餐的盼望是根植於歷史的十字架，主餐正是一如此的回顧與前望的活動。而此一回顧與前望的舉動亦同時引發此刻的實踐，因為主餐只是預嘗，亦因為其預嘗而提醒人世間仍有種種苦難、不幸與橫逆，需要轉化更新，於是，主餐就不只停留在意識層面上的回顧與前望，而同時要求行動上的實踐；不只是過去與將來，且是現在當下參與上帝的工作。如此一來，主餐就不是甚麼神祕經歷，也不是僅只記念已經成就的拯救，而是在基督復活的亮光底下記念祂的受死，因而帶來盼望，引發實踐，所以恪守主餐並不隨著禮儀之完成而終結，真正的完成當在其後的實踐行動，如此，記念之行動意義方得以彰顯。

# 第三部 盼望・神學

ogy:

n

ar r

# 9.

# 敘事：記憶．文本．實踐*

## 一

莫特曼是繼巴特、布特曼及田立克等神學巨人之後，與潘寧博及雲格爾（Eberhard Jüngel, 1934～）齊名於世，成為二十世紀下半葉舉足輕重的神學家。莫特曼於一九六四年出版其成名作品《盼望神學》，[1] 標誌著其有別於師輩的神學方向的起點。簡單來說，《盼望神學》倡議的是：基督信仰乃是終末性的，此終末性是基督信仰中的一切的中介，[2] 基督信仰中的一切都要透過終末將來方才

---

* 本文原以〈記憶．文本．實踐——莫特曼的盼望神學〉為題，轉載自《山道期刊》第十七期（2006 年 7 月），頁 137～150。已獲香港浸信會神學院有限公司授權轉載。作者曾以本文祝賀莫特曼八十歲壽辰，並於二〇〇六年五月二十日在台灣哲學學會於中台科技大學舉辦的研討會「文本與實踐——解釋學與社會行動」中宣讀。

能夠恰當地了解。經過三十年的開展與探索，莫特曼在一九九五年又以《來臨中的上帝》[3] 終結其彌賽亞系列。[4] 莫特曼以終末的將來為其思考基督信仰的開始與終結，形成了一個圓圈的來回，正好反映出莫特曼自身對基督信仰的了解，以及其貫徹以終末論來思考基督信仰的做法。然而，若就神學的方法來講，則對應於莫特曼《盼望神學》的並非《來臨中的上帝》，而是其於二〇〇〇年出版的《神學思想的經驗》。[5]《來臨中的上帝》處理的是基督教教義中的終末論，卻不是神學方法的終末論；反之，《神學思想的經驗》倒是再一次回到《盼望神學》中的方法論，重申終末盼望式的神學進路。

本章嘗試回到莫特曼《盼望神學》這本早期的著作之中，探討其終末性地思考信仰的方式。無疑，許多人都以此書為莫特曼整個神學思想的奠基之作，其主題乃在於確立終末的將來作為基督教神學的可能條件，並且意識到這種以終末的將來具有優先性的神學所具有的此世政治實踐的意含。然而，值得注意的是當中所涉及的歷史性與敍事性。固然，依莫特曼的看法，上帝及世界的歷史性與敍事性，乃源於上帝對將來的應許，但另一方面，對於基督教會來說，這上帝的應許及其所生的歷史性與敍事性，乃透過對聖經這一敍事文本的解讀而得知。聖經乃是基督教會的記憶，這記憶指向上帝對將來的應許。基督教會之所以可以如此解讀聖經文本，在於聖經文本本身以上帝的應許及實現為內容；聖經以敍事的方式記憶上帝對將來的應許，這是相應於上帝自身應許的行動所生起的歷史性與敍事性。透過這一解讀聖經的方法，莫特曼達至的上帝論乃一歷史的上帝（the God of history）而非永恆臨在的上帝（the God of the eternal presence），而相應的實踐則是歷史的革故鼎新，而不是非歷史的個人內在主體性的轉化。

## 二

莫特曼在《盼望神學》一書中的第二章〈應許與歷史〉及第三章〈耶穌基督的復活與將來〉，分別就舊約及新約聖經進行解讀分析。莫特曼這個時期還沒有使用「敘事」一類的術語，[6] 但其對聖經的解讀卻反顯出聖經乃一具有敘事結構的文本，後來莫特曼就十分清楚指出聖經乃是「被敘述的歷史媒介」、「歷史的敘述」。[7] 敘事是甚麼？上世紀七十年代倡議敘事神學的費高（Gabriel Frackre）認為敘事就是故事，而故事則為「記錄人物與事件在時空間發展的過程，由衝突朝向解決之途」。[8] 一般都同意敘事是出於人的需要，人需要把過去和將來跟現在融貫起來，藉著對事件的編排秩序而使得時序的時間並非混亂和無意義的，而乃係有其目的的。[9] 著名歷史哲學家懷特（Hayden White）指出「史著乃以敘述文作論述的言辭結構」（the historical work as a verbal structure in the form of narrative prose discourse），[10] 而「歷史寫作按懷特的看法，就是收集資料，編寫故事，貫穿事實，解釋並賦予意義，完成有始有終的『敘事』，而掌握整個故事的結構與意義的過程，則是『敘事化』（narrativization），歷史敘事也就是歷史現象的『代表』」。[11] 基本上，莫特曼對聖經的了解是頗為符合這種對敘事的看法，「對他來說，聖經敘事乃是聖經的權威面向」，[12] 他表明「聖經的歷史性宗教以思念和回憶為生」，[13] 聖經中所敘述的就是歷史性宗教，這歷史性宗教以追憶自身的歷史為其本性，表現於文字即為聖經這一歷史的敘述的文本，莫特曼對此有深刻的闡釋：

> 回憶的媒介首先是歷史的敘述。由於歷史並未結束，它將被敘述，以至於在聽眾中和隨著聽眾而繼續下去。過去將

> 被回憶，因為在過去裏面隱藏的將來應該喚起下一代的盼望。被敘述的不是真正已成為過去的，而是正要過去的。[14]

> 被敘述的歷史媒介成為被閱讀和解釋的**經文**。歷史敘述者在追憶歷史並且同時向他的聽眾解釋歷史之時，文字性的敘述被要求在這個新的情勢中為這個新的讀者羣進行活潑的詮釋，為要使讀者羣納入這段歷史的將來中。歷史雖然被記載下來，但它不會固著在過去。它也不會被整合到各別的當下。既不是它的過去，也不是它的當下，而是它的將來才是它的目標和準繩。[15]

這兩段文字顯明莫特曼視聖經為一敘述歷史的文字媒介，敘述者在當中透過追憶來同時整理和解釋歷史，以對應讀者今日的情景，好面對及走向將來。這樣的歷史敘述就是一種「把過去和將來跟現在融貫起來的做法」。然而，值得注意的是，在莫特曼的神學中，聖經作為一種敘述歷史的記憶，其內容並非純粹過去的，而係隱藏著將來的過去。當所記憶的敘述歷史包含著尚未實現的將來，那就能對當下的現在有所言說，並與現在連繫起來。正正是因為這樣的原因，使得解讀聖經文本並非只是解讀一份記載純粹過去的記錄，反之，乃是一種對隱藏著將來的過去的解讀，可以因著這一隱藏的將來而能對當下的現在提供超越其自己的視野、方向及可能。

## 三

我們接著要討論莫特曼所講的這一聖經的歷史敘事文本的敘事結構。基本上，我們認為莫特曼以應許為這一聖經敘事的內容，反過來我們也可以說，這應許是以敍事的方式來呈現、記錄和傳遞。由於敍事本身是具有時間性的，即敍事是一種呈現時間的方式，因此當應許被置於這種歷史敍事的文本之中，就能容讓應許所具有的時間性展現出來。並且，這應許的時間性一旦被展現出來，也就同時反過來強化或塑造歷史敍事文本的時間性。換句話說，歷史敍事與應許因著兩者的時間性而可以產生一種相互作用的關係，正如研究敍事神學的美國神學家史卓普（George W. Stroup）表示：「基督教的敍事結構反映出基督教對時間性的獨特了解。」[16] 但這獨特的時間性是甚麼？這獨特的時間性又為一種怎樣的敍事結構展現出來？對於這些問題，我們需要進到莫特曼的神學中去探討。

一方面，在莫特曼來說，聖經的敍事是以上帝的應許為中心的，故可稱之為應許的敍事。固然，上帝的應許是聖經的歷史敍事的內容，但從更深層來說，又是上帝的應許使聖經的歷史敍事得以可能。這是因為上帝的應許創造了歷史，又使歷史成為應許的歷史，其中隱藏著尚未實現的將來，於此，歷史敍事成為必需的、不可少的。另一方面，這以上帝的應許為中心的歷史敍事，其時間性乃是以將來為首出的，[17] 這是因為上帝的應許乃是指向一與現在景況不一樣的將來，由於這是跟現在不一樣的，故此尚未到來，卻為將要來到的。在這裏即涉及上帝這應許者的信實，並由此而可以講上帝身分的時間性或歷史性，以及世界身分的時間性或歷史性。正因為上帝這一指向與現在景況不一樣的將來以致時間或歷史得以可能，由此方才可以有所謂歷史的敍事。再進一步，因為這應許的將來具有一種不可耗盡的特性，從而使得對上帝應許的記憶成為可能，並且不是一次過的，由此，聖經的歷史敍事乃得以保存、延續，以及不斷詮釋。記憶因為其內容乃那不可耗盡的應許而變成不純是對過去的追念，而是對那隱藏著將來的過去的追念。記憶在這裹反過來把這過去所隱藏著的將來揭示出來。如此一來，應許與記憶之間就有一種不能分割的關係。一方面，應許使記憶成為可能；另一方面，記憶使應許得以被揭露。記憶在這裏透過聖經的歷史敘事而揭露出當中所應許的將來。但總的來説，兩者都跟將來有關，應許固然是指向將來的，記憶也是因為這指向將來的應許敘事而生的。上述這種應許與記憶的連繫，乃在於彼此均以聖經的歷史敘事為中介，亦因為如此，這一歷史敘事乃具有一種特殊的時間性，它既是過去的記錄，但又指向將來，形成一在記憶過去中期盼、展望將來的特殊舉動。

## 四

莫特曼在《盼望神學》中對聖經敘事的了解，首先是一種上帝的敘事，然後在上帝的敘事底下無可避免地涉及世界的敘事。按莫特曼的看法，上帝的敘事以上帝的應許為中心而開展，這樣就表示基督信仰的上帝觀有別於希臘意義的「顯現的諸神」(the gods of the epiphanies)而為「應許的上帝」(the God of the promise)，[18] 前者涉及的是永恆者的臨在(the presence of the eternal)，後者則涉及所應許的將來(the future of what is promised)。[19] 上帝所應許的將來乃這個世界的將來，莫特曼指出，上帝這應許的將來並非出於當下現在所具有的內在可能性，不在於世界自身的演化、進步和發展，[20] 而僅在於那給予應許的上帝的信實。[21] 於此，上帝在應許的行動底下生發了歷史：上帝的歷史與世界的歷史。首先，這應許乃是一種宣告，宣告一尚未存在的實在將要來到，這「應許的話語切入事件之中，並把實在分別為正在過去的及可以扔在後頭的，以及那必須期盼及尋求的。過去的意義與將來的意義因著應許的話語而被照亮」。[22] 這上帝所宣告將要來到的實在，其為應許而可以叫我們離開現狀，更在於尚未找到一實在可與之符應，反之卻跟現在當下所經歷的實在互相矛盾、對立。[23] 這就使得人在內心生起一期盼不一樣的實在的意識，並由此而可分別過去和將來。應許的盼望述句「並不想要製造一幅現存實在的思想圖畫，卻是要引領實在邁向所應許的及所盼望的轉化。〔……〕這樣，它們就給予實在一歷史的性格」。[24] 但由於這應許的成就、實現完全在於上帝自己，所以這就自然涉及上帝的信實及神性。莫特曼很清楚指出：「當上帝實現、成就祂給予的應許，祂站到祂所應許的那一面，祂顯明而被認識為自我相同的自我（the selfsame Self）。『上帝自己』不能被了解為祂對自己超越的『我性』（"I-ness"）的反思，必須了解其為在祂對自己應許的歷史信實而見的自我相同性。」[25] 這是上帝的歷史性，祂的神性要在其將來對過去應許的實現而被確認，是以，上帝的歷史跟世界的歷史不能分割開來，對上帝的敘事也不能跟對世界的敘事分別開來，因為世界的將來跟上帝的將來不能分割開來。所以，「上帝的敘事——不單只是一個關乎上帝的故事，而是上帝在歷史中的作為——可以被建構而為啟示—應許—歷史，可以說，始於上帝的應許這一根本的創造性啟示」。[26]

上帝的應許帶來的是盼望與轉化的實踐。上帝的應許使得實在不再是固定的。或者更準確地說，上帝的應許生發出來的實在不是固定的，因為「應許並非描述現存實在的字句，而是關乎有待上帝信實行動的動態字句」，[27] 這應許「尚未找到符應的答案，因而引導人的心思朝向將來、順服及創造的期盼，並把這應許置於與現存實在對立的景況中，真理並不在這現存的實在中」。[28] 可以這樣說，上帝的應許把現存的實在敞開，因而人可以不為現況所囿，「卻可以在盼望終極的簇新中帶來歷史轉變的運動」。[29] 然而，在終極的簇新面前，一切的歷史轉變都只是先驅而為暫時的運動，其所具的目標不再是烏托邦式的固定不移，[30] 反之，對終極簇新的盼望恆常燃起、喚醒「追逐那可能的熱情」（the "passion for the possible"），以及那自我轉化及棄舊迎新中的創造性與靈活性。[31] 如果現存的實在並非終極的，則轉化的實踐乃是可能的。在盼望的中介下，一切「神學概念都不是給予實在一固定的形式，〔……〕不是隨著實在之後跛行，如雅典娜女神的貓頭鷹的夜眼盯著實在，反之，這些神學概念藉著展示實在的將來而顯明實在。〔……〕這些概念因而捲入運動的進程，並呼喚實踐的運動與改變」。[32] 一旦實在為應許的將來而顯明，那就表明實在不是固定僵化的，而是可以轉化更新的。莫特曼正是在這一理解底下指出：「〔……〕『應許』首先並不具有照亮世界或人性的現存實在的功能，也不在於解釋現存的實在，或是把現存實在的真相帶引出來，並用恰當的方式予以了解以保證人的認識是符合現存的實在。反過來，應許跟現存實在矛盾，並揭示其自身的進程是跟基督為了人及世界的將來相關的。」[33] 應許的後果就是引發轉化，故此莫特曼借用了馬克思的說法，將馬克思論及哲學家使命的說話稍加改變，來道出他對神學家的期望：「神學家關心的不僅是提供一種有別於別的對世界、歷史和人性的**解釋**，更是在對神聖轉化的期盼底下**轉化**這一切。」[34] 這種轉化是一種怎樣的實踐？一言以蔽之，就是一種歷史化的實踐，以避免把現存的實在絕對化。莫特曼以此實踐為使命，這「使命的方向是歷史中惟一的常數，因為在當下使命的鋒線上，新的歷史可能性被掌握，而不充分的歷史『實在』被拋棄，因此，終末的盼望和使命使得人的『實在』成為『歷史的』」。[35] 這種實踐是要把「真正的人性、世界的統一性及上帝的神性等問題從虛幻的自然神學的領域中移除」，[36] 代之而起的是在終末的盼望和使命的進程中來認識人性、世界和上帝，也就必須不斷以革故鼎新的實踐來履行歷史化的使命，以對應那終末應許所揭示的不一樣的將來。由此，人的實在、世界的實在和上帝的實在，都成為歷史的。

## 五

最後我們想要討論的是莫特曼對記憶的看法。記憶與應許相干。記憶因為應許過剩溢出（the overspill of promise）而成為可能及必需。這種過剩溢出的應許所指向的將來超越每一現在，[37] 莫特曼認為，上帝在基督的復活中把這樣的應許給予我們，而這可以成為記念的因由。「在復活基督的顯現中所啟示的不僅被描述為『隱藏』的，而且是『未完成的』，並且涉及還未到來的實在。這尚未發生、尚未出現、尚未顯明，卻在祂的復活中得到應許和保證。事實上，這在祂的復活中一併給出而成為必然的結果：死亡的終結，以及新的創造，在萬物的生命與義之中上帝全然臨在。是以，復活的主的將來同時涉及對創造行動的期盼。」[38] 十分清楚，復活基督作為對死亡的否定、對一切負面的否定（the negation of the negatives），超越一切的現在，因而並非歷史的但卻是一種站在歷史進程前頭的原初推動者。[39] 復活基督的將來乃是終末的將來，是一切現在的將來，但卻並不屬於現在，並非現在的延伸。就其作為死亡的否定，則必然是跟這落在死亡終局底下的現在斷然有別。可以說，在莫特曼來說，基督從死裏復活乃是上帝參與世界而給予世界盼望的存有的根基。

然而，這一對復活基督的了解是內在於聖經文本的，莫特曼表示，由於復活主的現身要被了解為祂對自己的將來的先嘗，那麼祂的現身則要在舊約聖經應許歷史的脈絡底下來了解，而非出於希臘意義的真理顯現（epiphany of the truth）的類比。[40] 這即意味著上帝的應許貫徹著整個聖經文本而為一種應許的歷史。所謂應許的歷史，指的是上帝實現那對以色列人的應許，而這一經歷又轉過來成為應許的一部分，把上帝對以色列人的應許擴張了，使得上帝的應許成為一應許歷史，以色列人所經歷的也是這一上帝的應許歷史。這種轉過來把上帝對應許的成就轉化成一更闊大的應許，乃是出於記憶。在記憶中上帝被確認為賜予應許與成就應許的那一位，[41] 祂就是生發歷史，使歷史得以可能的那一位。在記憶中這位上帝被確認為一不可竭盡的上帝，這就讓應許成為過剩，使歷史成為滿溢的應許，這一切都在於給出應許的上帝的無窮性，「祂不會窮盡於歷史的『實在』中，祂只有在完全與祂相符的『實在』中才會『得到安息』」。[42] 不可竭盡的上帝賜下的應許因著其實現而在記憶中被重新解釋而為更闊大的應許，使得應許在歷史中不斷地擴張、實現、擴張，最終達至終末的應許：耶穌基督從死裏復活的事件。於是，應許所生發的歷史自身就成為應許而為應許歷史；應許以歷史的方式出現，指向終末的將來。記憶也隨此而被轉化和擴張成為終末的記憶，承載終末的應許。

聖經文本乃是一種歷史的見證，其所見證的是上帝的應許歷史，因而莫特曼認為解釋這歷史的見證的關鍵在於「聖經的將來」，[43] 所有聖經經卷都是敞開的，是向著神聖應許將來的實現而敞開的，[44]「聖經，作為歷史的見證，是向將來敞開的，正如一切應許都是向著將來敞開的」。[45] 聖經作為歷史敘事，乃是記憶的文字表現，其所要引領我們面向的固然是過去，但卻是透過過去而朝向將來，因為聖經的歷史敘事乃應許歷史的故事。莫特曼這樣說：「〔……〕整個對過去的敘事與表達將引領我們敞開自己及自己的現在，朝向同樣的將來。」[46] 因為「歷史的實在是在上帝的應許所生起的作用歷史這視域中（within the horizon of the history of the working [Wirkungsgeschichte]）被敍述」。[47] 這就是說，聖經的敍事文本在上帝的應許歷史中去敍述歷史的實在，讓被敍述的歷史本身成為上帝的應許歷史，從而產生作用，生發繼後的歷史。這裏也表明了作為記憶的聖經敍事文本不單單是敍述過去的經驗，更是敍述過去的應許歷史，從而繼續讓現在向應許的將來敞開。這樣，「對那已經賜下的應許的回憶——在於對應許的給予的回憶，而非對應許的過去的回憶——就像一根尖刺鑽入每個當下的血肉中，並且開啟當下以面對將來」。[48]

基督教會以聖經的歷史敍事為其記憶所在，其所記憶的乃是上帝的應許歷史，而這應許歷史又以新約的復活基督為中心。在基督復活的事件上，上帝給予的應許乃是終末的將來；新約經卷所宣告的、指向的和應許的，就是復活基督的將來。[49] 當下對「聖經的將來」的感知只在實踐的使命中發生，拋下現在投向不一樣的將來；這實踐的使命在歷史中扮演一定的角色，在歷史改變的可能性之中，有其一定的作用。[50] 一言以蔽之，在記憶引導底下，聖經的將來被展示出來而成為期盼的對象，卻在其所推動底下而出現的轉化實踐之中，真實體驗認識「聖經的將來」的意義。

## 六

莫特曼的《盼望神學》以上帝的應許為核心，指向的是將來，由此而生出盼望。然而，這上帝的應許及其所指向的將來，卻又是透過記憶而確認出來的，所以盼望乃由記憶而生。但這記憶又以聖經這敍事文本的記憶為內容。聖經乃是記憶文本，它以敍事的文本記憶著上帝的應許及其所指向的將來。這被記憶的記憶文本仍然隱藏著尚未實現的終末將來。這不是歷史的將來（the historical future），而是歷史本身的將來（the future of the history），是使歷史得以圓滿結束的將來。正是這樣的一種不會耗盡於歷史的將來，喚醒了記憶，以及盼望。或者，準確一點來說，正是聖經這一記憶上帝應許及其指向的將來的敍事文本，叫以後的記憶及盼望成為可能。基督教會這樣的記憶，就不只是記憶、回顧已經過去了的歷史，而是透過記憶、回顧記錄下來的應許歷史，生起盼望不一樣的將來的來到與不斷轉化現狀的實踐。

因此，人世間的實踐是以記憶、回顧那應許歷史的敍事為本的；當中的終末應許顯明世界是可以被轉化的而非僵化不動的，這就引發盼望將來及改變現狀的行動，對應這應許的將來。一方面這應許的將來因著仍然處於一隱藏的狀態，使得必須忍受這一尚未到來的將來跟現狀相反不符的矛盾狀況。另一方面，同樣因著這一隱藏的將來而勇於尋求可能性去改變現狀，使現狀對應著終末將來而發展。事實上，所記憶、回顧的聖經敍事讓人發現實在是朝著將來而移動變化而成為歷史。透過閱讀聖經敍事而追想應許歷史，讓人確認實在並非一成不變卻是具有可被轉化特性，這自然促使人進一步的尋求機會，採取行動朝著應許的將來更新和變化現狀。我們可以説，在莫特曼的《盼望神學》中，基督教信仰的實踐行動，乃一以聖經這敍事文本為中介的顧後與瞻前、記憶與盼望的舉動，更是由此而參與歷史的創造並成為應許的歷史。

當神學乃是一種對上帝的思想，那麼，對莫特曼來説，這種思想就是終末性地思想上帝，然而，卻是透過聖經文本來追憶上帝那在歷史中不斷彰顯但又尚未圓滿實現的終末應許，然後在盼望的視域底下參與人世間的實踐，讓實在在轉化中成為歷史，對應著終末的將來。

## 註釋

1. 此書英文譯本為 Jürgen Moltmann, *Theology of Hope: On the Ground and the Implication of a Christian Eschatology*, trans. James W. Leitch (London: SCM, 1967)；中譯本為莫爾特曼：《盼望神學：基督教終末論的基礎與意涵》，曾念粵譯（香港：道風書社，2007）。
2. Moltmann, *Theology of Hope*, 16.
3. 此書英譯本為 Jürgen Moltmann, *The Coming of God: Christian Eschatology*, trans. Margaret Kohl (London: SCM, 1996)；中譯本為莫爾特曼：《來臨中的上帝：基督教的終末論》，曾念粵譯（香港：道風書社，2002）。
4. 此系列合共五本，從一九八〇年開始陸續出版，於十五年內完成，先後探討三一論、創造論、基督論、聖靈論和終末論。
5. 英譯本為 Jürgen Moltmann, *Experiences in Theology: Ways and Forms of Christian Theology*, trans. Margaret Kohl (London: SCM, 2000)；中譯本為莫爾特曼：《神學思想的經驗：基督教神學的進路與形式》，曾念粵譯（香港：道風書社，2004）。
6. 莫特曼在《神學思想的經驗》一書中第一章第四節〈歷史神學〉中對此有所提及。
7. 莫爾特曼：《神學思想的經驗》，頁 40；英譯本 Moltmann, *Experiences in Theology*, 32～33。
8. Gabriel Frackre, *The Christian Story*, rev. ed. (Grand Rapids, MI: Eerdmans, 1984), 5；轉引自 Stanley J. Grenz and Roger E. Olson, *20th Century Theology: God and the World in a Transitional Age* (Downers Grove, IL: InterVarsity Press, 1992), 272；中譯：葛倫斯、奧爾森：《二十世紀神學評論》，劉良淑、任孝琦譯（台北：校園書房出版社，1998），頁 325。
9. Grenz et al., *20th Century Theology*, 272；中譯：葛倫斯等：《二十世紀神學評論》，頁 325。
10. Hayden White, *Metahistory: The Historical Imagination in Nineteenth-Century Europe* (Baltimore and London: The Johns Hopkins University Press, 1973), ix；轉引自汪榮祖：《史學九章》（北京：三聯書店，2006），頁 205。

11. 汪榮祖：《史學九章》，頁 210。
12. David H. Kelsey, *The Use of Scripture in Recent Theology* (Philadelphia: Fortress, 1975), 54 ～ 55, n. 84.
13. 莫爾特曼：《神學思想與經驗》，頁 39；英譯本 Moltmann, *Experiences in Theology*, 32。
14. 莫爾特曼：《神學思想與經驗》，頁 40；英譯本 Moltmann, *Experiences in Theology*, 33。
15. 莫爾特曼：《神學思想與經驗》，頁 40；英譯本 Moltmann, *Experiences in Theology*, 33。
16. George W. Stroup, *The Promise of Narrative Theology* (London: SCM, 1984), 258；遺憾的是史卓普在此書內只在三個註腳中提及莫特曼，卻沒有就其神學對聖經敘事的肯定和使用作出正面的探討。
17. 莫特曼這一以將來為首出的時間觀，可與海德格的時間觀相題並論，參莊雅棠：《將來的優先性：海德格與莫特曼時間觀與歷史觀之比較研究》(東海大學博士論文，1992)。除此之外，筆者以為我們尚可就莫特曼跟利科兩者之敘事與時間進行比較而互相發明。利科早年曾寫過兩篇文章論及盼望，並且都涉及莫特曼的《盼望神學》，分別為 "Freedom in the Light of Hope"〔英譯本為 Paul Ricoeur, "Freedom in the Light of Hope," in *The Conflict of Interpretations: Essays in Hermeneutics*, ed. Don Ihde (Evanston: Northwestern University Press, 1974), 402 ～ 424；中譯本為利科爾：〈希望之光下的自由〉，載《詮釋的衝突》，林宏濤譯(台北：使者出版社，1990)，頁 451 ～ 476〕，以及 "Hope and the Structure of Philosophical Systems"〔原刊為 Paul Ricoeur, "Hope and the Structure of Philosophical Systems," *American Catholic Philosophical Quarterly* 44 (1970): 55 ～ 69，後收於 Mark I. Wallace, ed., *Figuring the Sacred: Religion, Narrative, Imagination*, trans. David Pellauer (Minneapolis: Fortress, 1995), 203 ～ 216。〕莫特曼後來亦表示他寫《神學思想的經驗》是受到利科影響，見曾念粵、曾慶豹編：《莫爾特曼與漢語神學》(香港：明風書社，2004)，頁 65。初步的討論可參 Paul S. Fiddes, *The Promised End:*

*Eschatology in Theology and Literature* (Oxford: Blackwell, 2000), 40 ~ 45；陳佐人：〈盼望的詮釋——里克爾與莫特曼之對比式探討〉，載《莫爾特曼與漢語神學》，曾念粵、曾慶豹編（香港：明風書社，2004），頁 45 ~ 64。

18. 參 Moltmann, *Theology of Hope*, 43。
19. Moltmann, *Theology of Hope*, 43.
20. Moltmann, *Theology of Hope*, 103.
21. Moltmann, *Theology of Hope*, 104, 86, 119.
22. Moltmann, *Theology of Hope*, 103.
23. Moltmann, *Theology of Hope*, 103.
24. Moltmann, *Theology of Hope*, 18.
25. Moltmann, *Theology of Hope*, 116.
26. Rebecca S. Chopp, *The Praxis of Suffering: An Interpretation of Liberation and Political Theologies* (Maryknoll, NY: Orbis Books, 1986), 105.
27. Moltmann, *Theology of Hope*, 118.
28. Moltmann, *Theology of Hope*, 118.
29. Moltmann, *Theology of Hope*, 34.
30. Moltmann, *Theology of Hope*, 34.
31. Moltmann, *Theology of Hope*, 34 ~ 35.
32. Moltmann, *Theology of Hope*, 35 ~ 36.
33. Moltmann, *Theology of Hope*, 86.
34. Moltmann, *Theology of Hope*, 84.
35. Moltmann, *Theology of Hope*, 284.
36. Moltmann, *Theology of Hope*, 285.
37. 參 Moltmann, *Theology of Hope*, 102。
38. Moltmann, *Theology of Hope*, 88.
39. Moltmann, *Theology of Hope*, 88.
40. Moltmann, *Theology of Hope*, 106.
41. Moltmann, *Theology of Hope*, 117.

42. Moltmann, *Theology of Hope*, 283.
43. Moltmann, *Theology of Hope*, 283.
44. Moltmann, *Theology of Hope*, 283.
45. Moltmann, *Theology of Hope*, 283.
46. Moltmann, *Theology of Hope*, 108.
47. Moltmann, *Theology of Hope*, 108.
48. Moltmann, *Theology of Hope*, 88.
49. Moltmann, *Theology of Hope*, 283.
50. Moltmann, *Theology of Hope*, 283.

# 10.

## 啟示：啟示中的祂者與他者[*]

在莫特曼的著作中，有一個十分值得注意的特色，就是在討論上帝的時候，從來不離世界，反過來亦是如此。固然，這在潘霍華已然確立。[1] 可是，就此一原則運用之明顯性而言，則莫特曼是高於潘霍華的。著名的《盼望神學》和《被釘十字架的上帝》即完全具體展現這一特色：不能就上帝而論上帝，就世界而論世界，必須透過對方才可能。這樣一來，祂者和他者在莫特曼的神學中自然具有不可忽略的要緊位置。雖然莫特曼既沒有使用祂者、他者的術語，也沒有像潘霍華在《行動與存有》(*Act and Being*)那樣正式專門討論祂者、他者的神學含義，但是他所有的神學論述都無不具體顯

---

* 本文之第一及第二部分原以〈莫特曼的啟示觀——上帝自我啟示中的祂者與他者〉為題，載《莫特曼的心靈世界》，曾念粵編(台北：雅歌出版社，1998)，頁105～113。蒙雅歌出版社授權轉載。至於第三及第四部分則為新寫。

明這一祂者、他者關聯特性。因此，本章將就莫特曼的著作，特別就其對上帝的自我啟示、基督事件，以及創造的看法，先行釐清其神學思想中的祂者和他者的意義，以幫助日後透過與其他神學思想對比，從而更進一步確定其神學的面貌與性格，最後並將從思想方法的角度反省其在漢語處境中的意義。

一

莫特曼繼承巴特的精神，以上帝的自我啟示為起點。然而，兩人又存在着巨大的差異。當巴特首先把上帝的自我啟示置於內契三一（the immanent trinity）的領域來討論時，莫特曼卻首先落在經世三一（the economic trinity）的層面來掌握上帝的自我啟示。莫特曼這樣的進路，理由很簡單，沒有上帝在世界中的具體行動，如何可以談論上帝？在知識論，要認識內契三一神聖的生命，必先預設經世三一上帝的活動資據，否則即成玄想猜度；固然，從存有論的角度來說，其秩序是反過來的。因此，正如前文所言，莫特曼說：「最後認識的往往是最先存的。」[2] 最先認識的往往是最後存在的。

在這一基礎上，莫特曼突破了巴特的啟示觀，指出上帝的自我啟示並非一種純粹揭示上帝自身的活動，上帝的自我啟示不能被看待為一與他者了無干係的舉動：自己透過自己揭示自己。也就是說，上帝的自我啟示不能被視為純粹為其自己的，為揭示自己而揭示自己。

莫特曼借助同時代的聖經學者的研究成果，指出上帝的自我啟示是以「應許」的方式出現的，一個關乎他者——世界——的將來的應許。[3] 如此一來，上帝的自我啟示就必須聯繫著祂對他者——世界——的將來的啟示來了解。「應許」使得整個啟示活動首先指向了他者的將來，脱離了上帝自身當下的顯現，[4] 由此，上帝的自我啟示即非直接的，而是間接的。當上帝以應許的方式自我啟示，首先所啟示的並非上帝自身，而是關乎世界這一他者的將來，只有當這一發自上帝的應許被實現時，上帝之自我啟示方才完成，從而顯明上帝乃一信實的上帝，[5] 此即上帝自我啟示的間接性。這樣一來，上帝的自我啟示就絕對不是巴特式的純粹直接自我的揭示，與他者無關；反之，必須以他者為條件，上帝的自我啟示方才可能，即是説，他者是構成上帝自我啟示的必要條件。

當莫特曼以世界這一他者為構成上帝自我啟示的必要條件時，他是否違反或背棄了巴特神學那種強調上帝作為祂者的精神？上帝的祂性會否因此而失去其自主性以致淪為世界這一他者的附庸？這個問題的關鍵，主要在於以為世界這一他者制約了上帝自我啟示的內容和活動，以為單單是應許在歷史中的實現就決定了上帝的自我啟示。這種看法忽略了一個更基本的問題：應許實現而為歷史是如何可能的？反之卻認為應許的實現是順着歷史推進發展而出現的，乃自然而然。莫特曼卻嚴正指出：「並非圓滿之歷史啟示上帝，而是上帝在其正在來臨的圓滿榮耀中所蘊含的普遍啟示，帶領歷史進入圓滿之中。」[6] 這清楚表明世界的歷史並非一面鏡子可以如其所如反映上帝的本性，卻是上帝透過實現對世界的應許而把歷史帶進圓滿的境地，於此，上帝即顯明其為世界歷史的主宰；使應許實現的並非歷史自身，而是給予應許的上帝。

再退一步，這一給予他者的應許並非出自世界本身，乃是上帝自己主動提供，故此，最終軌約上帝在世界的作為並非世界，而是上帝的應許；[7] 但由於這一應許是關乎世界這一他者的，是以，世界就同時構成上帝自我啟示的一個環節。這裏要注意的是，這一「構成」之所以可能，全在於上帝的應許，只有在這一情況底下，才能說世界這一他者「構成」上帝自我啟示的必要條件，否則，上帝自我啟示的自主性即成問題。

進一步而言，這一間接的自我啟示的自主性，跟那種直接的自我啟示的自主性的分別，全在於是否以抽離世界這一他者為基礎來確保上帝自身的他性。若追隨巴特的進路，「上帝自身」就被理解為其超越的「我性」（transcendent "I-ness"）的自我反思，[8] 與自我以外的他者無涉，上帝的啟示因而成了一自我封閉的圓圈的活動。[9] 相反，莫特曼反對這種封閉的自我啟示觀，[10] 而認為啟示應該是敞開的，這向他者敞開的性格，在上帝應許世界這他者不一樣的將來而呈現的，被啟示的「上帝自身」自然意指在實現應許中所顯明的自我一致（self same-ness）。[11] 在這一自我啟示中，上帝仍是主（subject and lord），[12] 因為應許和應許的實現全在上帝的手中，故其自我的啟示亦然，非世界這一他者可以置喙。如此一來，上帝的超越性就從一不涉他者的意義轉成一跟他者關聯的意義，在這一他者關聯中，上帝並沒有把自己消融於世界之中，祂仍然有別於世界，只是，祂並非超離或超絕於世界。

簡單地說，因為那以應許方式出現的上帝的自我啟示並非以自我為對象，卻是以那有別於祂自己的世界這一他者為對象，並且，應許所啟示者亦與之有關，在這一相關底下，則上帝之自我啟示必然是一關乎上帝的本性：自我一致——能實現那已給予世界的應許的本性。這樣，上帝的祂性就不是透過否定世界這一他者而得出，但也並非表示上帝受制於世界，真正的意思是不能離開世界這一他者來揭示上帝的祂性，這一自我啟示的方式表明了上帝對世界的看重，祂者對他者的尊重。

## 二

上帝既非超離或超絕於世界，亦非消融於世界之中。在莫特曼的神學中，只有基督事件才能充分説明這一上帝與世界的特殊關係。上帝不單以語言應許的方式自我啟示，並且進一步透過道的應許來啟示自己。換句話説，基督事件為一應許事件，具有應許的結構；更有甚者，這一應許的結構乃辯證性的：十字架上的「自我否定」(self-negation)與從死裏復活的「否定的否定」(the negation of the negation)。

基督在十字架上的死亡，正正表達了上帝並非孤絕自閉的，卻是參與他者的處境，分擔他者的命途。從存有論的角度來説，上帝照顧到世界有別於上帝，兩者有一存有論的差異，以致上帝不以一完全有別於世界的本相出現，亦即以其反面的方式來到這個世界。另一方面，從存在的處境上來説，則十字架同時是上帝照顧到世界的墮落，陷溺於罪惡、受苦的景況的舉動。故此，十字架事件首先顯示的是上帝對世界這一他者的他性及其存在的處境的尊重。上帝既沒有遠離世間，也沒有超離地轉化世界，反之卻道成肉身，且死在十字架上，達至上帝自我否定的極點，這就不純粹只是尊重世界這一他者的他性的舉動，更是徹底地分有這一他者的無上帝性(godlessness)的處境。莫特曼認為十字架是道成肉身的完成，[13] 那麼，這種分擔他者的無上帝的處境就是上帝尊重世界這一祂者的極致表現。

然而，上帝在十字架上的舉動，即基督的死亡，若按上述的了解會否意味著上帝自身消融於世界之中，不單消融於世界的他性之中——成為人，且消融於世界的無上帝的處境中——死亡成為無有？如果上帝的舉動僅止於十字架上的死，則這一提問的答案是肯定的；如果緊隨著十字架的復活只是耶穌自家生命的運動歷程，則這一提問的答案亦是肯定的。

當然，莫特曼並不以十字架為耶穌生命的終點，緊接著死亡之後是復活，且是同一個耶穌的復活，不是另一完全有別於十字架上的個體，被釘死的耶穌就是復活的基督。[14] 可是，即使是同一個體從死裏復活，若復活本身原來就是一切生命的必然環節、一切生命的必然運動歷程，那麼，耶穌的復活不過只是顯示世界的生命也必然會從死裏復活。當復活發自生命自身，則耶穌的復活並不能為上帝在這一基督事件中的作為確立上帝的祂性，反而進一步把上帝同化為世界的歷程。

要避免這種誤解，必須否定復活乃生命自然而然的發展這種看法。在莫特曼的神學中，由於強調十字架上的死亡的終結性、破裂性，[15] 復活就不是耶穌自己完成的，而是聖靈的作為，而這正正是莫特曼稱耶穌基督的同一性為辯證的同一性（a dialectical identity）[16] 所蘊含的意義。死在十字架上的耶穌固然跟復活的基督同是一個個體，但這同一性乃一矛盾的同一（an identity in total contradiction），[17] 斷裂中的延續（a continuity in radical discontinuity）。[18] 這種矛盾、斷裂表明了上帝在基督的復活上並非跟世界同化。在十字架上耶穌與世界認同，但基督從死裏復活這一事件的「斷裂性」不單使得基督超越世界死亡的命途，更否定了復活乃死亡的自然延續這一看法，從而使得上帝在基督的事件中超越了世界。復活的斷裂性既揭示復活並非世界自然發展的後果，也顯明上帝跟世界的差異性。上帝的祂性並沒有消融於世界之內。

可是，另一方面，基督事件作為上帝對世界將來的應許，會否在終末時把世界消融於上帝自身之內？原因是，基督的復活指向世界終末將來的復活，這終末復活的他者與基督這一從死裏復活的祂者有何差異？如何可以保證復活後的世界並非上帝的一部分，而仍保有其世界性？雖然這是屬於終末論領域內的問題，但透過進一步對基督事件的分析仍然可以作出合理的疏解。

莫特曼強調基督的辯證同一性，一方面表明其斷裂性，另一方面也顯示其延續性，被釘死的復活基督就是復活了的被釘死的耶穌；同樣地，作為對世界的應許，這一同一性同時也指向終末時被更新復活的世界跟現在處於困苦受到死亡威脅的世界同是一個世界。[19] 如果上帝在基督復活的事件上表現了祂跟世界的分別時，那麼，在終末將來的轉化更新世界時，兩者之間的差異也當仍然存在，因為兩者各有其同一性。更新後的世界並非另一世界，只是其實在已然不同，就此而可言差異，但仍是同一個世界。依此而言，則世界的世界性、他性並不因上帝最終的轉化而被消融。

上帝的祂性與世界的他性，在莫特曼的啟示觀中絕非截然對立互不相干的，也沒有落入另一極端彼此消融的局面。這其中的關鍵乃在於以辯證的方式來了解上帝在基督事件的作為。[20] 上帝在自我否定中認同世界的舉動，表示了世界的他性；其在否定的否定中卻超越了世界的自然命途，顯明了上帝的祂性。上帝既非超離世界，亦非全然內在於世界，由此我們即可表示莫特曼上帝觀乃萬有在神論（panentheism）的上帝觀（莫特曼有限度地使用這個用語，不然就會落入黑格爾的版本）：上帝的祂性與世界的他性都同時得以保存，但又並非一種互不相涉的自我關聯的同一性，卻是一種不即不離的他者關聯的辯證同一性。

## 三

莫特曼這一對上帝跟世界的關係的看法，可以進一步在其創造論中得到確定。一方面，莫特曼反對傳統神學為了避免把上帝遍在化（immance）而過分強調神聖的超越性。但他卻沒有因之而走上極端，忽略上帝與世界的分別，反之，另一方面他批評進程神學未能持守基督宗教這一基本教義。[21] 換句話說，莫特曼的用心乃在同時強調上帝的超越性和遍在性，上帝跟世界既非等同，亦非有無限距離，本質上的不一不礙二者的同在。莫特曼由此而説萬有在神論：

> 單方面強調上帝超越世界會引致理神論／自然神論（deism），正如牛頓。單方面著重上帝遍在於世界會導致萬有神論（pantheism；編按：另譯泛神論），正如斯賓諾莎。〔……〕據萬有在神論的觀點，上帝創造世界，也住在其中，且倒過來，祂創造的世界也住在祂裏面。但只有以三一的詞彙才能真正思考與描述這一觀念。[22]

很明顯，莫特曼在竭力克服傳統神學把上帝世界截然二分之同時，依然堅持上帝自身的祂性與世界自身的他性，不容泯滅。他在討論上帝的原初創造和從無造有時就指出「世界自身並非神聖的」，也不是「上帝永恆本體流溢而出的」，[23] 即使在終末創造，創造主因住在祂的受造物中間而取消了兩者的距離，但創造主與受造物之間的差別並不因此消失。[24] 然而，莫特曼這一論斷，如何在創造論中證成？

首先，莫特曼認為「基督宗教的創造論是從基督的啟示和聖靈的經驗獲得其特徵」。[25] 嚴格來説，莫特曼的創造論是以基督事件為其模式的。這是因為，就知識論來説，莫特曼持守「離開基督不能認識上帝」[26] 這一觀點，所以自然以之為了解上帝行事的模式。[27]

簡單來說，基督事件的十字架與復活，表顯了上帝的兩種行動：自限與伸展（self-limitation and de-limitation）。上帝在十字架上的自我否定，乃其自我限制的高峯，其在復活中的否定的否定，則為其伸展能力勝過虛無的起點。[28] 如上文所說，前者表示了世界的他性，後者顯明了上帝的祂性，那麼，上帝這一辯證行動不單為其創造的模式，並且也當同時表顯出神聖祂者與世界他者的分別。

莫特曼借助猶太神學家路維亞（Issac Luria）的神聖自限（zimsum）觀念來理解上帝的原初創造：上帝之外若有世界存在，則上帝必先自行退讓。[29] 這是因為上帝要創造的是一有別於自己的世界：「當上帝從其自己撤退至其自己，祂才能讓非神聖本質或非神聖存有的東西出現。」[30] 上帝原來即一切，祂只有收斂其能力和臨在，讓出一可以讓受造物獨立存在的空間，那才能保證此受造物乃非神聖的，具有自己獨特的本性。[31] 收斂、自限成了上帝把自己有別於受造物的必要舉動，否則，祂的創造就會變成神聖本體的流溢，而受造物就會跟創造主有一存有上的連續性，喪失了其跟上帝在本質上的差異性。然而，上帝的退讓是上帝的自我否定，讓出來容許受造物存在的空間就是非神聖的，只有在非神聖的空間裏上帝的受造物才不會被神聖化，這也就保證了世界作為上帝的受造物的他者地位。換句話說：上帝的退讓乃一為他的舉動，讓他者成為他者。

另一方面，在原初創造中，上帝進入原初空間伸展其能力，受造物由是而出現、存在。由此，莫特曼進一步解說上帝從無造有的意思。「無」是一限制觀念，絕對的空無。[32] 從無造有就是表示受造物是憑空而來，固然不出於神聖的本體，但也不出於先存的質料。[33] 不出於先存的質料，就是說受造物並非源自一與神聖本體具有同等地位的東西，否則受造物即與神聖本體同為必然的，而非偶發的。如此一來，上帝的祂性即受到威脅。是以，莫特曼強調原初空間乃絕對空無，此空無不能以存有/存在物（being）來定義，只能以存有/存在物的反面來表示：存有/存在物的否定面、非存有/非存在物。[34] 莫特曼並拒絕以布洛赫的「尚未存在」（not-yet-being）來了解這空無。因為「尚未存在」包含了那使存在物實現的潛能，具有生產能力，[35] 其扮演的不單是先存質料的角色，且兼及上帝的創造能力，結果就把上帝約化其中，使其失去其獨特性。故此，從無造有，就是說原初創造並不以任何先設或前提為條件，[36] 受造物因而是偶發的而非必然的，[37] 只有上帝自身是必然的。這樣，在創造的過程中，上帝的神聖祂性，依然有別於受造世界的他性，沒有陷入消融於受造物的危機中。亦是因為這個緣故，莫特曼批判進程神學放棄了從無造有，後果只會把世界進程永恆化、無起始，一如上帝，而上帝則被轉成一切流變中總攝秩序的元素。[38] 透過上帝的從無造有，莫特曼不但確保上帝神聖的祂性，同時也確立受造世界的他性；上帝此一舉動，在為己時也照顧到他者。

在莫特曼的神學中，上帝的祂性與世界的他性這一問題的出現，乃在於莫特曼以萬有在神論的方式來掌握上帝與世界的關係，這完全脫離了傳統有神論和泛神論的思想法則，以致很容易產生誤解。有神論強調上帝的超越性，泛神論強調上帝的遍在性，兩者都以對方為其反面，不能兼容。換句話說，雙方背後的思想法則是一致的：黑格爾講的知性邏輯。然而，莫特曼卻要綜合二者，同時強調上帝的超越性和遍在性，上帝跟世界的關係最佳莫如是一超越與遍在的辯證結構。[39] 上帝既超越世界又內在世界，也就是不即不離的關係，而超越與遍在的辯證結構，亦當以此為準來了解；雖非黑格爾式的，但作用卻是相同，即超越知性邏輯的非此即彼，達至彼此兼容但並非相互取消的局面。在討論莫特曼的創造論中，上帝的自我退讓與從無造有，清楚表明上帝的祂性與世界的他性不相混淆，同時得以保存，並不互相排斥或彼此吸納。並且，上帝這一辯證的行動並非純粹為己，而同時乃係為他，即上帝為着尊重受造世界自身的世界性而退讓和伸展能力，這就使得上帝在保持自身和受造世界的分別的同時，仍然是一與他者關聯的上帝。經由上述對創造論的分析，即可有助進一步釐清莫特曼的萬有在神論的面貌和性格。

## 四

最後，本文將從思想方法的角度對上述莫特曼的思想作一反省。無疑，莫特曼之重視祂者與他者，絕對跟他採取的辯證方法是分不開的。然而，必須注意的是，究竟莫特曼採取的是何種辯證法？是祈克果式（Kierkegaardian）和早期巴特式（early Barthian）的，[40] 抑或是黑格爾式（Hegalian）和馬克思式（Marxian）的？[41] 從上述的分析中，莫特曼的辯證法既非純早期巴特式的，但也非純黑格爾式的。前者過度重視上帝與世界彼此間的對立和矛盾，但兩者在存有論上的差異是否必然帶來這一關係？後者則過度強調上帝與世界的統一，世界作為上帝的他者，其他性最終不過是上帝絕對主體自身的他性而已，但統一又是否必然是一種消融他者式的呢？

莫特曼的辯證思想既重視差異，又強調合一。一方面，他保存並持守巴特所重視的存有論差異，上帝跟世界在本體上並非同一的。可是，他卻否定了兩者因而是對立、排斥的觀點。就思想方法來說，莫特曼認同知性邏輯中的分別和差異可以應用到上帝和世界的關係中，但卻反對以對立、排斥來看待兩者的關係。另一方面，莫特曼又沒有停留在僵化、固定、片面的靜態的知性邏輯思維之中，他進一步採納了黑格爾的辯證法，在強調上帝與世界的差別之時，將之應用於上帝自身之行動，以上帝的自限、虛己來保證世界的他者身分；而同時，上帝亦因這一自限和虛己得以進入世界，跟世界達至一相交的合一、共融，而非消融的合一，卻是在相交、共融的合一中建立對方。因此，莫特曼是站在巴特的差異性立場來吸納黑格爾的辯證法，以致所達至的合一就不是黑格爾式的，而是差異中的合一。

莫特曼這一思想在漢語的處境中具有一另類的挑戰作用，在此只作點題式的交代。傳統的中國思想、哲學重視天人合一，然而，從莫特曼的觀點來看，則天人合一不必然是一種同構型的合一，不必然是一種無差異的一體。過去許多學者，特別是當代的新儒家就基於本體上同一的觀點來批判基督宗教中的天、人相分，打成兩截，造成上帝與人、世界的緊張狀態。可是這種批判並不一定成立。因為天人相分並不一定排斥彼此合一。問題是，天人合一是否只有一種模式？如果天人合一只是新儒家所著重的本體上的同一，那麼，其代價就是犧牲了祂者或他者。若非犧牲天道的奧祕性，高抬人的神性，就是以人為天的工具，如黑格爾般，人的主觀精神和客觀精神不過是落實天道絕對精神的中介而已。莫特曼雖然堅守上帝與人、世界的存有論差異，卻仍然可以發展出一種相交、共融式的合一觀，上帝跟人、世界雖為二，但亦不礙二者為一，只是這「一」並非本體上的同一，而是羣體性的一；若稱一體，則非同一的本體，而是合一的羣體。事實上，中國傳統思想強調天人合一與主客交融，背後實有一否定「非此即彼」的精神在內，就此一否定之立場來看，這是跟莫特曼的立場相一致的，只是，在正面建立天與人、道與萬物的關係上，莫特曼卻在本體上同一的觀點以外，提出了羣體中的差異者的合一這一另類觀點。

最後，值得一提的是，莫特曼是以基督的拯救事件為其思考的起點，而非一開始就從玄思的形而上學入手，以確立上帝與人、世界的存有論的差異。換句話說，莫特曼是從宗教上所謂的生死問題出發，於此，拯救論就比創造論有優先性，創造論只是在拯救論的基礎上進一步開展出來，而非憑空而來。這樣，莫特曼在交代人與萬物的本性時，就不是離開了宗教的生死的向度，反而是拓深其向度。故此，在創造論中確立上帝與人、世界的存有論，此存有論亦是依於拯救論的，可稱之為一拯救的存有論（soteriological ontology），創造論亦可被稱為拯救的創造論。這樣的進路，即以生命的拯救人手，其所建立的存有論，跟中國哲學中那種重視生命的學問，在精神上亦是相一致的。

**註釋**

1. 參 Dietrich Bonhoeffer, *Christ the Centre*, trans. Edwin H. Robertson (New York: Harper and Row, 1978)。另 Eberhard Jüngel, *God as the Mystery of the World*, trans. Darrell L. Guder (Grand Rapids, MI: Eerdmans, 1973), ll, 7, a。
2. Jürgen Moltmann, *The Way of Jesus Christ: Christology in Messianic Dimensions*, trans. Margaret Kohl (London: SCM, 1990), 43；Jürgen Moltmann, *The Crucified God: The Cross of Christ as the Foundation and Criticism of Christian Theology*, trans. R. A. Wilson and John Bowden (London: SCM, 1974), 91.
3. Jürgen Moltmann, *Theology of Hope: On the Ground and the Implications of a Christian Eschatology*, trans. James W. Leitch (London: SCM, 1967), 42～44, 95～102.
4. Moltmann, *Theology of Hope*, 99～100.
5. Moltmann, *Theology of Hope*, 116～117.
6. Moltmann, *Theology of Hope*, 115.

7. Richard Bauckham, *Moltmann: Messianic Theology in the Making* (Basingstoke: Marshall Fickering, 1987), 30；參 Moltmann, *Theology of Hope*, 104。
8. Moltmann, *Theology of Hope*, 116；另參頁 50～58。
9. Moltmann, *Theology of Hope*, 57.
10. Moltmann, *Theology of Hope*, 57.
11. Moltmann, *Theology of Hope*, 116.
12. Moltmann, *Theology of Hope*, 116.
13. Moltmann, *The Crucified God*, 204～205.
14. Richard Bauckham, "Moltmann's *Theology of Hope* Revisited," *Scottish Journal of Theology* 42/2 (1989): 204；Bauckham, *Moltmann*, 42.
15. Moltmann, *The Crucified God*, 169～170.
16. Moltmann, *Theology of Hope*, 200.
17. Moltmann, *Theology of Hope*, 199.
18. Moltmann, *Theology of Hope*, 199.
19. 關於莫特曼對世界的同一性的看法，可參鄧紹光：〈非斷非續——莫特曼對世界的看法〉，《中國神學研究院期刊》第十九期（1995 年 7 月），頁 49～58，亦收本書第 12 章。
20. 對莫特曼神學中辯證的基督事件深入分析，可參 Siu-Kwong Tang, *God's History in the Theology of Jürgen Moltmann* (New York: Peter Lang, 1996), chapter 4。
21. Jürgen Moltmann, *God in Creation: A New Theology of Creation and the Spirit of God*, trans. Margaret Kohl (London: SCM, 1985), 78.
22. Moltmann, *God in Creation*, 98.
23. Moltmann, *God in Creation*, 72.
24. Moltmann, *God in Creation*, 64.
25. Moltmann, *God in Creation*, 97.
26. Jürgen Moltmann, *The Trinity and the Kingdom of God: The Doctrine of God*, trans. Margaret Kohl (London: SCM, 1981), 132.

27. 關此，可參鄧紹光：〈莫特曼論虛無〉，《道風漢語神學學刊》第四期（1996年春），頁 196～197，亦收本書第 11 章。
28. 關此，可參 Tang, *God's History in the Theology of Jürgen Moltmann*, chapter 5。
29. Moltmann, *God in Creation*, 87；亦參 Moltmann, *The Trinity and the Kingdom of God*, 109。
30. Moltmann, *God in Creation*, 87；亦參 Moltmann, *The Trinity and the Kingdom of God*, 109。
31. 參 Moltmann, *The Trinity and the Kingdom of God*, 109。
32. Moltmann, *God in Creation*, 74.
33. Moltmann, *God in Creation*, 75.
34. Moltmann, *God in Creation*, 74.
35. Moltmann, *God in Creation*, 74.
36. Moltmann, *God in Creation*, 207.
37. Moltmann, *God in Creation*, 38, 207.
38. Moltmann, *God in Creation*, 78.
39. Moltmann, *God in Creation*, 182.
40. 如艾維斯（Rubem A. Alves）、吉爾基（Langdon B. Gilkey）、潘寧博等人，見 Bauckham, *Moltmann*, 41。
41. Hans Frei, "Book Review of the Theology of Hope," *Union Seminary Quarterly Review* 23/3 (1968): 68.

# 11.

# 辯證：辯證的終末．辯證的基督

## 一、戰俘的經歷：盼望與傷痛

莫特曼是第二次世界大戰後德國新一代的神學家。盟軍轟炸德國漢堡時，莫特曼剛中學畢業；德軍投降前一年，他才滿十八歲應徵上了前線，隨後成了英軍的俘虜。一九四五至四八年間的被囚生活，讓莫特曼首次深刻地體驗到上帝的實在，蘊育了他那一顆敏感的心靈。

在被囚於比利時集中營的日子裏，莫特曼看見其他人整個內心崩潰，放棄一切希望而病倒，更有人因此而死去。[1] 隨著納粹德軍在前線潰敗，法律與人性也跟著崩落，德國的文明、文化瓦解了，莫特曼的個人世界碎裂成片。[2] 就在這時，他讀到詩篇三十九篇：「我默然無聲，連好話也不出口；我的愁苦就發動了〔德文聖經為：我必得吃盡自己心中的悲愁〕〔……〕我流淚，求你不要靜默無聲！因為我在你面前是客旅，是寄居的，像我列祖一般。」他頓時體會到上帝是與那些心碎的人同在的。[3] 他說：「上帝就在靈魂的黑夜裏——上帝是盼望與傷痛的能力。」[4] 對上帝的盼望塑造了他三年的戰俘生活。

## 二、互相補充：《盼望神學》與《被釘十字架的上帝》

上帝是盼望的能力，同時，祂也是那位臨在苦難之中的上帝。這兩個主題構成了莫特曼在六十年代和七十年代的神學思想，二者為一枚銅幣之兩面，互為補充。

一九六四年，莫特曼出版《盼望神學》，指出「終末論意即基督教的意義，同時包括了盼望的對象，以及這對象所激起的盼望。從頭到尾，而非僅僅在結尾處，基督教就是終末論，就是盼望，是向前看，向前走，因而也是對當前進行革命和改造〔⋯⋯〕基督教信仰是從被釘十字架的上帝的復活開始的，並追求基督普遍將來的應許，因此，終末論是激情的痛苦和彌賽亞激起的激情的盼望。」[5] 一九七二年，莫特曼完成了他的三部曲的第二部[6]《被釘十字架的上帝》，宣稱「十字架神學不是神學的其中一章，而是所有基督教神學的關鍵印記」，[7] 那麼，究竟以終末論作為統一所有神學的中心，和以十字架為核心來連貫一切神學，二者之間有些甚麼關係呢？

莫特曼早在《盼望神學》一書中，已表示「基督教的神學必須是十字架的終末論」，[8] 他在《被釘十字架的上帝》繼續重複這種說法，[9] 並且進一步表示「十字架的神學不過是基督教盼望神學的反面而已」。[10] 很明顯，莫特曼所主張的終末論，就是一以基督論為中心的終末論，因此，他說道：「《盼望神學》是建基於被釘死的基督的**復活**之上的」，[11] 而《被釘十字架的上帝》一書的主旨則在「復活了的基督的**十字架**」，[12]「不過是要讓盼望神學更為確實〔……〕為盼望神學提供一更深的向度。」[13]

## 三、辯證的基督論與辯證的終末論

莫特曼宣稱：「基督教的存或亡，繫於上帝使耶穌從死裏復活這一實在。」[14] 而基督教信仰之所以為**終末**論的，以及其所具有的盼望性質，乃在於上帝使耶穌從死裏復活過來。因此，《盼望神學》就是一本關乎耶穌復活的書籍，然而，這並沒有否定其為一本講論**終末**論的書籍，因為對於莫特曼來說，我們必須從**終末**論的角度才能恰當地了解耶穌的復活，才能了解盼望的意義。筆者為精簡緣故，不擬徵引莫特曼原文來詮釋《盼望神學》這方面的思想，而擬引用英國研究莫特曼的專家包衡的觀點，[15] 以呈顯莫特曼盼望神學之精闢處。

包衡指出，《盼望神學》一書中「復活」的核心含義由兩個基本概念組成。第一個概念是耶穌在十字架與復活的全然矛盾中的**同一性**（identity）。對莫特曼來說，耶穌的十字架和復活分別代表兩種相反的景況：死亡與生命、上帝的隱藏和上帝的臨近、上帝的棄絕和上帝的榮耀。耶穌被祂的父棄絕以至於死，但卻又為祂的父提升，在神聖的榮耀中獲取終末的生命，這兩種景況是絕對矛盾的，因為那被釘死的和現在復活的，是**同一**位耶穌，上帝藉著復活耶穌的生命而在徹底的不連續中創造連續。包衡稱此為辯證的基督論（dialectical Christology），在矛盾中確認耶穌的同一性。[16]

第二個基本概念是，復活那被釘、死亡和埋葬的耶穌並使之得到新生命這一神聖行動，為一終末應許的確實事件。莫特曼認為那位使耶穌從死裏復活的上帝，就是以色列的上帝，祂的行動只能在舊約聖經應許的歷史背景下方才恰當被了解。以色列的上帝是透過那向將來開放的應許，向以色列啟示祂自己的，而復活此一重要的歷史事件，其意義必得從這一背景來把握。耶穌從死人中復活這事件表示了猶太人對將來的盼望，完全變成終末論的盼望，他們所面對的將來是上帝的新創造，在這新創造之中，死亡也可以被克服。因此，上帝使耶穌從死裏復活過來，就是一切應許事件的極點，在此事件中，上帝保證了祂的應許。雖然上帝應許萬物的新創造並未完全實現，只有耶穌復活了，但是，祂的復活卻是為了所有死人要在將來終末復活、一切實在的新創造和公義、榮耀的國度的來臨；祂的復活會為受造物帶來普遍的將來。沒有復活基督的**將來**，祂在過去的復活就沒有意義，在祂的主權下，基督的將來是一切實在的終末的將來。包衡稱這末世論為一**辯證的**終末論（dialectical eschatology）。[17]

然而，辯證的基督論與辯證的終末論有何關係呢？包衡指出二者除了本身具有一矛盾的關係，即復活與十字架的矛盾、應許與現實的矛盾，二者更有一對應的關係。被釘的耶穌，祂的死亡是與一切實在的負面素質認同的，包括罪、苦難、死亡、無上帝、為上帝所棄絕、腐朽。然而，這同一的耶穌又復活了，得到終末的生命，因此，祂的復活代表了上帝對所有被上帝棄絕的實在的應許，這是新創造的應許。十字架和復活的矛盾就代表了現實和新創造的實在的矛盾。耶穌的復活不僅可以使終末的王國完成，更重要的是，這一事件代表了一徹底的新的將來，對死亡應許生命，對不公義應許公義，對臣服於苦難和死亡的創造應許新的創造。[18]

並且，復活並非表示耶穌有所保留，沒有把自己完全交給死亡，不，耶穌是**全然**的死去，而又**全然**地被上帝復活過來。上帝藉著所創造的行動，使斷絕的生命得以延續，同樣，上帝的應許並非指到**另一**世界，而是為**這**個世界進行新創造，整個臣服於罪、苦難和死亡的受造界，將會在上帝的新創造的行動中得以轉化更新，這就是終末的將來，是耶穌終末的復活所帶來的盼望。[19]

因此，包衡說：「莫特曼的神學，同時為一基督論中心，以及一有普遍意義的終末論境域（horizon）。」[20]

## 四、意義：批判與解放

既然基督教的終末論就是盼望，並且，基督教真正的盼望又並非純彼岸的期望，從現世事務退守下來，那麼，基督徒就要因著對這世界的將來有所期望，而更加意識到現世並未達到它能達到和將要達到的境界。基督徒要視這世界為朝向應許的將來而有所轉化和更新，只有這樣，才能透過批判現狀，把那些安於現狀的人解放出來。固然，這現實和應許之間的矛盾會叫人飽受折磨，但正因其間的距離而使得基督徒尋求改變此時此地的歷史的可能性，使它對應著終末的將來而邁進。

因此，應許藉著喚醒積極的盼望而產生期望，期望將來的天國會在歷史中出現。然而，天國自身的超越性和圓滿性又使得信徒不斷對現狀毫不妥協，要求不斷改變，以求更加合理，這正是基督教終末論的盼望的意義。

## 後記

莫特曼的盼望神學對今時今日的中國顯得異常適切。毋庸置疑，許多原來對中國自八十年代掀起的變革滿懷盼望的中國人（無論海內或海外的），天安門慘劇或已經把他們帶回自鴉片戰爭以來從沒經歷過的絕望中。中國的將來會有盼望嗎？這是一個刺心的問題。莫特曼在〈終末論的趨向〉（“Trends in Eschatology”）一文中有兩節文字值得參考，相信會為這一刺心的問題帶來亮光，分別是第二節「是現在決定將來，還是將來決定現在？」和第四節「對『主的來臨遲延』的解釋」，文章收於其文集《受造物的將來》（*The Future of Creation: Collected Essays*）。

按筆者所了解，莫特曼的神學是一套上帝的歷史的神學（The theology of God's history），在《盼望神學》一書中，他一直以巴特和布特曼為對手而開展其自己的神學，後來的《被釘十字架的上帝》和《三一與上帝國》更從三一上帝這角度來進一步探究上帝的歷史性。

對莫特曼的作品作全面性介紹的書籍有包衡的《莫特曼：形成中的彌賽亞神學》，此書成於一九八七年，前言為莫特曼所寫。包衡研究莫特曼的神學多年，可說是英語世界這方面的專家，因此，此書是了解莫特曼神學三部曲的必須作品。

## 註釋

1. Jürgen Moltmann, *Experiences of God* (London: SCM Press, 1980), 7.
2. Moltmann, *Experiences of God*, 7.
3. Moltmann, *Experiences of God*, 7.
4. Moltmann, *Experiencse of God*, 8～9.
5. Jürgen Moltmann, *Theology of Hope: On the Ground and the Implications of a Christian Eschatology*, trans. James W. Leitch (London: SCM, 1967), 16.
6. 三部曲的第三本為《在聖靈能力中的教會》（*The Church in the Power of the Spivit*），一九七五年出版。
7. Jürgen Moltmann, *The Crucified God: The Cross of Christ as the Foundation and Criticism of Christian Theology*, trans. R. A. Wilson and John Bowden

(London: SCM, 1974), 72.

8. Moltmann, *Theology of Hope*, 83, 160.
9. Moltmann, *The Crucified God*, 5.
10. Moltmann, *The Crucified God*, 5.
11. Moltmann, *The Crucified God*, 5.
12. Moltmann, *The Crucified God*, 5.
13. Moltmann, *The Crucified God*, 5.
14. Moltmann, *Theology of Hope*, 165.
15. Richard Bauckham, "Moltmann's *Theology of Hope* Revisited," *Scottish Journal of Theology* 42/2 (1989): 202 ~ 204.
16. Bauckham, "Moltmann's *Theology of Hope* Revisited," 202 ~ 203.
17. Bauckham, "Moltmann's *Theology of Hope* Revisited," 203.
18. Bauckham, "Moltmann's *Theology of Hope* Revisited," 204.
19. Bauckham, "Moltmann's *Theology of Hope* Revisited," 204.
20. Bauckham, "Moltmann's *Theology of Hope* Revisited," 204.

# 12.

# 世界：非斷非續的世界*

## 一、問題：肯定與／或否定世界

世界是甚麼？莫特曼在其《創造中的上帝》[1]一書裏，即討論了世界的原初被造、繼續被造和終末被造；此書的副題「一個生態的創造論」（An Ecological Doctrine of Creation）透露出莫特曼神學的時代性。然而，包衡注意到莫特曼視自己早期的三卷本神學為其「彌賽亞神學」系列的預備工作，[2]那麼，作為此系列之一的《創造中的上帝》就預設了三卷本為其神學基礎，從而在生態危機日益嚴重的處境下，再進一步開展創造論的討論。這預設不但意味著在方向上莫特曼貫徹他早期確立的終末取向（eschatological orientation），更值得注意的是，在內容上，早在《盼望神學》與《被

---

* 本文原以〈非斷非續——莫特曼對世界的看法〉為題，刊於《中國神學研究院期刊》第十九期（1995 年 7 月），頁 49～58。

釘十字架的上帝》裏面，莫特曼已在重要的關節上討論過「世界是甚麼」這一問題。

雖然，大部分學者在討論莫特曼的創造論時，並沒有忽略他的早期作品，可是，由於他們未能正確妥當地掌握莫特曼的終末取向神學的核心結構——辯證法，乃產生一些誤解與難解。例如：有認為莫特曼對於新創造物與舊創造物之間的關係解釋得含混不清，他終究不能肯認被造的世界；[3] 有以為莫特曼既肯認終末為創造物的終極目標，又以之為創造物的否定，可謂兩相矛盾；[4] 有指出莫特曼在《盼望神學》中挑戰我們不要在世若家，可是在《創造中的上帝》又轉為堅持「世界應為家」的觀點。[5] 就莫特曼對世界的看法而言，「全然否定世界」是對他的一種誤解，至於「既否定又肯定世界」則叫論者感到難解，因為這在邏輯上是不可能成立的。

整個問題的關鍵乃在於如何理解莫特曼早期的終末神學。一種十分普遍的閱讀方法是巴特式的辯證法（Barthian dialectic）：[6] 莫特曼不過是把早期巴特神學中的超越性作一個九十度的扭轉，[7] 以時間軸的將來取代垂直軸的超越，[8] 以應許的將來國度取代上帝永恆的話語，[9] 後果就是以上帝的將來否定現在的世界。[10] 在本質上，這種閱讀方法是一種非此即彼式的知性觀點：現在的世界要被將來的世界替代，二者之間是一質的差異，只有斷裂，沒有延續。

這種非此即彼式的知性觀點，在掌握這個世界時可表現為兩種互相矛盾、彼此排斥的態度：要不就肯定世界，要不就否定世界。前者認為世界自身能夠不斷發展自己，以臻完善；後者則認定世界本身至終要被廢去，由另一世界取代。這兩種截然相反的態度，導致完全不同的實踐取向：若以世界為內具實現自身美善的潛能，那麼，行動的實踐就有優先性，透過行動使潛在的成為現實的；若以世界為腐敗邪惡、難以逆轉的，那麼，寂靜默觀永恆就有優先性，以此而與神聖契合，並放棄參與改造世界，以待更美的來世。

然而，莫特曼對世界的看法並不落於兩者之一，正如基化爾（Lonnie D. Kliever）的敏銳觀察：對於莫特曼來說，「世界並非『內在神學』（the immanence theologies）所宣告的『自我實現的天堂』，亦非『超越神學』（the transcendence theologies）所否定的『自我疏離的地獄』，因為它是 das Noch-Nicht ——『尚未完成的世界』」。[11] 換句話說，莫特曼的終末取向神學並非另一超越神學的版本，但同時也不是其否定面的內在神學，任一角度都失之片面。若超越神學重於「斷」，那麼內在神學就重於「續」，而莫特曼則是「非斷非續」，不落兩邊。

同時，非斷非續是一消極的說法，並不能正面說明世界的面目，而只是一種遮撥或否定的表達方式；積極的說法，或正面的詮述，按莫特曼的神學，世界當為「非非斷非非續」，也就是「既斷亦續」；或說「即斷即續」、「斷即續」。如此一說，即出現論者難解的矛盾現象：如何可能既肯定世界又否定世界？莫特曼以黑格爾式（Hegelian）的辯證法來了解此一現象，正說明這是可能的。

按黑格爾的分析，知性所要求的是一種抽象的同一性（abstract identity），事物不能過渡到其自己的反面，只能夠是「甲是甲」，而不能同時是「甲是非甲」，即「甲同時為甲與非甲」是不能成立的。[12] 如此一來，若以世界為「自我實現的天堂」，則世界永遠是「自我實現的天堂」，若以世界為「自我疏離的地獄」，則世界永遠為「自我疏離的地獄」。知性「堅持著固定的規定性和各規定性之間彼此的差別」，使得事物落於非此即彼的片面性裏，以與對方相對立。[13] 莫特曼捨棄知性的觀點，而以辯證的方式了解世界的本性時，就能揚棄其矛盾性。然而，他並沒有生吞硬套黑格爾的辯證法，即他沒有就世界自身之辯證運動而論世界之本性，而是就上帝在基督事件中的辯證而論世界之具體同一性（concrete identity）。

## 二、關鍵：全然矛盾中的同一

在莫特曼的終末取向神學中，世界之同一性跟耶穌基督的同一性是分不開的。這分不開的關係，既是本然層次上的（ontical），亦是認知層次上的（noetical）。就此，莫特曼對潘霍華的論述，同樣可以用來指涉他自己的神學：「耶穌基督的啟示不單只是啟示上帝、祂的本性與行動，而且也同時揭示世界的實在（the reality of the world）。」[14] 再者，基督事件（耶穌基督的死亡與復活）也不純是啟示性的，而亦是本體層次的，並且是後者使得基督事件不單啟示上帝，更同時啟示世界，這是因為上帝在基督事件上參與了這世界，以致在啟示上和本體上，世界的同一性就不能跟基督的同一性分割開來。更進一步而言，由於耶穌基督的同一性是透過參與世界而建立起來的，因此，世界的同一性同時也就在基督建立其自我同一性時被建立起來。套用上述莫特曼論及耶穌基督的啟示時所說的話，我們在此可作如下聲稱：「基督事件不單建構耶穌基督的自我同一性，而且也同時建構著世界的同一性」。

就本然的層次而言，在建立的角度上，世界的同一性乃靠基督的同一性而建立起來；並且在結構上，前者跟後者是一致的。就是說，當莫特曼指出基督的同一性是全然矛盾中的同一（an identity in total contradiction）、[15] 辯證的同一（a dialectical identity），[16] 那就表示世界的同一性也是如此，是全然矛盾中的同一、辯證的同一。包衡率先注意到這兩者的關係：「跟莫特曼的辯證基督論（在當中復活否定十字架）相對應的，是辯證的終末論（在當中應許否定現在的實在）。」[17]

這一全然矛盾中的同一結構，包含了兩個重要元素：全然矛盾和同一，斷和續（不斷）。死與生是斷、復活與十字架是斷，兩者為異質之不同，乃互相對立否定，因此是全然矛盾的，對世界的看法若只停留在這一觀點，則只會否定這世界而期盼另一世界。反過來，死在十字架上的耶穌就是復活的耶穌，同是一位耶穌，這是不斷，是續；獲神應許擁有截然不同的將來的世界，跟現在受苦的世界，同是一個世界，這是不斷，是續；但若忽略此同一乃全然矛盾中的同一，則會陷入「肯定世界的將來乃基於現在」這一錯誤的觀點之中。一旦執著於斷或不斷，就落入了以非此即彼的知性觀點來看待世界的同一性這網羅裏，但在莫特曼的終末取向神學中，斷和不斷是不能分開的，因此他強調耶穌基督的同一性是全然矛盾「中」的同一，是徹底斷裂中的延續。[18] 在這一點上，包衡的觀察十分銳利：「對於莫特曼的終末論，十字架與復活的絕對矛盾『跟』被釘死又復活的同一耶穌，兩者都是決定性的。」[19]

應當如何理解這徹底斷裂中的延續、全然矛盾中的同一呢？莫特曼借用黑格爾的辯證法來掌握耶穌基督的死亡與復活。黑格爾的辯證法其實是一個揚棄（sublation；德文為 Aufhebung）的過程。揚棄具有雙重意義，既含有取消或捨棄之意，又含有保持或保存之意。[20] 以此了解基督事件，則耶穌基督的復活是一次揚棄祂的死亡的過程，其中要廢棄的是死亡，卻保留了耶穌；在死亡中復活的耶穌，就是在一更高的層次中保留了耶穌的同一，這樣，耶穌基督的同一性就是全然矛盾中的同一。相應地，受苦的世界經歷一揚棄的過程，廢除了死亡在其身上的權勢，而在一全然更新的實在中這世界仍然被保留下來，從而達至一全然矛盾中的同一。因此，上帝的應許雖然是一徹底的全新將來，但卻是給予「這世界」的，正如被釘死和復活的是同一位耶穌，上帝的應許就不是為「另一世界」，而是指向「這世界」的新創造。[21]

這樣一來，全然矛盾和同一就不能分割獨立來了解。在同一的角度下，全然矛盾非指這世界是徹底邪惡的，而是表示這世界受壓於罪惡、苦難和朽壞，並且終歸無有（ends in nothingness）；[22] 在全然矛盾的角度下，同一自然不是意味著這世界能夠順其本性而發展，甚至超越死亡與無有，而是表示這世界沒有被上帝放棄，這正是上帝在徹底斷裂中再造連續此一舉動的含義所在。因此，當世界被視為徹底斷裂中的延續、全然矛盾中的同一時，那就排除了這世界要被廢掉而以另一世界取代之這一看法，也同時否定了任何認為這世界自身具有超越無有的可能性的觀點。

在這樣的理解下，這一揚棄的辯證過程的動力並非來自事物本身，跟黑格爾所講的「辯證法〔……〕是一種內在的超越」[23] 截然不同。由於耶穌基督被釘在十字架上是全然的死，復活則是全然的生，[24] 從死至生，就不是出於耶穌自己生命的能力，而是聖父藉著聖靈的能力叫祂復活，[25] 因此，同一的延續是上帝從無造有的新行動。[26] 這是莫特曼跟黑格爾在本質上的差異所在。

世界的同一性跟基督的同一性既在結構上有如此的一致性，則兩者在建立的過程中究竟有何關係？如前所說，世界的同一性是靠基督的同一性建立起來的，而基督的辯證同一性是始於祂在十字架上的自我否定。這不單是一進入、認同世界的動作，更是一敞開自己生命以接受死亡、無有的舉動，[27] 上帝不單道成肉身成為有限，更加在十字架上被無有全然吞噬。透過這一自我否定，上帝把世界的命途跟耶穌基督的命途緊緊地相扣連結在一起，正是這種綰結相連使得世界的同一性得以建立起來，這就指向莫特曼所說的：「十字架與復活不單是基督位格中的模態，尤有進者，其辯證是一敞開的辯證，只有到了末日萬物皆從死裏得生，方才圓滿綜合。」[28] 換句話說，世界的同一性是在建立之中，要等到全然更新的那一天方才被完全建立起來。

## 三、意義：實踐取向與上帝觀

順此而言，則必須論及世界之可轉化性（transformability）此一論題。簡單來說，由於耶穌基督從死裏復活是一終末事件，相應地，世界的最終被更新亦是一終末事件。因此，世界的可轉化性就首先是按終末意義而言的，這可稱為終末性的可轉化性，相對於此的是歷史性的可轉化性，即在歷史內這世界於一定程度內是可被轉化的。對於莫特曼來說，終末或終末性的將來敞開了歷史性的將來，給予歷史以可能性。[29] 即是說，因為世界的現狀在任一時刻下都有可能被上帝轉化更新而成一全然不同的實在，即進入終末性的將來，所以，這世界在任一時刻下都是開放的，那麼，任一歷史時刻都具有轉化更新的可能性。固然，歷史性的轉化絕對不能等同終末性的轉化，並且前者也是基於後者而成為可能的。

基於此，人對世界的責任就既非逃避參與改革，但亦非盲目樂觀地以為一成永成。因為一方面終末終極的轉化更新是上帝的工作，但另一方面這卻又開啟了在歷史以內轉化更新的可能（即使是有限的和暫時的），是以，實踐就成為必須的但又非終極的行動。世界的本性既非神聖的，亦非邪惡的；若落於一邊，相應地，其終末論若不是推演式的（extrapolation eschatology），[30] 就是超越的（transcendental eschatology）。[31] 這兩種終末論的實踐取向，分別表現為：盲目樂觀，以為人能夠最終改變世界，未能正視罪惡與苦難的嚴峻程度與毀滅能力；徹底悲觀，逃避無常與困苦的世界，嚮往一超越的世界，無論此世界是外在超越的還是內在超越的。

在此順道指出，即使是以「已然一未然」(already and not yet)的方式論及上帝國度在世界的顯現，若從已然到未然的實現是一推演的過程，即使其根基不在世界本身而在基督事件，但因為忽略了世界要被揚棄這一過程，在莫特曼眼中，這仍然是一種推演式的終末論。[32]

最後，不能忽略這兩種對世界的看法所隱含的上帝觀。無論持守「斷」或「續」，其上帝都是一致的——上帝並沒有參與這世界。上帝與世界分屬兩個截然不同的領域：上帝為不變(上帝即使有所行動，亦只是永恆之行動〔act in eternity〕，或稱動而無動)，世界為變。世界之變，可分兩面而論：取積極面，此變為發展、實現；取消極面，此變為無常、不穩。無論此變孰好孰壞，上帝都不會參與世界，因為不變永恆與變化無常乃互相矛盾、彼此對立，不能共存的。這種對上帝與世界的關係的看法，沒有以上帝在歷史中的具體行動——基督事件——為出發點，其思考方法是知性的抽象邏輯而非辯證的具體邏輯，即沒有從事物的具體表現來掌握它們的特性；結果做成一相分相離的上帝一世界的關係。[33]

## 註釋

1. Jürgen Moltmann, *God in Creation: A New Theology of Creation and the Spirit of God*, trans. Margaret Kohl (London: SCM, 1985).
2. Richard Bauckham, *Moltmann: Messianic Theology in the Making* (Basingstoke: Marshall Pickering, 1987), 1；三卷本神學是指其《盼望神學》、《被釘十字架的上帝》和《在聖靈能力中的教會》。
3. Brian J. Walsh, "Theology of Hope and the Doctrine of Creation: An Appraisal of Jürgen Moltmann," *The Evangelical Quarterly* 59/1 (1987): 59.
4. Douglas J. Schuurman, "Creation, Eschaton, and Ethics: An Analysis of

Theology and Ethics in Jürgen Moltmann," *Calvin Theological Journal* 22/1 (1987): 47.

5. W. C. French, "Returning to Creation: Moltmann's Eschatology Naturalized," *Journal of Religion* 68/1 (1988): 80.
6. 只有少數人如費爾（Hans Frei）指出莫特曼的辯證法是黑格爾式和馬克思式的，而非祈克果式和早期巴特式的。參 Hans Frei, "Book Review of the Theology of Hope," *Union Seminary Quarterly Review* 23/3 (1968): 268。
7. Rubem A. Alves, *A Theology of Human Hope* (New York: Corpus Books, 1969), 61.
8. Langdon Gilkey, *Reaping the Whirlwind: A Christian Interpretation of History* (New York: Seabury, 1979), 234.
9. Wolfhart Pannenberg, *Christian Spirituality and Sacramental Community* (Philadelphia: Westminster, 1983), 51.
10. Alves, *A Theology of Human Hope*, 62；Gilkey, *Reaping the Whirlwind*, 230；Pannenberg, *Christian Spirituality and Sacramental Community*, 51.
11. Lonnie D. Kliever, *The Scattered Spectrum* (Atlanta, GA: John Knox, 1981), 107～108.
12. 黑格爾：《小邏輯》，賀麟譯（北京：商務印書館，1982），§80（a）、§32。
13. 黑格爾：《小邏輯》，§80（a），另參 §115。
14. 引於 Hans Pfeifer, "The Forms of Justification: On the Question of the Structure in Bonhoeffer's Theology," in *A Bonhoeffer Legacy: Essays in Understanding*, ed. A. J. Klassen (Grand Rapids, MI: Eerdmans, 1981), 31。
15. Jürgen Moltmann, *Theology of Hope: On the Ground and the Implications of a Christian Eschatology*, trans. James W. Leitch (London: SCM, 1967), 199.
16. Moltmann, *Theology of Hope*, 200.
17. Richard Bauckham, "Moltmann's *Theology of Hope* Revisited," *Scottish Journal of Theology* 42/2 (1989): 204；亦參 Bauckham, *Moltmann*, 42。
18. Moltmann, *Theology of Hope*, 199.

19. Bauckham, "Moltmann's *Theology of Hope* Revisited," 204.
20. 黑格爾：《小邏輯》，§96。
21. Bauckham, "Moltmann's *Theology of Hope* Revisited," 204；亦參 Bauckham, *Moltmann*, 38。
22. Bauckham, *Moltmann*, 42.
23. 黑格爾：《小邏輯》，§81。
24. Moltmann, *Theology of Hope*, 200.
25. Moltmann, *Theology of Hope*, 200；Jürgen Moltmann, *The Trinity and the Kingdom of God: The Doctrine of God*, trans. Margaret Kohl (London: SCM, 1981), chapter III, §4.
26. Moltmann, *Theology of Hope*, 200.
27. Jürgen Moltmann, *The Crucified God: The Cross of Christ as the Foundation and Criticism of Christian Theology*, trans. R. A. Wilson and John Bowden (London: SCM, 1974), 276.
28. Moltmann, *Theology of Hope*, 201.
29. 參 Bauckham, "Moltmann's *Theology of Hope* Revisited," 204。
30. Jürgen Moltmann, *The Future of Creation: Collected Essays*, trans. Margaret Kohl (London: SCM, 1979), 42.
31. Moltmann, *Theology of Hope*, chapter I.
32. 有關莫特曼對伯克霍夫（Hendrik Berkhof）的評論，參 Moltmann, *The Future of Creation*, 41～43。
33. 關於上帝與世界的關係，簡單來說，莫特曼的立場乃一不即不離的看法。亦參本書第 10 章。

# 插論
## 離世實踐的批判*

## 一

曾經有人指出古今中外的華人教會之所以「只講抽象虛渺的屬靈，而不求此時此地的屬靈；只問來生，不理今生；基督只是靈魂的主，不是有形無形萬物的主；教會只是神祕的團契，不再是上帝的僕人」，是因為在信仰上她沒有「把基督論放在創造論的基礎上來發展；或說，在發展基督論的時候，我們沒有同時發展創造論來賦予它『血肉』〔……〕」[1]

本文不擬討論基督論及創造論的關係，只是想借此指出華人教會的信仰確實是一直朝基督論的方向發展，而其實踐之偏差卻不必

---

* 本文分別以〈否定現世的教會〉為題，刊於《時代論壇》第 432 期，1995 年 12 月 10 日，頁 6；以及以〈否定十架的信仰〉為題，刊於《時代論壇》第 433 期，1995 年 12 月 17 日，頁 6。曾以「香港教會實踐取向的神學根據：一個莫特曼式的反省」為題發表於一九九五年十一月七日基督教中國宗教文化研究社後過渡期神學系列講座。

然完全（not exclusively）出於沒有發展出創造論，反之，華人教會的基督論原來就有一些元素使得它無法開展出社會性及政治性的實踐向度。換言之，以基督論為中心的信仰本身不必然導致華人教會的「離世」傾向，關鍵只在於怎樣的一套基督論。當代德國神學家莫特曼對實踐的看法，正是奠於其基督論之上的，但卻不是離世而個人的。

下面首先會指出香港教會，特別是福音派教會的實踐取向的特徵，然後才分析其背後的神學根據，最後會從莫特曼的神學進路作一批判性的檢討。

## 二

基本上，福音派的教會傾向把信仰實踐分為兩環。第一環是個人內在生命的實踐，如靈修、讀經、默想，與上帝契合等屬靈操練。這部分是最基礎、最本質的信仰實踐，但在其本質中卻不涉及任何社羣性和外在性的向度。第二環才是外在的實踐。這部分可視為第一環的延伸，即在個人內在生命的基礎上向外發展，因此就有主次之分。就如中國儒家經典所強調的內聖外王的關係，外王是以內聖為基礎的，內聖作不好，就沒有外王。兩者的關係就如邏輯的主詞－謂詞（subject-predicate）的關係。這種奠基於內在實踐的外在實踐，其特性就是：

1. 單向性：以一「屬靈生命」的強者姿勢出現以拯救世界。他人生命對自身生命無必然之塑造能力。
2. 附加性：可有可無，因為個體之完滿不靠外在實踐而在於內在之修為。

3. 工具性：透過抽離之計劃性行動以完成既定目標，而非以整幅生命投進實踐之中。

相應於這種實踐取向，是其對實在的看法。很明顯，內在實踐走的是一條「內在超越」的路子，藉此而達至與上帝聯合，此方是真正的實在。反之，外在生命的種種實踐都不能達至企及真正的實在。換句話說，只有內在實踐才能接觸永恆、無限；而外在實踐則是囿於變幻有限的世界，永遠不能達到真正的實在和真理。於此，實在就被界分為虛幻與真實，彼此排斥，互相對立，永遠不能透過虛幻達至真實，或化虛幻為真實；因此後者是值得追尋的，前者則要捨棄否定。

華人教會這種看去，跟希臘柏拉圖式（Platonic）的哲學精神相一致。從這個角度來了解華人教會的基督論和拯救論是饒有意義的。

當真實只歸於個人內在生命的實踐時，也就是表明只有個人與上帝的內在關係是至為本質的，而罪就只是個人與上帝的割裂、個人內在生命與上帝生命之破裂，而基督上十字架就只是要承受這一破裂的後果以致使人與上帝和好，重建人生命與上帝生命內在相交的可能性。這樣，十字架所展示的首先是個人對上帝的背叛，而並非同時是人與人之間、人與自然之間的背叛。換句話說，在把罪看為或解釋為「以自我為中心」之時，只看到其表現為對上帝的背叛，而沒有同時看到對其他人以及對自然的疏離分割。如此一來，基督的拯救就是個人內在性的，這是現世當下可以達到的。除此之外，還有來世性的，就是至終要脫離有限、朽壞、變幻的世界，這世界要被另一世界取代。這樣子，基督的拯救就無任何社羣性和此岸性，而只有個人內在的向度和彼岸性。

固然，我們會強調上帝是歷史的主宰，但在上述那種真正主宰教會信仰的基調下，這種說法對基督徒的實踐根本無任何意義，變成多餘冗贅。既然透過內在修為的實踐可以達至永恆的實在，那麼，上帝是否外在變幻歷史的主宰就變得毫無關係了。再者，即使上帝全權掌握歷史進程，那也只是上帝自己的工作，人無能為力，人的參與終究有何意義？此外，提出「出世而入世」也不過是一種「內聖外王」的口號罷了，「入世」的實踐必先基於「出世」的內在修為，「入世」仍然是可有可無、非本質的，並不構成人之所以為人的本質環節。

上述這種信仰，在華人教會中普遍表現於中產階級教會之中，強調信仰在於追求內心平安、生命意義，方法是紮根永恆、與上帝聯合相交，其他都是附加的。

## 三

同樣是以基督論為中心，但莫特曼的神學正正是針對希臘那種重永恆無限、輕變幻有限的哲學思想。因此，他對基督的死亡與復活的詮釋，就同樣可以用來批判華人教會的信仰傳統。

首先，十字架所展示的基本上是關係的破裂。這關係的破裂是全面性的，因為死亡乃是成為無有，所以死亡不純是個人與上帝之間的關係破裂的後果，而是一切關係破裂的後果——成為無有。這一切關係包括人與上帝、人與人，以及人與自然，可以表現為經濟上的剝削、政治上的壓迫、文化中的疏離歧視和生態上的失衡。

如此一來，復活作為對十字架的否定，就是否定關係的破裂，要求重建關係，進入團契之中。如果說十字架顯出世界之自我中心，及由此而引致的眾多關係破裂；那麼復活就告訴我們，真正成為一個人是要恢復重修這一切的破裂關係。

這種拯救論對人的看法，跟傳統教會的看法截然不同。個人對上帝的背叛只是罪的其中一個表現，罪的本質乃是以自我為中心，由此即生出種種破裂。拯救乃是從自我中心轉為團契相交，以他者為中心。傳統教會的信仰，某意義來說，仍是相當以自我為中心，其上帝不過僅僅用來拯救自己。只要個人與上帝的關係處理妥當，則不必理會外在的種種關係的破裂。而這種看法的關鍵乃在於把罪的本質約化為罪的其中一個表現：人背叛上帝。

第二，基督的復活並沒有否定耶穌，只是否定及消滅了死亡在耶穌身上的勢力和權柄。如果說基督的死亡乃是認同這世界的處境和實在，那麼祂的復活就是否定這世界的處境和實在，而非否定及消滅這個世界。舊有的世界是有限的，更新的世界仍是有限的，但上帝並不因為其有限而毀滅之，另造一個世界。

因此緣故，捨棄現在的世界，而逃遁於內在的心靈世界，仰望要來的另一不同的世界，是不恰當的。因為上帝在基督事件所顯示出來的，並不是要毀滅這世界，另造一世界；而是要轉化、更新這世界的處境和實在，從苦難轉為喜樂，從分裂轉為團契。

第三，由以上兩點推論出的實踐取向，必然包含社會性、政治性的向度。這種包含並非附加式的包含，而是信仰上的本質要求如此。固然，終極的更新工作是上帝的責任，而非人力所能及，但在新天新地尚未來到之前，人仍需要「不斷」轉化更新這世界，使人能預嘗終末團契的滋味。並且只有透過此實踐過程，人方才真正成為一個人。

這樣，實踐的首要意義就不是計劃性或事功性的，而是生命性的。即是說，人在此不斷批判現狀並修復破裂的實踐過程中，即同時是在一個不斷完成自己生命的過程中，直到一切都被更新的日子，方才結束。

## 四

莫特曼的神學是以基督為中心的，但卻沒有導致以個人內在生命的操練為實踐之首要意義，這跟華人教會的信仰傳統截然不同。整個問題的關鍵乃在於如何詮釋基督的死亡與復活，並從而「顯示出」或「引伸出」不同的上帝觀、人觀和對實在的看法。

最後，套用牟宗三先生對佛教華嚴宗與天台宗的實踐觀的判語，可以說傳統教會的實踐觀是「不即九法界而成佛」，莫特曼的實踐觀則是「即九法界而成佛」。

**註釋**

1. 楊牧谷：《使徒信經新釋》（台北：校園書房出版社，1988），頁 38。

# 13.

## 虛無：依附而生的虛無[*]

### 一

在莫特曼的著作中，專注討論虛無的篇幅不多，但這並不表示微不足道，反之，在他的整個神學之中，虛無一直佔有一個舉足輕重的位置。從《盼望神學》開始，莫特曼即已經把虛無引入進場討論。可以說，對他而言，上帝的三一歷史基本上就是一次與虛無交手的過程。[1]

在方法論上，莫特曼跟巴特一致，並不就虛無而論虛無，都是不離上帝而論虛無；並且，二人都持守具體性原則，[2] 從上帝的具體行動來了解上帝及其相關的一切事物。可是，在實際應用此一原則時，莫特曼卻是有別於巴特；至少，就他們討論虛無這一情況而

---

* 本文原以〈莫爾特曼論虛無〉為題，刊於《道風》第四期（1996 年春季），頁 186～200。蒙漢語基督教文化研究所授權轉載。

言，巴特是置之於創造論之內來討論的，[3] 莫特曼則內在於拯救論經已言及虛無。

事實上，巴特討論創造論本來就是從拯救論的角度出發，[4] 那麼，莫特曼此一舉動可以被視為更徹底地貫徹巴特的精神，因為就啟示和認識的具體性而言，把虛無置於上帝的拯救行動中來了解，自然較諸置之於上帝的創造行動來了解，更具優先性。

並且，內在於莫特曼的神學中，還有另一原因使得首先從拯救的角度來講虛無是恰當的：基督事件（即祂的死亡與復活）是整個三一上帝歷史的轉折點，[5] 其中更能徹盡虛無的性格之表現和命途。上帝在基督事件中的遭遇，完全顯出虛無的張狂與收斂，乃基於上帝能力的自限與彰顯。莫特曼是在這樣的了解下，方才進入創造論中指出虛無的出現不過是附生於上帝的自限，本身並無任何獨立自存的內在根據，一如有人生動地形容巴特所論的虛無為「光明下的陰暗」，[6] 莫特曼對虛無的看法，亦是如此。因此，在討論虛無時，莫特曼並沒有囿於拯救論而忽略了創造論，只是前者較後者更為優先，所以也就先後有別了。

## 二

莫特曼討論基督事件，常予人以黑格爾思辯哲學的神學版本的印象；[7] 不單《被釘十字架的上帝》含有強烈的黑格爾式的語氣，[8] 即使在《盼望神學》中亦用上了黑格爾的哲學詞彙。[9] 這些帶有黑格爾式語氣的和思辯哲學詞彙的討論，全都涉及虛無；如此一來，莫特曼對虛無的解釋，會否落入黑格爾哲學的窠臼？究竟，莫特曼援引了黑格爾哪些哲學概念來表達他對基督事件的理解，並且，這又怎樣影響他對虛無的掌握？這是首先需要澄清的。

《盼望神學》有一段把十字架和復活緊扣著虛無來討論的文字，十分要緊：

> 對於他們〔門徒〕，耶穌在十字架上的經歷，是上帝的使者被上帝棄絕的經歷；就是說，一種絕對的虛無（an absolute *nihil*）包圍著上帝。因此，被釘的這一位以活存的上帝再現的經歷，對他們來說，就是上帝臨近於被棄的那一位，上帝的神聖顯現於被釘已死的基督；即是說，這是一銷毀全然虛無（the total *nihil*）的全新總體。[10]

這段文字說出了上帝與虛無的兩種關係，一為絕對的虛無包圍上帝，另一為上帝銷毀全然的虛無。這兩種關係並非純粹抽象的，而是具體地表現於耶穌的死亡和基督的復活；耶穌的死亡就是被虛無包圍，基督的復活就是銷毀虛無。但應該怎樣了解「包圍」和「銷毀」這兩個關鍵的字眼呢？在同書的另一段講述「復活的基督是並且仍是被釘的基督」的脈絡裏，莫特曼這樣寫道：

> 那位在十字架和復活的事件上啟示自己為「同一」的上帝，正是那位在祂自身矛盾中啟示祂自己的上帝。經歷過十字架上上帝已死，經歷過否定祂自己的痛苦，祂現在又在被釘死那一位的復活中，在否定的否定中，被經歷為應許的上帝、來臨中的上帝。[11]

在這裏莫特曼用上了「自我否定」和「否定的否定」來分別表明耶穌的死亡和復活，並且，後者是前者的否定，即耶穌的死亡是祂的「自我否定」，復活是對死亡的否定，是「否定的否定」。[12] 這樣，耶穌的死亡既是祂的「自我否定」，也同時是「虛無包圍上帝」的事件；而基督的復活既是「否定的否定」，亦同時是「上帝銷毀虛無」的表現。由於這兩組字詞都是用來描述耶穌的死亡和復活，不單可以把它們互相掛勾對應，而且可以進一步以「自我否定」來解釋「虛無包圍上帝」、以「否定的否定」來解釋「上帝銷毀虛無」，反之亦然。

可是，「自我否定」和「否定的否定」是甚麼意思？熟悉德國哲學的人都知道，這是黑格爾思辯哲學的詞語；而從莫特曼的行文脈絡來看，毋庸置疑其使用是黑格爾式的，[13] 但是，究竟莫特曼用上了哪一層的黑格爾式的意義呢？不同層次的使用，會導致對虛無產生不同的認識。因此，有必要就此作進一步的釐清，不單是消極地剔除不符合莫特曼神學思想的解釋，也同時正面積極地確立可能正確的意義。

## 三

在上引莫特曼以「自我否定」和「否定的否定」來討論十字架和復活事件的文理當中，莫特曼清楚表明並不同意黑格爾把上帝在十字架上的「自我否定」看待為絕對精神的自我辯證運動的一個環節。[14] 因為如此一來，十字架的歷史性就會被吞噬、犧牲掉，十字架上的被上帝棄絕只是神聖生命自身的活動過程，是完全內在於上帝自己的。難怪莫特曼評之為不過是永恆主體的辯證臨在的改良版本而已。[15] 換句話說，莫特曼為了維繫十字架的歷史性，及反對以思辯哲學的方式來掌握上帝的自我否定，從根本上來說，就是反對以絕對精神的辯證運動來解釋十字架上的「自我否定」和復活的「否定的否定」；順此而論，自然也就拒絕以這個角度來看待虛無了。否則，「虛無包圍上帝」不過是「上帝自我否定」成為虛無的圖象性說法；同樣地，「上帝銷毀虛無」乃是「上帝否定原初的否定而回歸其自身」的形象性表達；虛無的出現和被否定就成了神聖生命自身的歷程的兩個環節，後果是安立了虛無於神聖生命之中。

另一方面，即使摒棄以絕對精神的辯證運動來了解基督事件，卻並不表示同時排除以辯證的觀點來掌握上帝的外在歷史運動；即在肯定基督事件的歷史性這一大前提下，套用辯證法來解釋這一神聖生命在歷史中的活動過程。具體地說，聖子上帝道成肉身以至死在十字架上成為無有就是第一重否定：「自我否定」，祂從死裏復活再現升天就是第二重否定：「否定的否定」。這樣，固然可以避免了「虛無乃上帝神聖生命的一部分」這一指控，但仍逃避不了「虛無乃上帝在歷史中辯證運動的一個環節」這一嫌疑。

問題在於莫特曼講的「自我否定」與「否定的否定」這一辯證運動是否黑格爾所言的內在超越的辯證運動。按黑格爾把辯證法規定為一種內在的超越，[16] 則「自我否定」跟「否定的否定」這兩個辯證過程的動力乃來自事物自身，而非來自事物自身之外。但這是如何可能的呢？依黑格爾，事物本身已隱含著否定的種籽，在肯定中原來已潛藏著否定，那麼，否定的顯現就只是一實現的過程；事物之所以如此實現乃在於其在本質上已然如此。[17] 是以，黑格爾認為基督宗教講的三一論跟辯證法十分合拍，必先有內在的分別與綜合，方才有外在相同模樣的表現；前者是本質上的，後者則為本質的實現，本質必須經實現過程方才贏得其實在性（actuality）。[18] 如果嚴格地遵守黑格爾這個對辯證法的規定，那麼，明顯不過的就是，「自我否定」與「否定的否定」早已經以本質的身分存在於上帝的本性之中。換句話說，虛無的出現與虛無的被克服是上帝永恆生命的兩個環節；結果，上帝在本質上就含有虛無的成分。

這裏就涉及，莫特曼的三一論是否黑格爾那種版本呢？如果答案是「否」的話，即耶穌基督的死亡與復活並非意指聖父自我否定而道成肉身為歷史上的聖子（其頂點即在十字架上），然後經過復活這一「否定的否定」而成為聖靈，則仍可把辯證運動僅只局限在聖子上帝身上。耶穌基督自身的被釘死與從死裏復活仍然可以被理解為祂神聖生命的本質的具體表現，虛無仍然可以是聖子生命的一部分。

面對這兩個問題，莫特曼依然能夠內在其拯救論來作出澄清。在討論基督事件中，有一點需要特別留意，就是聖子上帝的同一性：被釘的耶穌跟復活的基督是同一的，這同一是全然矛盾中的同一、[19] 辯證的同一。[20] 在討論聖子的同一性的脈絡中，莫特曼指出：

> 在上帝復活的行動中，耶穌是被視為從死裏復活的那一位，這樣子，同一就不在於耶穌的位格，而在於那位能在無有之中創造生命和新存在物的上帝的外在行動。祂是全然死去而又全然復活。[21]

這段文字一箭雙鵰。一方面，莫特曼認為耶穌從死裏復活並非自然而然，出於其本身的力量，因為是全然的死去。另一方面，祂又全然的活過來，但卻是靠著上帝的力量，這就指向聖父與聖靈的參與，[22]「這〔基督從死裏復活〕被描述為聖靈的工作〔……〕基督並非復活進入聖靈或宣講之中〔……〕」[23]「祂〔聖子上帝〕沒有成為靈〔……〕」[24] 明顯不過，莫特曼講的基督事件，並無黑格爾式的三一論意味，是三個主體而非一個主體的三重表現；[25] 而聖子的辯證同一性的完成更無任何黑格爾那種內在超越的意思，卻是另外兩個主體的新創造行動。

如此一來，虛無就不是上帝神聖生命的一部分，無論是黑格爾式的三一論，抑或是耶穌基督自身生命的本質外在實現化。這同時顯出莫特曼援引黑格爾辯證法以解釋基督事件，只限於實然層面而不涉及背後如何可能這一層次。即：説耶穌的死亡為「自我否定」，因為是一由生至死的過程；説基督的復活為「否定的否定」，因為是一由死至生的過程；説其身分為「辯證的同一」，因為同是一個主體。

如果虛無並非上帝神聖生命的一部分，那麼，莫特曼所講的「虛無包圍上帝」、「上帝銷毀虛無」就不是圖象式説法；反之，至少在基督事件之中，真有一外在於上帝的虛無，使得當聖子上帝道成肉身進入其中，即有被消滅的可能。

## 四

莫特曼以「自我否定」來解釋耶穌基督的死亡，基本上並非黑格爾那種由於內在生命已蘊含虛無因而必須外在化成無有；反之，他要表達的是：聖子上帝主動進入一跟祂完全不一樣、要毀滅一切的力量範圍之中，並且容讓自己被這力量否定而成為無有。因此，聖子的死亡固然是出於祂自己的主動意志，[26] 可並不是出於祂自己的虛無本質，以致自己把自己否定滅絕。由這一角度來看，自我否定包含兩個相連的環節：道成肉身跟死在十字架上。道成肉身表示聖子上帝自願闖進一完全外於且異於上帝自身的虛無勢力之中，死在十字架上顯出聖子上帝甘願完全容許這一否定一切的力量把祂消滅淨盡。前者是後者的開端，後者是前者的完成。[27]

這裏特別要注意的是，虛無否定聖子這一舉動，完全不能脱離聖子的「自我否定」，沒有聖子這一舉動，虛無絕對不可能動聖子分毫。換句話説，虛無之所以可能肆意滅絕聖子，必先預設聖子的

「自我否定」，這就顯出：虛無勢力的張狂根本離不開上帝的自限，且必須以其為先設條件方才可能。

而正是在十字架事件之中，虛無這方面的面目才被徹底顯明出來，這可從兩個角度來討論。首先是就上帝的角度來看，因為十字架事件首先就是上帝自身的事件。[28]

莫特曼既然把聖子在十字架上的死亡視為被虛無包圍的事件，那麼，弄清楚祂的死亡是甚麼會有助於了解虛無的性格。如前所引，莫特曼稱耶穌的死是完全的，即不再有生命，進入一個跟生命斷絕的景況；死亡後生命不會再以其他方式延續，[29] 而是完全終斷，再無任何生之可能性，死亡之中不含任何生的種子，這方才是死亡。換句話説。死亡之為死亡乃在於其致命性，[30] 亦即成為無有。這樣「虛無包圍上帝」的意思也就清楚不過了。

但是，聖子的死亡並不單只是一件關乎祂自己的事件，而且更是一件三一事件：十字架是一件三一事件。[31] 當莫特曼從三一架構的視角來了解十字架事件，就可透視虛無在具體的十字架事件上對三一上帝的影響。由此，即可進一步展示出在十字架上虛無不單只是毀滅三一上帝中的第二位，更同時破壞了三一上帝親密不可分的團契關係，使得父成為無子之父，子成為無父之子。[32] 從聖子道成肉身進入虛無的勢力之中的那一刻開始，即走向一關係破裂的結局，至終死在十字架上即展示這分離的徹底性。歷史上的十字架事件，不單是生命的終斷，而且還是關係的喪失，這是死亡帶來的必然後果。從整個過程來看，喪掉生命跟關係上的棄絕分割不開，聖父「棄絕」聖子於死亡中，聖子甘願接受這個「棄絕」而自絕於死亡中。[33] 因此，反過來説，跟神聖生命割斷至終必然喪掉生命；生命至終被虛無吞噬不過是與神聖生命分離的極致表現而已。

從上面的分析討論可以得出這樣的結論：聖子的「自我否定」，

具體來說乃一讓聖父與其斷絕關係的舉動，因而使得聖父可以棄絕聖子，讓虛無否定聖子成為無有此一舉動得以可能。虛無的否定力量得以彰顯，必然以三一上帝的自斂自限為前設條件。

另一方面，十字架事件也同時是一關乎受造物的事件。莫特曼在《盼望神學》中稱基督的復活為「從無造有」（creatio ex nihilo），[34] 上帝在基督復活的事件上表現為一「從無造有的創造主」（creator ex nihilo）；[35] 在《被釘十字架的上帝》中，莫特曼指出被棄絕又復活的聖子成了在上帝裏一切被拯救的存在的根基。[36] 如果復活的基督是一切受造物得以被拯救的根基，那麼，復活前的基督也同樣是受造物存在的根基，同為被釘死的耶穌跟從死裏復活的基督是同一位聖子上帝。由此，虛無在十字架上所做的，就具有另一意義：否定一切受造物的根基，即是把受造物存在之所以可能的條件否定消滅，這樣，一切受造物必然歸於無有。從這一角度看，十字架事件就同時是受造物存在基礎被摧毀的事件，藉此，虛無即可徹底消滅一切存在的受造物。

從整個虛無否定聖子上帝的過程中，可以看到這是一次把被否定者的差異性完全泯滅而使之跟自己完全等同的過程。在虛無裏面，絕對容不下任何異於虛無的東西，虛無只能是自己等同自己，或者是透過否定異者而達至同一。但要注意的是，虛無並非一種東西（entity），像受造物那樣以聖子上帝為存在的基礎；反之，卻是以三一上帝的缺席、能力的自限而為其出現的條件。關於這一點，必須進入莫特曼的創造論方才可以繼續討論。

## 五

從拯救論轉入創造論討論虛無並非偶然，因為既在基督事件中展示虛無，那麼，順理成章自然有必要交待這虛無的來源。在方法論上，莫特曼持守具體性原則。從基督事件出發，運用對應性原則（the principle of correspondence）[37] 推論出上帝的本性。由於上帝的行動不能背乎祂自己的本性，那麼，三一上帝在基督事件所表現的辯證行動（即死亡與復活）跟三一上帝的內在本性是相一致的。進一步言，這內在本性且是使其外在行動成為可能的根據。但是，這內與外的關係並非黑格爾那種內在本質的外在實現化，反之，乃是一種不容自已的愛的流露。[38] 這愛由兩個向度構成：受苦和創造，因而被稱為辯證的愛。[39] 辯證的愛的外在流露就成為辯證的行動，基督事件就是這辯證行動在歷史上的具體表現。

順此而論，三一上帝的第一個行動：創造，亦是辯證結構的；而虛無，正是在這一辯證的創造行動中出現的。上帝由於愛的緣故，容讓一跟祂不同的受造物存在在祂之外，[40] 這受造物固非神聖的，但又有其自己的本性，因此就必須有一可以讓其獨立存在的空間，[41] 否則受造物根本不可能被創造而存在。上帝必須從「上帝即一切」的景況中收斂其能力和臨在，從而使受造物在上帝之外的存在成為可能。[42] 這一收斂和後撤的舉動即讓出一原初空間（primordial space），[43] 這空間即虛無。因此，從起初虛無就不是上帝本性的一部分，同時又不是永恆地與上帝同在或對峙，卻是完全外於且異於上帝但依於上帝的退讓。

既然這原初空間是一上帝退讓其自己之能力與臨在的空間，那它就是上帝所遺棄的、無上帝的、地獄、絕對的死亡。[44] 但莫特曼謹慎地指出此時之虛無並不具備毀滅的性格，[45] 雖有轉成毀滅性的虛無的可能，[46] 而關鍵即在於受造物的自我孤離、跟上帝斷絕關係，即陷在犯罪跟無上帝的處境中，原初的虛無即變成毀滅性的虛無。[47] 因為受造物自身沒有任何支持自己存在的根據，一旦背離上帝，即自行走向無有的景況，故此受造物自身的存在是受其自己的非存有（non-being）所威脅的。[48] 這樣一來，受造物即同時毫無保留地把自己置於虛無的勢力之內，從而使原初的虛無轉成毀滅性的虛無，不單威脅受造物的存在，且直接指向存在的根基造物主，莫特曼認為此即構成虛無的邪惡力量。[49]

巴特曾清楚界分兩種「無」。一為「空無」（the not；德文為 das Nichts），是上帝創造時的負面非存有，因為其存在是為了創造，故是好的。[50] 另一為「虛無」（nothingness；德文為 das Nichtige），威脅著要毀滅上帝的創造物，其矛頭主要針對上帝，顯明於耶穌基督的身上。[51] 巴特警告絕對不能混淆兩者，絕對不能接受後者作為受造物的本性和存在的本質和必然基礎，也不能以之為上帝原初創造時的本質和必然條件，否則就是合理化虛無。[52]

莫特曼比巴特更進一步，就是在確定兩者的分別之餘，同時把兩者連繫起來，而其原因則在於對十字架的重視：不能有另一跟十字架上的「無」截然不相干的「無」，這也是為甚麼莫特曼批評巴特的創造論未能超越柏拉圖式的虛無定義。[53] 然而，在交代原初的虛無轉成毀滅性的虛無一事上，卻引起論者的批評：這是如何可能的？[54] 既說原初空間為地獄、死亡，則受造物的背離上帝又能怎樣使之更具威脅呢？[55] 一個十分簡單直截的回答是，原初的虛無本身就具有一否定的可能性，但這可能性不必然要轉成為具體外顯之行動於受造物身上；然而，一旦受造物背離其存在的基礎，則原初之虛無所具有的否定的可能性，即因有一無所依憑的存在物為其毀滅對象，從而具現於受造物的毀滅與死亡之中。由此，虛無的否定可能性即轉成現實上的毀滅性。透過這一關連，兩者既有其連續性，又存著差異和分別。

莫特曼這樣小心分辨原初的虛無跟毀滅性的虛無，目的不外想表明虛無不單不是上帝的創造，而且原來是不具毀滅性的，要等受造物之背離上帝才會誘使其轉化。而無論那一個意義的虛無，作為上帝的非存有，[56] 是依附於上帝的自限，其出現從開始時就沒有任何獨立自存性，它甚至不是上帝的受造物，不能以「存在」來形容。由於上帝的自限並非永遠的自限，虛無也就不可能永遠與上帝同起同坐；事實上，基督從死裏復活正是上帝在受造物的歷史中彰顯出祂克服虛無勢力的能力。從上帝退讓的那一刻開始，虛無雖然出現，但卻已經注定最終要被勝過、超越、消滅，它並無最終的絕對性，必然要被勾消，因為，它的出現只是附生於三一上帝的自限。因此緣故，莫特曼稱從無造有的原初創造為一「應許事件」，指向終末的完成，並且在基督的死和復活中得到確定。[57]

**註釋**

1. Jürgen Moltmann, *The Trinity and the Kingdom of God: The Doctrine of God*, trans. Margaret Kohl (London: SCM, 1981), chapter IV；參 Siu-Kwong Tang, *God's History in the Theology of Jürgen Moltmann* (Bern: Peter Lang, 1996), 161～172, 214～215。
2. 參 Richard Bauckham, *Moltmann: Messianic Theology in the Making* (Basingstoke: Marshall Pickering, 1987), 25, 29；M. Douglas Meeks, *Origins of the Theology of Hope* (Philadelphia: Fortress, 1974), 59。
3. Karl Barth, *Church Dogmatics,* III/3, trans. and ed. Geoffrey W. Bromiley and Thomas F. Torrance (Edinburgh: T & T Clark, 1961), §50.
4. Barth, *Church Dogmatics,* III/3:91：「因為救贖，所以創造〔……〕」；Karl Barth, *Church Dogmatics,* III/1, trans. and ed. Geoffrey W. Bromiley and Thomas F. Torrance (Edinburgh: T & T Clark, 1958), 418～476。
5. 參 Tang, *God's History in the Theology of Jürgen Moltmann*, 167～170。

6. 林鴻信：〈光明下的陰暗——巴特論虛無〉，《台灣神學論刊》第十五期（1993 年），頁 19～27。
7. 如 Walter Kasper, "Revolution im Gottesverständnis? Zur Situation des ökumenischen Dialogs nach Jürgen Moltmanns *Der gekreuzigte Gott*," in *Diskussion über Jürgen Moltmanns Buch Der gekrozigte Gott*, ed. M. Welker (Münich: Chr. Kaiser Verlag, 1979), 146。
8. 如麥格夫（Alister E. McGrath）的觀察，見 Alister E. McGrath, *The Making of Modern German Christology: From the Enlightenment to Pannenberg* (Oxford: Blackwell, 1986), 191。另參 Jürgen Moltmann, *The Crucified God: The Cross of Christ as the Foundation and Criticism of Christian Theology* , trans. R. A. Wilson and John Bowden (London: SCM, 1974), 246, 277。
9. 參見下文的討論。
10. Jürgen Moltmann, *Theology of Hope: On the Ground and the Implications of a Christian Eschatology* , trans. James W. Leitch (London: SCM, 1967), 198.
11. Moltmann, *Theology of Hope*, 171.
12. Moltmann, *Theology of Hope*, 211.
13. Moltmann, *Theology of Hope*, 171, 211.
14. Moltmann, *Theology of Hope*, 171.
15. Moltmann, *Theology of Hope*, 171 ～ 172；另參 Moltmann, *The Crucified God*, 91～92。
16. 黑格爾：《小邏輯》，賀麟譯（北京：商務印書館，1982），§81。
17. 黑格爾：《小邏輯》，§131：「本質必定要表現出來〔……〕」；另參 C. Taylor, *Hegel* (Cambridge: Cambridge University Press, 1975), part 1:III。
18. 關於黑格爾對基督宗教三一的理解，可參 Peter C. Hodgson, "Georg Wilhelm Friedrich Hegel" in *Nineteenth Century Religious Thought in the West*, vol. 1, ed. Ninian Smart, John Clayton, Steven Katz and Patrick Sherry (Cambridge: Cambridge University Press, 1985), 81～121。
19. Moltmann, *Theology of Hope*, 198～199；另參 171。
20. Moltmann, *Theology of Hope*, 200.

21. Moltmann, *Theology of Hope*, 200.
22. 參 Moltmann, *The Trinity and the Kingdom of God*, chapter III, § 4。
23. Moltmann, *Theology of Hope*, 211 ~ 212.
24. Moltmann, *The Crucified God*, 276.
25. 參 Moltmann, *The Trinity and the Kingdom of God*, 16 ~ 20。
26. Moltmann, *The Crucified God*, 243.
27. Moltmann, *The Crucified God*, 204 ~ 205.
28. Moltmann, *The Crucified God*, 201.
29. Moltmann, *The Crucified God*, 169 ~ 170.
30. 參 Moltmann, *The Crucified God*, 170。
31. Moltmann, *The Crucified God*, 235 ~ 249.
32. Moltmann, *The Crucified God*, 243；參 Moltmann, *The Trinity and the Kingdom of God*, 80。
33. Moltmann, *The Crucified God*, 243.
34. Moltmann, *Theology of Hope*, 226.
35. Moltmann, *Theology of Hope*, 221.
36. Moltmann, *The Crucified God*, 266；參 Moltmann, *The Trinity and the Kingdom of God*, 120 ~ 121。
37. Moltmann, *The Trinity and the Kingdom of God*, 153 ~ 154.
38. Moltmann, *The Trinity and the Kingdom of God*, § 8.
39. Moltmann, *The Trinity and the Kingdom of God*, 59 ~ 60.
40. Moltmann, *The Trinity and the Kingdom of God*, 106.
41. Moltmann, *The Trinity and the Kingdom of God*, 109；Jürgen Moltmann, *God in Creation: A New Theology of Creation and the Spirit of God*, trans. Margaret Kohl (London: SCM, 1985), 87.
42. Moltmann, *God in Creation*, 87 ~ 88.
43. Moltmann, *God in Creation*, 87.
44. Moltmann, *God in Creation*, 87.
45. Moltmann, *God in Creation*, 88.

46. Moltmann, *God in Creation*, 88.

47. Moltmann, *God in Creation*, 88.

48. Moltmann, *God in Creation*, 88.

49. Moltmann, *God in Creation*, 88.

50. Barth, *Church Dogmatics,* III/3: § 50.2, 4.

51. Barth, *Church Dogmatics,* III/3: § 50.2, 3.

52. Barth, *Church Dogmatics,* III/3: § 50.4.

53. Moltmann, *God in Creation*, 334, n.29.

54. Paul Fiddes, *The Creative Suffering of God* (Oxford: Clarendon, 1988), 208, n.6.

55. Randall B. Bush, *Recent Ideas of Divine Conflict: The Influences of Psychological and Sociological Theologies of Conflict upon the Trinitarian Theology of Paul Tillich and Jürgen Moltmann* (San Francisco, CA: Mellen Research University Press, 1991), 242.

56. Moltmann, *God in Creation*, 87.

57. Moltmann, *God in Creation*, 90, 91.

# 插論

## 死於絕望自盡*

### 一

討論自殺的問題，若從倫理學的角度入手，則必然涉及生命主權和抉擇時所需考慮的因素等問題，然而，本文的旨趣不在爭辯生命主權屬誰或人是否在某些情況、境遇底下被容許自殺，而是對因絕望而自盡的舉動提出一個神學性的解釋。全篇論文將借助莫特曼的神學來進行檢討，雖然難免作出價值判斷，但最終是想指出因絕望而自盡此一舉動並非純粹個人的事件，其所蘊含的公共向度、羣體向度更當被注意。事實上，在大多數情況底下，非計算式的自殺都是出於絕望，因此，希望在本文的探討及反省基礎上，能有助教

---

* 本文原以〈死於絕望自盡——一個莫特曼式的反省〉為題，刊於《教牧期刊》第四期（1997年11月），頁73～79。蒙建道神學院授權轉載。曾以「死於絕望自盡——一個莫特曼式的反省」為題發表於一九九六年十月十一日伯特利神學院舉辦的週年專題「如何輔導自殺傾向者」。

牧同工進一步思考如何幫助關顧懷有自殺傾向的人，脱離絕望而免於死亡。

## 二

「死於絕望自盡」中的絕望並非純粹個人性，而同時是具有社羣脈絡的。這並非表示個人的絕望乃出於整個社羣的絕望，當然，這也可以是其中的一個意思。我們所關注的乃是「絕望」背後的世界觀，或更準確地説，個體自身感到絕望是跟其對實在的看法有密不可分的關係，而這種對實在的看法又並非個人所獨有，乃是整體社羣共同持守的，這是絕望的社羣性的第一個意義。第二個意義乃是指由持守上述對實在看法的社羣所塑造的社羣實在（social reality），即具體的生活處境，亦表示個體感到絕望是跟其身處的、由某種對實在的看法所造成之具體處境，是分不開的。

導致絕望的世界觀是封閉的，而非敞開的。這種世界觀認為宇宙萬物，其運動生化都是按著某些既定的規律而進行，這些規律並非外在的，而是由其自身之運動生化表現出來的。換句話説，事物之運動是由其內在之本性決定的，毋須任何外在的第三者參與。在科學上這種觀點到了啟蒙時代已經成熟，事物內在的自我推動法則取代了中世紀的第一因上帝。事實上，這種看法吸取了古希臘哲學家亞里士多德對實在的看法。亞里士多德認為萬事萬物都是由潛態實現化至顯態，今日所謂的發揮潛能不過是昔日哲學的普及和通俗版本。然而，導致絕望的世界觀卻並非以亞里士多德的有機整體哲學為背景，反之，乃是強調個別事物自身的發展，採取的是原子式的個體觀；個體與個體之間的關係只是外在而非內在的。這是今日自由資本主義社會所採取的人性觀。

這種世界觀對實在的看法，基本上否定了事物以外的可能性，只認為一切可能性都已潛存於事物自身。事物的潛能就是其發展的可能性，因此，事物發展的責任就不在事物之外而在其自身了。這種觀點配合原子式的個體觀就會表現為一切都在乎自己，自己將來的成就全在乎今日的努力、全在乎今日爭取機會發揮自我。一切都得靠自己。如此一來，每一個體都得靠自己的能力挺立發展，他者並不能在本質上幫助其完成自我，完成自我乃一己之事。然而，若承認事物或個體之得以發展，不全在個體之內的潛能，而認為外在之可能性是更基本的條件，令一個體之潛能實現，則此一個體之自我完成就不純粹是一己之事，而是跟他者相關聯。

絕望跟希望相反。希望是對可能性的肯定；絕望則是對它的否定，不再承認會有任何可能性存在，一切已到了盡頭，再沒有任何出路，再也不可能有任何突破性的改變。絕望基本上是否定一切的可能性，包括內在的和外在的。內在的就是指事物的潛能已經竭盡，再無任何發展的可能性；外在的是不認為可能性是可以從外而來的，且亦從來沒有體驗過這種從外而來的可能性。換句話說，絕望是在現實上體會到終結的臨近以及可能性的消失，沒有機會，沒有恩典，沒有繼續生存之可能；生命遂到了盡頭。

當然，在這種絕望的景況下，人仍然可以活下去，但若人生的一切都只在於個人潛能的迸發、能力的展現及成就的建立，這一切一旦到了盡頭，而將一無所有，則生命的意義又是甚麼呢？除了結自我以外，他還可以有另類的選擇嗎？若現實處處皆表現為各人均須自負盈虧、自我承擔，當所有人皆「為己而活」、「為己而戰」，則孤絕即成為其所身處的社羣實在，這種孤絕只會強化他的絕望意識，逼使他走上自我了結的道路。整個過程實在是一個由內到外切實體驗一切均歸於無有的歷程。在這種情況下，人固然亦可以活下去，但一切皆無意義，生活只不過是行屍走肉，身雖不死而心已死；自盡不過是進一步實現此無意義的生命，達至身心俱死的境地而已。

## 三

死於絕望自盡同時具有抗議性與妥協性的雙重性格，這兩種性格看似矛盾，卻因這一自殺乃出於絕望而得以被綜合在一起。

如果生命的意義在於活出生命的可能性，在於否定破壞這生命可能性的一切虛無力量；那麼，絕望自盡就表示在他生命活動的過程中體驗不到它的可能性，表示其生活處境並不提供這種可能性。換句話說，一方面固然是個體已經達至力不能勝，內在的能力已經無法承受生命沉重的壓力，憑自己的能力已經無法扭轉劣勢；另一方面則顯示同時缺乏由個體以外所提供新的可能性，這新的可能性可能來自家庭、朋輩、信仰羣體等的分擔、支持和鼓勵。人固然需要承擔自己行動的後果，但若有別人出於愛的緣故而給予援手，令他不至感到絕望，則表示事情實在是可以轉變的。可是，當整個社羣皆奉行原子式的個體觀，人與人處於一疏離的狀態底下時，則絕望自殺就是對此一社羣實在的抗議，抗議在此一社羣實在中每一個體互為外在，各自為政，不能彼此成為對方新的可能性之提供者；抗議在日常生活、工作中每一個體都是自閉自足自己發展，不假外求，也不供外求。

這樣，絕望自盡就成了一種終極的抗議。因為若然肯定現存的實在的話，肯定此乃生命的本相，則毋須主動結束自己的生命，只須任其自生自滅即可。可是，正因自殺乃一種主動的行為，是人主動地結束自己生命的存在，則表示出對現實的一種不滿、抗議，表示生命不應該如此這般。自殺就是要終結繼續活在彼此疏離、互相封閉的處境之中。絕望式自殺揭示出人並非可以單獨承擔生命中的一切責任，人不是原子式的個體，人需要彼此分擔，然而，現實往往並非如此。自殺，就變成一種終結此種現實施於己身的表現，因而可理解為自殺的抗議性。

可是，另一方面，死於絕望自盡又是一種妥協性的舉動。因為自殺本身是斷絕一切可能性的作為，是不可挽回的，而正正在這一點上，自殺跟絕望是一致的，自殺在行動上具體落實絕望的意義，是絕望的極致表現。自殺既然是斷絕一切的可能性，也就是否認現實景況有被改變的可能性，承認現實之不可轉變性。這樣，因絕望而自殺即為一妥協的行動。這種妥協性、屈服性把原先所提出的抗議性、否定性的指控力量削弱，或至少成為了一種反調。由自殺所顯出的抗議性、否定性及其所反顯、要求的理想性，亦因著這自殺的行動而變成只是一種虛幻而無法落實與實現的理想。於此，遂形成一幕更深的悲劇。即自殺此一行動勾銷了其對現實的抗議和否定，淪為悲劇；於此，只能說死於絕望自盡不過是一個消極的舉動，乃死於不得其時的死。現實依然冷酷無情，自殺行動本身並不能改變實際的景況。

因絕望而自盡是對那種視實在僅為一內在潛能、內在可能性實現化的過程的抗議，卻因自殺本身為勾銷一切可能性的舉動，而不能從肯定有一外在可能性的角度來批判這種觀點和實在，結果淪為一無可奈何的悲劇。

## 四

莫特曼說過一句話：「愛使生命值得活下去 —— 它是生命的源

頭——它如死之堅強。」[1] 這句話含義深刻，它表示生命的本質乃在彼此相愛、共融、團契。「愛」是接納、給予機會、賜予新的可能。「愛」以為他者（for other）的方式表現，就如基督在十字架上乃一為他者而死的行動，一次分擔一切受造物苦難的行動，為的是要叫他者有新的可能，活出新的生命。聖靈是生命的源頭，是生命能力的所在，因此，聖靈把聖子從死裏復活，就是賜予新的生命的表現；聖靈給予生命新的可能，而這就是愛。愛是受苦的愛，也是創造的愛，目的是叫生命可以活下去，叫生命因有新的可能性而可以活下去。

如果耶穌基督的死是分擔這個世界的死亡，分擔這個世界的絕望，那麼，祂對這個分裂的世界的抗議，對這個以自我為中心、每個人都只是為己而活的世界之抗議，就不是來自十字架，而是來自復活對十字架的得勝，來自復活對死亡、分裂、割絕、以我為主的實在的否定；復活帶來的和好是對疏離、原子式的個體觀的抗議。因此，上帝對現實的批判必須從耶穌基督復活的角度來理解，從死裏復活表示新的可能會出現的，並且，這種可能不是就事物自身發展的潛能而言，而是外在所給予的，一切事物都是非自閉，而是敞開的。

在基督從死裏復活的事件中，聖父藉聖靈的能力把聖子復活過來，就顯出祂的復活並非來自其自身，而是靠著祂以外的能力。整個復活事件正正批判了現代世界那種原子式的個體觀、那種認為事物是各自獨立自足的、那種認為可能性只來自事物本身的觀點，以及繼之而來的排除跟自己以外的他者建立生命的關係、排除他者對自己可以具有的恩典關係。在這一意義上，基督從死裏復活是肯定死於絕望自盡所具有的抗議性。

基督從死裏復活也批判因絕望而自殺的舉動。這是因為死於絕望自盡是認同現實處境，未能確實肯定一從他者而來的外在可能性，以致認為當自身所具備的一切可能性耗盡之時就是生命的盡頭，再無希望。但對莫特曼來說，絕望已經是罪，因為絕望所著眼的只是自己所處的現實景況，以及這景況內的可能性，簡單地說，絕望只著眼於人，而沒有著眼於人以外的上帝。並且，更嚴重的是，其抗議性被自殺的行動一筆勾銷，再不能積極地面對現實進行抗爭、扭轉形勢。基督並非認同絕望而死在十字架上，從復活的角度來看，十字架這一認同世界受苦的舉動，是上帝給予世界新的希望、新的可能的前題；可是，因絕望而自殺則不能帶來新的希望、新的可能，剛好相反，它是絕望的徹底實現。基督的復活完全否定了自閉、自絕以至自盡。

基督事件叫人繼續活下去，因為祂從死裏復活揭示出一個重要的信息：世界是有新的可能，分裂的現實是有可能和好的，一切都是可以繼續奮鬥下去的，問題只是，這不單是一個宣講的信息，更重要的是信仰羣體是否活出這種生命，這不單指信仰羣體要活出充滿希望的生命，更重要的是讓其他人因信仰羣體而體驗到恩典的意義，體驗到從外而來賜予新的可能性的真實性，以致在絕望邊緣的人能真實體會到生命仍有價值活下去，因為仍有人接納、愛顧和給予第二次機會。生命之所以值得活下去，是因為人間有愛，有愛就有希望，就有新的可能。

## 後記

有關莫特曼討論盼望、絕望及實在的可轉化性，請參 Jürgen Moltmann, *Theology of Hope: On the Ground and the Implications of a Christian Eschatology*, trans. James W. Leitch (London: SCM, 1967)；Siu-Kwong Tang, *God's History in the Theology of Jürgen*

*Moltmann* (Bern: Peter Lang, 1996), chapter 7。

## 註釋

1. Jürgen Moltmann, *The Spirit of Life: A Universal Affirmation*, trans. Margaret Kohl (London: SCM, 1992), 259.

# 插論

## 上帝的苦難——並讀潘霍華與莫特曼*

〔……〕一九四五年四月，當潘霍華在浮生堡（Flossenbürg）被納粹行絞刑，莫特曼自己正為聯軍之階下囚〔……〕當潘霍華在盼望中迎接死亡——這是生命的結束，但在我卻是生命的開始——年青的莫特曼卻是剛剛開始面對看來是無望的人生。[1]

莫爾斯（Christopher Morse）這一段説話不過是引子，重點自然不在潘霍華，目的是想引介莫特曼走到舞台前面。以潘霍華為背景，襯托出另一個神學家的出現，淡出淡入之間，幻化成一種神學傳統延續的效果。只是，這可能已經不是莫爾斯當時的心念，可又不礙如此這般的了解。

若這是歷史的偶合，人為的鋪排，則又不妨比對兩人的文章片段。

---

* 本文原以〈上帝的苦難——並讀潘霍華與莫特曼著作〉為題，刊於《基道書訊》第 29 期，1995 年 3 月，頁 1～2。

「〔……〕人的宗教性使他在自己的苦難中企望上帝在這個世界上的力量；他把上帝作為一個“Deus ex machina”（譯者註：拉丁文，意為在人力不及時出來解決問題或改變事態的上帝），然而聖經卻使人轉而看到上帝的無力和受難；只有一個受難的上帝，才能有助於人。在這個範圍內，我們可以說，我們剛才所說的世界借以成熟的那個過程，就是放棄一種虛假的上帝概念，就是為聖經的上帝而掃清地面，這個上帝憑著自己的軟弱而征服了這個世界中的強力和空間〔……〕」[2] 感動人的是：「只有一個受難的上帝，才能有助於人」，或是類似的話語：「基督幫助我們，不是靠祂的全能，而是靠祂的軟弱和受難。」[3] 不好解，但總得有個說明，何以有如此文字？背後理路究竟如何？「好讀書，不求甚解」，固亦有所得，惟未為確解所得，恐易飄浮不穩，隨感隨事、隨文隨字而去。

「受苦的上帝」，英國神學家麥格夫（Alister E. McGarth）道出此為二十世紀末葉的「新正統觀念」（the new orthodoxy），功在多人，莫特曼即為其一。[4]

莫特曼的名著《被釘十字架的上帝》有如是說：

> 當上帝於拿撒勒的耶穌身上成了人，祂不單進入人的有限之中，祂死在十字架上，更是進入人被上帝棄絕的處境中。在耶穌身上，上帝的死並非一有限存在物的自然死亡，而是在十字架上一個罪犯的暴死，是完全為上帝所棄絕的死亡。耶穌深情之受苦乃是上帝——祂的父——的遺棄、拒絕。上帝沒有成為一個宗教，以致人藉著相應的宗教思想和感情而跟祂有分。上帝沒有成為一套律法，以致人透過遵行律法而跟祂有分。上帝沒有成為一個理想，以致人由於鍥而不捨的奮鬥而跟祂有分。祂謙卑自己，把

> 無上帝者與被上帝棄絕者的永恆死亡，擁入懷裏，以致無神者與被上帝棄絕者能夠經歷與祂的契合。[5]

並排而讀，仿似註腳。或許莫特曼真的用一本書去註釋潘霍華這一經常為人引用的名句。只是，引用的人往往止於名句，卻又忽略了還有下文，可莫特曼沒有忘記。

《被釘十字架的上帝》英譯本頁 290 註 170 引潘霍華之《獄中書簡》（*Letters and Papers from Prison*）：

> 聖經卻使人轉而看到上帝之無力與受難；只有一個受難的上帝，才能有助於人〔……〕人被召在無上帝世界的手中分擔上帝的苦難〔……〕不是宗教經歷叫人成為基督徒，而是在俗世生活中參與上帝的苦難，方才叫人成為基督徒〔……〕這就是容讓自己被抓住，而投進上帝在耶穌基督身上經歷的那種彌賽亞的苦難。[6]

如此引文，正是引文者全書蘊含、處處皆指向的方向。

如此並讀，能不落於比附麼？單只擺出引文總是不足的。如此並讀，不過是一次直覺的表現，一次靈光的閃耀；分解以證成的功夫，往往是直覺之後的推敲論證，卻是心思凝聚與白髮添加的歲月了。

**註釋**

1. Christopher Morse, "Jürgen Moltmann," in *A Handbook of Christian Theologian*, rev. ed., ed. Martin E. Marty and Dean G. Peerman (Nashville,

TN: Abingdon, 1984), 661.

2. Dietrich Bonhoeffer, *Letters and Papers from Prison*, trans. Reginald H. Fuller, F. Clenke and John Bowden (New York: Macmillan, 1972), 361；中譯參朋霍費爾：《獄中書簡》，高師寧譯（成都：四川人民出版社，1992），頁 176；潘霍華：《獄中書簡》，許碧端譯（香港：基督教文藝出版社，1969），頁 141。
3. Bonhoeffer, *Letters and Papers from Prison*, 361.
4. Alister McGrath, *Christian Theology* (Oxford: Blackwell, 1994), 216；最早提出「受苦的上帝」為新正統觀念的是 Ronald Goetz, "The Suffering God: The Rise of a New Orthodoxy," *Christian Century* 103 (April 16 1986): 385～389。
5. Jürgen Moltmann, *The Crucified God: The Cross of Christ as the Foundation and Criticism of Christian Theology*, trans. John Bowden (London: SCM, 1974), 276.
6. Bonhoeffer, *Letters and Papers from Prison*, 361；參朋霍費爾：《獄中書簡》，頁 178～179；潘霍華：《獄中書簡》，頁 142。

# 14.

## 記憶：記憶之救贖力量*

忘記導致放逐，
記憶帶來救贖。

——以色列猶太大屠殺紀念館（Yad Vashem）[1]

### 一

著名的捷克小說家昆德拉（Milan Kundera）在他的《笑忘錄》（*The Book of Laughter and Forgetting*）寫過這樣的一句說話：「人

---

* 本文原以〈記憶之救贖力量——一個莫特曼式的解說〉為題，刊於《道風》第六期（1997 年春季），頁 175～183。蒙漢語基督教文化研究所授權轉載。曾以「記憶之救贖力量——一個莫特曼式的解說」為題宣講於一九九六年三月一日信義宗神學院春學期「基督教信仰與生活：整合與體現」週五專題講座。

與強權的爭鬥，實是一場記憶與忘記的爭鬥。」[2] 這一文學的表達深含哲學上與神學上的批判性意義。美國神學工作者休伊特（Marsha Hewitt）指出：昆德拉深刻地掌握到記憶與解放、忘記與被勞役的內在關連，並且他意識到一旦記憶的能力被剝奪，人將無力面對強權的宰制和蹂躪。[3] 記憶被賦予救贖的力量，昆德拉如是看、阿多諾和班雅明如是看、麥茨如是看，菲奧安莎（Elizabeth S. Fiorenza）如是看，記憶，成了當代哲學與神學的批判性概念。[4]

何以記憶具有救贖的力量？本文不擬進行跨學科的討論，來回於文學、批判理論、婦女神學之間，而是借助莫特曼的神學來澄清記憶與救贖之間的內在關係，即在何種意義底下我們可以說記憶具有救贖的力量？這種救贖又是一種怎樣的救贖？簡單地說，內在於莫特曼的神學之中，記憶並非一孤立的概念，而是跟期盼或盼望有內在的關連，由此方可言記憶之救贖意義。而把記憶與期盼這兩種人類意識扣緊一起的，則是「應許」（promise）這一貫串莫特曼整體神學的終末性觀念。因此，本文旨在為「記憶具有救贖的力量」提供一莫特曼式的解說。

## 二

「記憶具有救贖力量」並非一分析命題，即在「記憶」此一概念中並不包含著「救贖」的意義。記憶作為一具體之意識活動，必然是有所指向的。借用德國現象學家胡塞爾（Edmund Husserl）的意向性（intentionality）觀念，則記憶並非一純粹之活動而不涉內容。記憶必有其記憶之內容或對象，否則即為一空洞的活動，這是令人費解的；並且若就記憶本身之意義來說，則顯然是矛盾的，因為有所記者方為記憶。這樣，問題就只在於怎麼樣的記憶內容或對象方能產生救贖能力？而這種救贖又是一種怎樣的活動呢？

休伊特在對班雅明和麥茨的分析中指出，本真的記憶（authentic memory）的對象是過去的受苦者、被壓迫者、被犧牲者，透過記憶與他們同在。[5] 這樣的記憶就是拒絕把不幸歷史溶入「正統」歷史的長河，拒絕被吞噬以致被忘掉其所受的橫蠻與殘暴的對待。記憶或記念不幸的歷史是牢記其不合理性，由此而中斷正統歷史的延續性和同質性（homogeneity），[6] 進而否定當前歷史的正當性與正統性。因此，當下一切為正義與解放而努力的奮鬥都不能缺少記憶，遺忘不幸的歷史會產生虛假意識，把一切不公義與宰制合理化，從而解消了現在以及將來的抗爭，使得人類無力跟任何壓制、逼迫進行搏鬥。[7] 於是，因著記憶不幸而要求平反過去，還不幸的歷史一個公道，也就救贖了過去；並且亦因此而中斷過往歷史發展的合理性，使得需要重新檢討現在，修正當前一切的壓迫與不義。因著記憶不幸以對抗因忘記不幸而帶來的虛假合理性，不單救贖了過去，也成了救贖現在的可能條件。

很明顯，記憶之所以具有救贖力量全在其所含有的否定意識：一種否定過去的不合理的意識。這種記憶並非合理化地認同過去，乃是否定地認同過去，即牢記不幸的過去為要否定過去的合理性；而與此相反，忘記悲慘的過去，即同時肯定過去的合理性。是以，記憶乃一含有否定性的意識，不忘記悲慘的過去為一要被否定的實在，進而使得一切現實上的否定行動成為可能，換句話說，一切現實上的否定行動，必先預設此一否定的意識。

可是，記憶之否定性僅只是救贖之所以可能的條件之一。依莫特曼的觀點來看，記憶若具救贖能力，則必須同時具有肯定性，提供一理想方向。若非如此，則記憶之否定性只會淪為純粹之否定而無所建立，其極致則轉成破壞一切之虛無力量。因此，相對於此否定性必得有一肯定性，由此肯定性來確定否定性之運用，不然，一切否定，終必落空。此一肯定性即一可供落實之理想遠象，亦是盼望之所在。再者，牢記不幸之過去如何可能不因抗爭之恆常失敗而落入絕望放棄的處境？內在於記憶本身有甚麼可以保證一切抗爭的行動得以持續不斷？盼望在這裏扮演一個不能被取代的角色。在莫特曼的神學中，真正的盼望並非無根，乃是根植於記憶歷史之中；真正的盼望也不是非歷史的，而是表明歷史的將來（the historical future）和整個歷史的將來（the future of the history）。

## 三

莫特曼從來沒有把記憶跟期盼分割開來討論，更值得注意的是，他把記憶與期盼跟上帝的應許連繫在一起處理；或者更準確地説，他是在上帝的應許這一範疇概念底下來講記憶與期盼的。[8]

在討論希臘和羅馬，跟希伯來和基督宗教兩者的歷史觀的分別時，莫特曼曾引用當代德國哲學家洛維特（Karl Lönith）的一句話：「〔……〕在希伯來和基督宗教的歷史觀之中，過去是將來的應許（the past is a promise to the future）〔……〕。」[9] 過去的歷史被視為孕育著將來，乃在於曾經經歷的歷史包含了一種超越過去開展將來的元素。[10] 這就表明，被述説記念的過去不單是純粹已經過去的經驗或事件，當中實具有引向將來的盼望元素在內，這樣一來，記念是為了攫取、重拾盼望，而記念過去歷史的同時，也就期盼那不一樣的將來，這不一樣的將來即一肯定的方向、理想的遠象。

何以過去的歷史同時指向將來，以致讓人有所盼望呢？這就要從莫特曼的「應許歷史」（the history of promise）這一觀念來了解。對於莫特曼來説，「應許歷史」有兩層互相關連的意義在內。首先，歷史之出現乃在於上帝之應許，[11] 應許展示了一尚未實現的實在，[12] 讓人對現狀有一距離可供檢視批判，於是，過去和將來就涇渭分明。[13] 如此，上帝的應許就揭示了一歷史的眼界或視域，[14] 讓人有所期盼，努力以各種方式轉化更新現狀，不再留戀目前既有的，而以落實那上帝所賦予的應許為努力的方向，在這一過程中，人就經歷歷史，也同時塑造歷史。「應許歷史」的第一層意義就是上帝所賜予的應許發動了人間的歷史。

上帝具體的應許不單發動了歷史，當其實現之時，也同時成為歷史的事件，但歷史並沒有因此而停下來，否則歷史即到了終結。當應許實現而成為歷史事件，成為記憶思念的對象之時，人發現上帝之應許並不僅止於此，亦即是説，上帝之應許並非如此狹窄，在具體應許背後尚有上帝更大的心意有待實現。於是，一切歷史中應許的實現，也不過是進一步擴闊原來的應許、確認一更大的應許，這樣，歷史自身就成為上帝的應許，指向將來，繼續推動歷史不斷超越過去，邁向另一不同的實在。[15] 這是「應許歷史」的第二層意義。歷史自身成為應許，即為「應許歷史」，繼續發揮應許推動歷史的功能。莫特曼稱此應許歷史為上帝應許的歷史效應（the effect/the working of history of God's promise）。[16]

當歷史成為應許，則記念歷史就同時記念那指向將來的應許。在此，記念跟期盼不能截然分割，因為只有透過記念始可重尋盼望，反過來説，亦因為盼望的緣由始記念過去的歷史，若所記念者僅只是苦難而無任何克勝苦難的盼望，則莫特曼會提問：「為何記念？」記念是因為所記念者內含指向將來的盼望。因此，盼望與記念之所以連繫不能分割，很明顯，乃在於其內容同為上帝的應許並由此而生的應許歷史。

這樣一來，莫特曼重視對過去歷史的記念，乃在於當中含有應許的元素，透過引發期盼將來的意識而推動歷史繼續自我超越，由此即可説，期盼將來的意識比記念過去的意識更具優先性，並且可以進一步指出，前者是後者之所以可能的條件，是期盼使記念成為可能的。於此，莫特曼似乎只是重視過去歷史含有的將來應許：應許一完全不一樣的實在，及由此而引發的期盼意識，卻忽略了過去歷史中的不幸、壓迫、宰制等黑暗面，及相應的否定的意識，跟上文所講那種牢記不幸的過去而使救贖成為可能的説法背道而馳。即是説，記念是因為應許的將來而非不幸的過去。正正是在這一點上，深入地分析莫特曼對應許的看法是必須的。

## 四

莫特曼所言的應許，固然首先是指一尚未存在但要被實現的實在的宣告，但其所以尚未存在乃在於其有別於現時的實在，不單如此，且與之互相矛盾、彼此排斥。[17] 應許不單指向一將來，並且扣緊現在，因為此一將來之所以為將來，是相對於當前要被否定的現在而言的。相應地，記念應許或應許歷史這一意識的活動，就不單純以一指向將來的應許為內容，並且同時反溯、逆指過去慘痛的歷史。任何記念應許歷史的行動，都同時具有向前指涉及向後反溯的兩個向度。否則，應許即不成應許，因為應許之將來是對應於要被否定的慘痛的過去和現在。

應許或應許歷史是辯證結構的（dialectically structured），其所指向的將來否定當前的實在；相應地，應許所引發的期盼意識也是辯證結構的，否定那種執著現在的意識，如此即生起否定的意識：肯定將來的意識生起否定現在的意識；相應地，記念應許也就不單記念那指向將來的盼望，也同時連帶著記念盼望的對立面：不幸的過去和現在。

因為記念中的應許歷史具有這一結構，記憶的救贖力量也就並非純粹來自一否定過去不合理的意識，更由於一由應許所引發的肯定意識，就是一種肯定一跟過去完全不一樣的將來的意識，而正是這種肯定意識使得否定的意識成為可能，因為肯定那與現在和過去相矛盾的將來，方才可能生出否定現在和過去的意識，由此方可進一步言否定的救贖行動。因此，在莫特曼的神學中，記憶的救贖力量是來自一更深的根源，就是上帝的應許所引發的期盼意識，亦即一肯定意識，這肯定意識不單不排斥否定的意識，反之，卻進一步引發否定意識。莫特曼這種應許或應許歷史的矛盾或辯證結構深化了「記憶具有救贖力量」這一命題的意義。故此，從莫特曼的觀點來看，記憶若具救贖能力，則必定不以純粹過去的歷史事件為思念對象，[18] 而應以應許之歷史事件為思念對象。

## 五

最後，從終極的角度來看，有甚麼可以保證上帝的應許最終必定得以落實而非落空，從而不會因恆常的失敗而放棄歷史的一切抗爭？盼望如何可能不會化為絕望？這一問題實已觸及莫特曼神學當中的終末的應許（eschatological promise）。簡單來說，上帝透過基督的死亡和復活給予世界一終末的應許；十字架表達了上帝參與認同這個悲慘的世界的現況，而復活則指出了世界將來的實在：再無死亡、哭號與眼淚。在這一應許事件中，上帝在十字架上把自己的命途跟世界的命途交織在一起（interwoven），因而基督的復活也就保證了世界至終要被徹底更新變化，並顯示虛無勢力的蹂躪和毀滅不是最終的，使得一切歷史中的救贖成為可能，恆常的失敗並不足以引致絕對的失望。

對基督徒來說，應許歷史最極致的表達是基督事件，而記念也就是記念基督事件，記念祂的十字架和復活。莫特曼同意麥茨稱追憶基督的受苦與死亡為一危險的追憶。[19] 其所以危險乃在於所記念的那被釘死的基督已然復活，死亡與苦難在基督身上的權勢已被否定消除；由於基督的受苦與死亡同時指向著這世界的現況，記念祂的苦難，也就是記念這世界的苦難，既然在復活的基督身上看見苦難並無最終的權柄，也就無懼苦難而奮力與之對抗。在這一意義下，記念受苦的基督是危險的，因為會帶來抗爭的行動，危害現存的一切既得利益者和維護建制者。

莫特曼絕不同意記念僅只是思想上的回憶，也不同意記念僅只是以純粹過去了的事件為對象。在解釋主餐的意義時，莫特曼指出記念受苦被釘死的基督是有其終末性的向度，因為所記念的是已經復活了的基督，而復活作為終末的應許是指那一切都被更新的末日。因此，主餐是在承認復活基督就在眾人當中的基礎上，叫眾人能心存盼望等候上帝榮耀的國度最終降臨。這一記念終末應許的舉動同時引發實踐行動，成為一實踐性的記念而非只是意識性的記念。如上所說，記念終末應許性的基督事件，叫人重新確認最終盼望所在，並由此不斷生起否定意識，否定當下一切的不義與惡行、蹂躪與宰制；因此，進入苦難的世界參與實踐就成了記念基督事件最自然、最順理成章的歸宿。[20] 從這個角度看，主餐的意義之完成就不在主餐禮儀的終結，卻在繼之而起的行動實踐。主餐同時具有終末性的向度和實踐性的向度。

最後，要補充的是，「記憶具有救贖的力量」這一說法，在莫特曼的神學只具有相對、暫時而非絕對、永恆的意義。因為當中的救贖只能是歷史性的轉化更新而非終末性的轉化更新。前者是有限的、不斷的，後者卻是一成永成的。最終的救贖並非來自人的記憶，而是來自使記憶具有歷史的救贖力量的應許的上帝。

莫特曼的神學以辯證結構的應許為中心，我們借助此一觀念澄清了記憶意識的出現必須邏輯地預設期盼意識，而後者又是上帝之應許所引發的。客觀上，上帝的終末應許使得記憶在歷史中的救贖成為可能；主觀上，應許所生之盼望意識使得記憶之否定意識得以冒升成為可能。合此客觀與主觀之條件，即可明朗確定「記憶具有救贖的力量」的意義。當然，這只是一個莫特曼式的解說，並不否定排斥任何其他可能的詮釋。

## 註釋

1. 轉引自 Jürgen Moltmann, "Love, Death, Eternal Life: Theology of Hope—The Personnal Side," in *Love: The Foundation of Hope*, ed. Frederic B. Burnham, Charles S. McCoy and M. Douglas Meeks (San Francisco, CA: Harper & Row, 1988), 20.
2. Milan Kundera, *The Book of Laughter and Forgetting*, trans. M. H. Heim (Harmondsworth: Penguin, 1980), 3；中譯參米蘭．昆德拉：《笑忘錄》，莫班平譯（北京：社會科學院出版社，1992），頁 2。
3. Marsha A. Hewitt, *Critical Theory of Religion: A Feminist Analysis* (Minneapolis: Fortress, 1995), 147.
4. 關此，參看 Hewitt, *Critical Theory of Religion*, chapter 5。
5. Hewitt, *Critical Theory of Religion*, 158.
6. Hewitt, *Critical Theory of Religion*, 154.
7. Hewitt, *Critical Theory of Religion*, 158～159.
8. Jürgen Moltmann, *Theology of Hope: On the Ground and the Implications of a Christian Eschatology*, trans. James W. Leitch (London: SCM, 1967), 106～109.

9. Moltmann, *Theology of Hope*, 109.

10. Moltmann, *Theology of Hope*, 108.

11. Moltmann, *Theology of Hope*, 109.

12. Moltmann, *Theology of Hope*, 103.

13. Moltmann, *Theology of Hope*, 103.

14. Moltmann, *Theology of Hope*, 108.

15. Moltmann, *Theology of Hope*, 105, 107.

16. Moltmann, *Theology of Hope*, 108；莫特曼在此是引用德國解釋學家伽達瑪（Hans-Georg Gadamer）所提倡的「歷史效應」（Wirkungsgeschichte）此觀念。

17. Moltmann, *Theology of Hope*, 103.

18. Moltmann, *Theology of Hope*, 88.

19. Jürgen Moltmann, *The Crucified God: The Cross of Christ as the Foundation and Criticism of Christian Theology*, trans. R. A. Wilson and John Bowden (London: SCM, 1974), 5；莫爾特曼：《被釘十字架的上帝》，阮煒譯（香港：道風山基督教叢林，1994），頁18。

20. Jürgen Moltmann, *The Church in the Power of the Spirit: A Contribution of Messianic Ecclesiology*, trans. Margaret Kohl (London: SCM, 1977), chapter V, §4.

# 插論

## 從拯救到批判——路德和莫特曼的十架神學*

### 一

針對中世紀由亞奎那為首所倡導的榮耀神學（the theology of glory），路德提出了十架神學（the theology of the cross）。在路德看來，這不純是一個認識上帝的問題，他要針對的並非上帝存在的論證，而是拯救問題。但拯救的問題又離不開上帝的本性與人的本性，三者構成不可分割的關係。

榮耀神學強調受造物具有反映上帝榮光的能力。亞奎那以果必然帶有因的痕迹，來解釋受造物與造物主之間的相似性。於是，在存有論上，人作為受造物，雖是有限和充滿不完美，但在知識論上，人卻可以經由類比途徑而認識上帝。榮耀神學所認識的上帝因而是榮耀的上帝，可是這榮耀的上帝又與人的拯救有何相干呢？事實上，在整個認識的過程當中，受造物的殘缺不全即未受到應有的

---

* 本文原以〈路德和莫特曼十架神學的拯救與批判意義〉為題，刊於《信義報》第 69 期，1997 年 10 月，頁 3。蒙基督教香港信義會授權轉載。

正視，只選取有限的完美予以無限擴大，這就不單由人來定義上帝的本性，並且高抬了人的地位，以為人的拯救乃在於不斷捨離有限和不完美，在實踐中克服人的軟弱，以此為榮耀上帝的努力。榮耀神學的問題，正在於未能充分正視人的破碎殘缺對人自我完善化具有決定性的否定，反之卻因以為人能反映上帝的榮耀而趾高氣揚、不可一世。

路德因深切體會人的罪性帶來的捆鎖，未能認同這樣的一種神學思想。不單人因自己的破碎殘缺未能彰顯上帝的榮光，上帝亦因人的軟弱而從沒有直接顯明自己，正如摩西所見的只是上帝的背影，總是間接的。因此，上帝最高峯的啟示就在十字架上。路德說，認識十字架，不單認識上帝，且是認識上帝的拯救。上帝以屈就自己的形式顯明自己，也以屈就的形式拯救罪人。在榮耀神學中，人不正視自己的破碎殘缺，但路德的十字架神學，卻叫人不得不因看見上帝在十字架上的受苦及死亡而反照自己的殘缺軟弱。於此，人要認識自己的本性，只能透過十字架上的基督：看啊！這就是人！（Behold! This is humanity!）人要認識上帝，只能透過十字架上的基督：看啊！這就是上帝！（Behold! This is God!）在十字架上，上帝與人和好了，人需要得救，就只有透過十字架上受難的基督。

## 二

十字架神學觸及了權力的問題。莫特曼延續並發展了這一思想。那麼，榮耀神學崇敬的是甚麼權力？當把上帝視為人有限的無限化，則是一種嚮往無限權力的舉動。當把人視為可以不斷在刻苦己身的過程中，剝落有限和不完美而接近上帝，則是一種嚮往無限權力的舉動。無限權力是寡頭的，是不容許有限的，是壓制和同化異己的。在榮耀的神學中，無限的上帝，不可能承受苦難，進入死亡。在榮耀的神學中，人以成功為榮、為標準，漠視生命中的失敗者，鄙棄社會中的邊緣人。然而，上帝在十字架上的揭示，剛巧相反。上帝自己定義了權力。在承受苦難與進入死亡中定義了大能。真正的大能是能夠成為無能，真正的大能是為了分擔人的軟弱殘缺而進入苦難和死亡的處境。真正的大能是愛。

十字架揭示愛的大能。上帝以反面的形式來到世界，否定了寡頭的能力；上帝屈就自己於羞辱、唾棄之中，否定了壓制和同化。祂尊重有異於自己的他者，祂愛那異於自己且得罪自己的他者。在十字架上，上帝顯明了這一切。不是強權，卻是批判強權。

十架神學，是拯救的神學，也是批判的神學。因為所批判的對象是人對強權的偶像化，這是榮耀神學的本質；而拯救，也就是破除這偶像，把人從其中釋放出來，在愛中活出自由，在自由中活出愛。

# 15.

## 教會：終末視域下的教會使命*

### 一

莫特曼早期並無專就教會的宣教寫過任何文章，可是卻在不少的地方討論過教會的使命。固然，宣教與使命可以互不相干，但亦可能互有重複，而在莫特曼的情況中，我們認為在明言的立場上他並不積極支持、同意傳統意義那種向教會以外的羣體宣揚福音的宣教或差傳工作，但在其整個神學底下所確立的教會使命中，卻隱含著上述所講的宣教工作，而沒有太快對此採取消極的態度。雖然，後期的莫特曼曾撰有〈對話或宣教——危機四伏的世界中的基督教

---

* 本文原以〈莫特曼論「教會與使命」〉為題，轉載自《山道期刊》第十八期（2006 年 12 月），頁 21～32。已獲香港浸信會神學院有限公司授權轉載。曾以「莫特曼論『教會與使命』」為題，於二〇〇六年三月二十二日在香港浸信會神學院宣教週宣讀。

和其他宗教〉（“Dialogue or Mission? Christianity and the Religions in an Endangered World”）一文，[1] 但他卻是強調「宣教不是對於整體的侵略性攻擊，而是對上帝前程的邀請，那麼我們便開啟了那個萬民和地球的全面性前程，並且將它體現在盼望的福音和愛的救濟之上。我們邀請信仰其他宗教和具有其他世界觀的人來為這個前程（我們嘗試以『上帝國度』、『永生』和『新天新地』等象徵來介紹它）共同奮鬥」。[2] 這明顯跟其早期的看法並無兩樣，對他來說，宣教並非傳統意義那種向教會以外的羣體宣揚福音的宣教或差傳工作。

早期的莫特曼自己怎麼說教會的宣教呢？在討論到基督教對其他宗教當有的使命時，他表示其中之一是「喚醒信靠、施洗、建立教會及在基督的主權底下形塑新的生命」，[3] 這很清楚講的是一般意義的宣教工作。然而，莫特曼就此討論不多，卻認為這只是一種地理上的教會增長，[4] 他反而提出以對話為進路的質的教會增長：改變生活的氣氛，給予盼望、愛和對世界承擔的精神。[5] 不單如此，他更指出「〔教會的使命〕的真正工作不在擴張教會，而在擴展〔上帝的〕國度」，[6] 教會宣講福音「不在廣佈基督宗教或廣植教會，而在於以來臨中的〔上帝〕國度之名，釋放人民脱離奴役」。[7] 無疑，莫特曼想要避免的乃是教會陷進以自己為目的而非以上帝國度為目的的實踐中，可是他卻沒有必要因此否定教會的擴張，正如包衡指出：「如果教會乃是在歷史中對上帝國度的期盼，那麼，很自然會認為教會服事來臨中的國度其途徑就是呼召和聚集人們在教會中團契相交。教會因而並非為自己而存在，乃是為世界而存在〔……〕」[8] 即使莫特曼並不以為教會要把整個世界擁抱包含在自己之內，普世的國度才會來臨，[9] 但這並不礙教會的宣教使命，這只表示上帝自己在教會以外有其引領世界邁向上帝國度的工作。即使莫特曼認為教會在使人作門徒之外，尚有其他多向度的、多層次的釋放生命的工作，[10] 這也不能完全否定教會的宣教使命。然而，因為早期的莫特曼在這方面著實沒有甚麼正面積極的討論，所以我們只能集中介紹他就教會的使命的討論，並對此作出反省。

由於莫特曼的神學乃終末盼望的神學，而這可以見於其早期神學的三部曲的第一部《盼望神學》，故此本章主要就這一著作來透視其終末盼望導向的神學可以為我們提出一種怎樣的教會觀，以及相應的使命。事實上，莫特曼三部曲的第三部《在聖靈能力中的教會》已經從其副題顯示出教會與終末具有不可分割的關係：「一種對彌賽亞式教會論的貢獻」（A Contribution to Messianic Ecclesiology）。清楚不過，在莫特曼的神學中，教會乃彌賽亞式的教會（Messianic church）。這教會一方面是由耶穌基督這位彌賽亞所確立的，另一方面，她又是由耶穌基督所定義的彌賽亞式的將來所形塑的。這就表明了教會的終末的性質，她並非當下圓滿的，而是走在朝聖路上的上帝的子民，[11] 她在歷史中期盼並見證那彌賽亞所應許的上帝的國度，因而被稱為「上帝國度的子民」。[12] 因此，我們很有理由回到莫特曼的《盼望神學》去，從他的終末盼望神學出發，來了解彌賽亞式教會的本質及其使命。

## 二

在《盼望神學》一書中，莫特曼致力要指出的是，終末論乃是基督信仰的本質所在。「基督信仰徹頭徹尾，（而絕非附加的），是終末論，是盼望〔……〕」，[13] 是基督教神學的中介，「是基督教信仰萬事萬物據以定義的基調」。[14] 終末論講的是盼望的將來，但這將來不是一般的將來，莫特曼開宗明義地指出：「基督教的終末論講的不是將來本身。〔……〕基督教的終末論講的是耶穌基督及祂的將來。」[15] 但耶穌基督的將來還沒有來到，我們可以根據甚麼來談論祂的將來呢？莫特曼進一步指出：基督教的終末論「確認耶穌的復活這實在，並宣講復活主的將來」。[16] 因此，基督教的終末論不單是基督論式終末論，並且是一在復活基督底下所講的終末論。

復活的基督為我們指出一個怎樣的將來呢？由於基督的復活是從死裏復活，而祂在十字架上的死亡乃是一種參與到整個受造世界的死亡的經歷，[17] 因此，基督復活事件所指向的將來就不只是祂自己的將來，而同時為這個落在死亡和受苦實在的世界的將來。並且，由於基督從死裏復活乃是一種對負面的否定（the negation of the negative），[18] 因此，其所指向的世界的將來，亦同樣是一種對現在受苦實在的否定。基督復活事件的內在趨向（inner tendency）乃是祂將來勝過所有仇敵——包括死亡在內——的主權（lordship），這內在趨向的結果，就是外在趨向（outer tendency）、使命（mission）：向一切受造物應許不一樣的將來，[19] 並且要實現其應許，為這世界帶來跟現在完全不一樣的將來。在這裏，基督的復活就是上帝給予這個世界的應許。值得注意的是，莫特曼指出聖靈在基督復活的事件中臨在，成為基督的將來的前奏、預顯，全面性復活及生命的將來之保證。[20] 故此，聖靈可被稱為將來性的力量，祂是從基督復活事件而出來，並要實現基督這復活事件所應許的將來。聖靈所帶來的基督及世界的將來，或聖靈所要實現那關乎基督所應許的將來，莫特曼認為這包括了上帝的義、從死裏復活的生命、在嶄新的整體存有中的上帝國度，並且這些終末將要實現的應許，都在聖靈的預顯中得到闡明。[21] 因此，這朝向將來的運動趨向乃是基督事件內在必然性的結果，並且由聖靈推動和完成，因而亦為一聖靈的趨向（tendency of the Spirit）。這是上帝終末的使命。

在這種終末盼望的信仰底下，教會被建立起來。福音就是宣告彌賽亞的將來已經在耶穌的死亡和復活中被應許，當下的實在已經被賜予新的可能，福音就是呼召被死亡和罪惡捆綁的人可以從中脱離出來，進入新的自由。莫特曼因而稱教會為出埃及的羣體（Exodus community），[22] 而他的《盼望神學》第五章的章題即為「出埃及的教會」（Exodus Church）。之前第四章乃是「終末論與歷史」（Eschatology and History），其最後一節為「基督教使命的解釋學」（The Hermeneutics of Christian Mission），其中最後一點要討論的乃是邁向將來的使命。事實上，莫特曼是在這一脈絡和理解底下來開展其對出埃及的教會的闡釋。當教會是活在邁向將來的運動中，她的使命就是參與轉化歷史。莫特曼在第五章第一節就清楚表明其所要探討的乃是「現代社會中所經歷的終末盼望的具體形式」，「出埃及的教會」作為「朝聖中的上帝之民」這一講法，「對於『現代社會』中基督教的社會形式和基督教的社會倫理責任有甚麼樣的意義？」[23] 他關心的乃是終末盼望底下的教會在現代社會中的使命；即一方面教會在現代社會如何活出其終末的盼望，另一方面教會如何使得現代社會也可以經歷終末的盼望。

## 三

首先，我們必須了解莫特曼並不以為我們可以簡單地講「教會」或「會眾」（congregation），對他來説，基督教的信徒整體並不能單以具有公共功能的組織建制及由聖道和聖禮所聚集的羣體來代表，而必須同時為一羣帶有呼召參與世界的基督徒。[24] 他説：「基督教的信徒整體必須不斷呈現其自己，而事實上她總是呈現其自己，她在基督徒週日的順服和世界的呼召和他們的社會角色中呈現其自己。」[25] 莫特曼在這裏強調的是宗教改革的第三種洞見：基督徒羣體並非一妥協從眾的羣體，他們活在終末盼望的視域（the horizon of eschatological hope）之中，從而使得他們抗拒妥協從眾，他們的在場表明他們對世界要講出某些獨特的看法。[26]

其次，我們要了解莫特曼所講的現代社會。他認為現代社會乃一從宗教中心的世界解放出來[27] 的公共領域。[28] 莫特曼對這一現代社會的分析主要是依據黑格爾的法哲學。事實上，黑格爾是第一個首先意識到現代社會興起的哲學家，並從哲學的層面對這一現象及現代社會的性質作出分析。如果現代社會乃是從宗教脱離獨立出來的話，那麼，它如何看待信仰、會眾、教會，以至信仰羣體？[29] 莫特曼在《盼望神學》第五章的第二至四節即就此作出分析，從反面的角度表示信仰羣體要從這種由現代社會所置定的宗教角色逸脱出來，從而成為出埃及的教會。然後在第五、六兩節，莫特曼從正面的角度闡述基督信仰羣體在現代社會所擔當的角色和使命。現代社會對宗教的社會角色的規定和要求，主要是按其自身的本性而發出的。按黑格爾的分析，現代社會乃一需求系統（system of needs），人與人之間的關係以需要與需要的滿足來相互連繫。[30]

> 這意謂著，這個社會〔……〕侷限於一種社會關係，一種透過分工來滿足個人需求而將每個個人結合起來的社會關係。〔……〕構成人生命的一切要素，如文化、宗教、傳統、國家、道德等，都被排除在必要的社會關係之外，而由個人的自由來決定。[31]

這樣的後果就把「宗教從一種公開的社會義務變成一種私人的、自由的活動」，[32] 但莫特曼指出：「基督宗教雖然被逐出現代社會的整合中心，〔……〕社會能賦予教會另一角色，〔……〕於是，教會贏得了無限的多樣可能性，但那卻是在社會全面中止基督信仰扮演宗教角色的界限內的自我運動和自我發展。」[33] 簡單直接來說，現代社會否定了基督宗教的社會公共角色而使之成為私人宗教（cultus priratus），「為那些發展出物質主義的社會並且在其中感覺到疏離的人，在神學和牧靈方面產生一種相應的自我意識，亦即私密性的避風港和人格保護者的自我意識」，[34]「對那些必須在此社會中生活的人發揮減輕負擔的辯證功能」。[35] 從現代社會的需求特性來說，基督宗教也有其功用，但其功能仍然是從社會的需求來予以肯定。

是以，莫特曼要求基督信仰羣體必須首先從這一現代社會所規定所賦予的角色及功能走出來。這是從消極、否定的角度來指出教會的功能，但並非表示要走回頭路，把教會再度轉化成在前現代社會時代所扮演的角色，即那種自君士坦丁（Constantine）以來的國家宗教或社會宗教的功能，使宗教成為國家及社會的意識形態，以求將政權的管治合法化，並確立及維持社會、政治的穩定性。[36] 現代社會的浮現正好打破了這一宗教與社會或政權的緊密一體的關係，但在現代社會那種需求體系的支配及主宰底下，基督宗教的使命卻被規定為私人領域性的：「拯救及保守那個人的個體的及私有的人性」、[37] 在效益主義的世界中提供溫暖與親切的社羣但又無損個人的自由、[38] 為個人在建制中所面對的意義問題提供建制性但非強制性觀點。[39] 莫特曼稱以上三種角色分別為：「作為新的主體性崇拜的宗教」、「作為羣性崇拜的宗教」、「作為對建制崇拜的宗教」。[40] 跟著，我們必須探問：正面及積極來說，基督信仰羣體在現代社會中的角色和功能是甚麼？再進一步，則這種角色和功能又是怎樣由基督信仰來決定的？並且，這種基督信仰何以能對現代社會作為一需求系統而規定宗教的角色和功能作出批判？

# 四

《盼望神學》最後一章的最後兩節分別為「基督信仰羣體在期盼上帝國度的視域中」及「基督徒在社會中的呼召」。單就這兩節的題目就表明了莫特曼的基本看法：基督信仰羣體在社會中的使命並非由社會本身來決定的，而是由其所置身的上帝國度的視域來形塑的。莫特曼並不認同基督信仰羣體在現代社會只屬於私人領域而為私人宗教，反之，他認為在終末上帝國度的視域中，因為所看見的將來乃是整個世界現狀的否定、全然的更新，所以基督信仰羣體必然要求擺脱現代社會所給予的角色，而在邁向將來之中轉化和更新現狀。他這樣説：「假如呼召他們進入生命的上帝對他們的期待不同於現代社會對他們的期待和要求，那麼基督教就必須勇於出埃及，並且將他們的社會角色視為重新被擄到巴比倫。」[41] 他們的角色雖然會背負衝突，但卻是向社會展示他們對社會的盼望，他們是拒絕妥協與安頓的一羣，要求的是打破停滯僵化。[42]

這樣的信仰羣體並非不屬世界的、私人領域的，反之，他們是為世界的而非為自己的，[43] 或者嚴格來説，乃是為世界的將來：上帝的國度。[44] 為甚麼呢？因為「基督教並不是靠本身並為本身而活，而是靠著復活者的掌權而活，並且為了戰勝死亡，帶來生命、公義和上帝國度的將來統治的那一位而活」；[45] 基督信仰羣體就是根據並為了這一終末導向而活的。[46] 在這一終末導向下，所有事物、整個世界都在邁向終末將來的上帝國度的歷史之中。由於基督的使命乃是引領世界邁向終末的將來，追隨基督的信仰羣體也就同時要在這一邁向將來的歷史中服事世界，履行其使命。[47] 莫特曼十分清楚表明信仰羣體這一使命：「教會的使命擴及全人類。這項使命並不在社會允准給教會的社會角色的期盼視域中執行，而是在教會本身的終末期盼視域（來臨中的上帝國度、來臨中的公義、來臨中的和平、來臨中的自由和人性尊嚴）中進行。基督教服事世人的目的不在於使世界照常運作或保持現狀，而是為了改造它，使它成為它被應許的樣式。」[48]

當上帝在基督裏已經應許那終末的上帝的國度，敞開了那將來，信仰羣體的首要責任就是向世界宣講這一好消息：上帝藉著復活的力量所給予的新創造的應許，無遠弗屆地臨到世界的每一角落。[49] 信仰羣體的使命乃是以盼望感染人，強化人的盼望以參與改變世界的行動、預備受苦，認識這盼望乃是對上帝國度的盼望，這國度正在來臨之中要改變地上的一切。[50] 信仰羣體要引發社會各個層面的歷史的轉化：個人的、羣體的、建制的，這一歷史的轉化是對應而非取代終末的將來。因此，這歷史的轉化本身並非對世界的拯救，世界「教會化」不等於世界獲得拯救，那只是指向來臨中世界的被拯救，歷史的轉化像一支箭那樣被送來世界以指向終末的將來。[51]

對莫特曼來說，基督信仰羣體的使命不能只是信仰與盼望的宣傳，而更是生命的歷史轉化，包括社會及公共的生命。[52] 對復活基督來臨中的主權不僅只是盼望和等候，這盼望更會為這世界的歷史中的生命、行動和受苦烙下自己的印記，[53] 即盼望會把一切在歷史中的生命、行動和受苦形塑成朝向終末將來進發的指示，對應所應許的將來的箭頭，把一切現代建制那種內在走向停滞的趨勢歷史化，使之敞開並向著與現狀不一樣的將來進發。[54] 莫特曼引用宗教改革時期「信徒皆祭司」的教導以及地上的召命，來確定基督信仰羣體這方面的使命。[55] 前者涉及的是每一信徒都有此責任去履行這一使命，而不僅是建制式的教會的工作；後者表明基督信徒在地上生活的每一層面都要實踐這一使命。然而，基督信徒之所以有此責任仍然在於他們是活在對終末的期盼這一視野之中。正因如此，他們的地上召命（callings）與呼召（call）不相分割，由此而形成基督信徒的使命。後者指的是上帝對我們那一次過、不可改變、在盼望中朝向終末目的進發的呼召；前者卻是歷史的、可改變的、暫時的，是以呼召、盼望和愛所塑造的。[56]

可以這樣説，呼召為地上的召命提供了基督信仰羣體在地上實踐的方向，而地上的召命則是在地上具體落實而讓整個社會和世界體會呼召所指向的上帝國度的應許。因此，信仰羣體被呼召作門徒並非在既定的社會和世界景況中實踐地上的召命，剛相反，這作門徒的呼召有其自身的方向，就是有分於朝向要來的上帝國度的工作。[57] 這一門徒的呼召落實下來就是地上的召命，它是多重的，對應多重的社會層次的結構，所以必然是敞開的而非封閉的、歷史的而非永恆的、可改變的而非不變的。[58] 這地上的召命因而乃是一種尋找歷史轉化的使命，信仰羣體藉此實踐而燃點社會和世界的盼望以及繼之而來的轉化歷史的行動。故此，莫特曼一方面強調基督信仰羣體的使命不能只是言語上對信仰和盼望的宣傳，而更應該活出這種信仰和盼望，使其見之於行動；另一方面又表明這不只是為自己而轉化，而是轉化世界以對應信仰和盼望的終末將來。

## 五

無疑，莫特曼在《盼望神學》一書內並不十分在意狹義的宣教或差傳的工作，卻花上不少篇幅討論基督信仰羣體在社會及世界中的使命，這或許可以稱為廣義的宣教。莫特曼大概可能因為要避免信仰羣體落在「從其自身及為其自身而活」，所以強調其「為世界的將來」而活、在社會及世界中作門徒，不妥協、不順從，卻致力在每一層面因著期盼終末上帝國度的緣故而作出不斷的歷史轉化。是以，莫特曼並不多談基督信仰羣體傳揚福音這一狹義的宣教工作，免使教會只為自己的增長擴張而努力。當然，這其實涉及信仰羣體傳揚宣講的是怎樣的福音，若這福音乃指向那在基督裏所應許要來的上帝的國度，能引發人在盼望裏更新改變現狀世界，那麼信仰羣體就不是為己的。莫特曼另一理由是信仰羣體不能只是口惠而實不至，單是言語上的宣講如何可以叫人明白體會福音信仰所應許的終末的將來？這豈非成了馬克思所講的人民的鴉片？因此，基督信仰羣體中的每一信徒都應該作門徒，在生活的每一層面不隨從社會和世界而活，反之，乃是參與當中進行轉化和改變，使之更能符合上帝國度的要求。然而，這也不是否定狹義宣教的充分理由，卻提醒教會不應以此來取代廣義的宣教。因此，我們可以十分同意莫特曼這一終末取向的分析，表明教會的本質及使命必須在基督和聖靈的終末趨向中來把握，免得陷進自我封閉式的自我擴張之中，但卻不必完全否定狹義的宣教工作。我們可以這樣說，在這一終末上帝國度的視野底下，基督信仰羣體需要重新審視自身的本質與使命、調校其對狹義宣教工作的理解、擴闊其對廣義的宣教工作的參與，使得教會在現代社會中活出其獨特的身分以及相關的使命，而不致成為純粹由社會及世界所規定的私人領域的宗教。

## 註釋

1. Jürgen Moltmann, *God for a Secular Society: The Public Relevance of Theology*, trans. Margaret Kohl (London: SCM, 1999), 226 ～ 244；中譯為

莫特曼：《俗世中的上帝》，曾念粵譯（台北：雅歌出版社，1999），頁 269～289。

2. Moltmann, *God for a Secular Society*, 239～240；莫特曼：《俗世中的上帝》，頁 283～284。
3. Jürgen Moltmann, *The Church in the Power of the Spirit: A Contribution to Messianic Ecclesiology*, trans. Margaret Kohl (London: SCM, 1977), 152.
4. Moltmann, *The Church in the Power of the Spirit*, 152；亦參 Moltmann, *God for a Secular Society*, 238～239；莫特曼：《俗世中的上帝》，頁 282～283。
5. Moltmann, *The Church in the Power of the Spirit*, 152.
6. Moltmann, *The Church in the Power of the Spirit*, 11.
7. Moltmann, *The Church in the Power of the Spirit*, 84.
8. Richard Bauckham, *Moltmann: Messianic Theology in the Making* (Basingstoke: Marshall Pickering, 1987), 137.
9. Bauckham, *Moltmann*, 137.
10. Bauckham, *Moltmann*, 137；另參 Jürgen Moltmann, *Theology of Hope: On the Ground and the Implications of a Christian Eschatology*, trans. James W. Leitch (London: SCM, 1967), 329～338。
11. Moltmann, *Theology of Hope*, 304.
12. Moltmann, *The Church in the Power of the Spirit*, 196.
13. Moltmann, *Theology of Hope*, 16.
14. Moltmann, *Theology of Hope*, 16.
15. Moltmann, *Theology of Hope*, 17.
16. Moltmann, *Theology of Hope*, 17.
17. Moltmann, *Theology of Hope*, chapter III, §5.
18. Moltmann, *Theology of Hope*, 211.
19. Moltmann, *Theology of Hope*, 194.
20. Moltmann, *Theology of Hope*, 211.
21. 參 Moltmann, *Theology of Hope*, 203。
22. Arne Rasmusson, *The Churches Polis: From Political Theology to Theological*

*Politics as Exemplified by Jürgen Moltmann and Stanley Hauerwas* (Notre Dame, IN: University of Notre Dame Press, 1995), 76.

23. Moltmann, *Theology of Hope*, 304.
24. Moltmann, *Theology of Hope*, 304.
25. Moltmann, *Theology of Hope*, 305.
26. Moltmann, *Theology of Hope*, 304；莫特曼在《盼望神學》一書把這第三洞見歸因於路德，但日後卻轉向信洗派（Anabaptism），以之為這一洞見的實踐表達。
27. Moltmann, *Theology of Hope*, 307.
28. Moltmann, *Theology of Hope*, 305.
29. Moltmann, *Theology of Hope*, 305.
30. Moltmann, *Theology of Hope*, 307.
31. 引自 Moltmann, *Theology of Hope*, 307 ～ 308。
32. Moltmann, *Theology of Hope*, 310.
33. Moltmann, *Theology of Hope*, 311.
34. Moltmann, *Theology of Hope*, 310 ～ 311.
35. Moltmann, *Theology of Hope*, 311.
36. 參 Moltmann, *Theology of Hope*, 304 ～ 307。
37. Moltmann, *Theology of Hope*, 311.
38. Moltmann, *Theology of Hope*, 320.
39. Moltmann, *Theology of Hope*, 323.
40. Moltmann, *Theology of Hope*, 311, 316, 321.
41. Moltmann, *Theology of Hope*, 324.
42. Moltmann, *Theology of Hope*, 324.
43. Moltmann, *Theology of Hope*, 325.
44. Moltmann, *Theology of Hope*, 328.
45. Moltmann, *Theology of Hope*, 325.
46. Moltmann, *Theology of Hope*, 325.
47. Moltmann, *Theology of Hope*, 327.

48. Moltmann, *Theology of Hope*, 327.

49. Moltmann, *Theology of Hope*, 328.

50. Moltmann, *Theology of Hope*, 328.

51. Moltmann, *Theology of Hope*, 328.

52. Moltmann, *Theology of Hope*, 330.

53. Moltmann, *Theology of Hope*, 329 ~ 330.

54. Moltmann, *Theology of Hope*, 330.

55. Moltmann, *Theology of Hope*, 330 ~ 331.

56. Moltmann, *Theology of Hope*, 333.

57. Moltmann, *Theology of Hope*, 333.

58. Moltmann, *Theology of Hope*, 333.

# 插論
## 終末盼望與此世實踐*

### 一

盼望是甚麼？在基督教的信仰中，盼望基本上屬於終末論的範疇，是一個終末論的概念，其所盼望的對象乃是終末的將來。因此，可稱之為終末的盼望或終末將來的盼望。然而，不同神學家對此一盼望的對象——終末將來，有不同的理解，即引申出不同意義的盼望。怎麼樣的終末論就有怎麼樣的盼望。這個盼望帶來改革、更新現實，抑或導致退縮、逃避現狀，端在乎其所由出的終末論。這樣子的說法，意味著盼望的對象縱使是終末的將來，但卻不必然引致消極的離世態度，關鍵乃在於這是一個怎麼樣的終末，怎麼樣的將來。

---

* 本文原以〈盼望——一個系統神學的介紹〉為題，刊於《思》第49期，1997年5月，頁12～15。蒙香港基督徒學會授權轉載。曾以「盼望——一個系統神學的介紹」為題講於一九九七年一月二十八日香港基督徒學會主辦的「盼望——基督教的詮釋」的課程。

## 三

在第二種形態的終末論之中，巴特與布特曼的超越進路雖各有不同，但後果卻跟庫曼的救恩歷史的進路並無二致，且傾向更極端的撤離世界的舉動。簡單地說：巴特走的是「外在超越」的路線，布特曼走的是「內在超越」的路線，兩者雖有「外在」與「內在」的差異，但卻共同持守「永恆乃時間的否定面」這一看法，分別只在此永恆是屬於上帝的超越主體抑或人的超越主體。

就巴特而言，基督教終末論所講的終末並非歷史時間的盡頭。它不屬於歷史，它是永恆的現在臨在（the presence of eternity），超越時間中的每一刻，卻又可臨在時間中的每一刻。而正是這種超越的永恆的闖進，使得人類歷史體會自身的有限與不足，超越的永恆才是最終最真實的。於此，「歷史的終結」並非將來的經驗，卻是此刻對那在時間邊緣、界限的永恆的體驗；終末不屬於時間範疇，卻是永恆的同義詞。於是，終末就喪失了其時間向度，而終末論就跟將來毫無關係了。在巴特的神學中，這一終末實乃是超越上帝的永恆臨在，終末成了上帝審判、否定世界歷史的時刻，上帝永恆的國度跟變幻的世界存在著絕對的質的差異。同樣地，布特曼的終末論亦只是跟永恆相關，只是他從人的存在狀態入手，故其終末論又被稱為存在的終末論（existential eschatology），非關世界的將來終結，而是涉及人在宣講中所遇見的終末——本真的生命、永恆的生命、耶穌基督的生命。這一相遇的時刻其實就是終末的臨在，呼召人作存在的決定，放棄在世上非本真的生命，回轉活出本真永恆的生命，不斷自我超越，超越世俗的時間和歷史，使每一刻的生命都成為永恆終末的實現。

巴特和布特曼以永恆來了解終末，結果是否定了歷史時間的價值。這種否定是一種吞噬式的否定，用布特曼的說法，就是「歷史為終末論所吞噬」（History is swallowed up by eschatology）。[2] 這種吞噬意即把此時此地（here and now）的每一刻都轉化成永恆的時刻（the eternal moment），把歷史進程中具有不同素質的每一刻同質化或均質化，每一刻都變成價值相等的，也就無有變化，此方是永恆。

在這裏，我們有興趣的是，以此終末為盼望的終極對象，後果會如何？明顯不過，變動的世界並非真實的存在，上帝永恆的國度或內在超越的永恆生命才是最後歸宿之處，才是安身立命之地。那麼，一切社會、經濟、文化、政治的改革都沒有意義、沒有價值，這世界非我家。逃遁於外在超越的永恆或內在超越的永恆，能逃得過馬克思的批判：宗教乃人民的鴉片嗎？

## 四

那麼，何種意義的終末，甚麼意義的終極盼望對象，才可能避免且能回應馬克思對宗教的批判？至少，上述兩種對終末的講法都要被放棄，而這正是莫特曼的立場：「終末既非時間性的將來，也不是非時間的永恆。」[3]（The eschaton is neither the future of time nor timeless eternity）這是消極的表達，說明終末不是甚麼。正面積極的說法：終末/末日是上帝的來臨和到達（It [the eschaton] is God's coming and his arrival）。[4] 莫特曼講的終末絕對不能跟他的上帝觀分割，終末乃由上帝的本性所決定。

莫特曼十分喜歡引用啟示錄一章4節：「但願從那今在、昔在、要來臨的上帝〔……〕有恩惠、平安歸與你們。」（Peace to you from who is, and who was and who is to come）聖經沒有用

「以後永恆」（和合本的翻譯有誤）這字眼，卻是用上了「來臨」（to come），這就打破了線性的時間觀。上帝的將來並非一如祂的昔在、今在，而是祂在行動中要來到這個世界，[5] 所以莫特曼稱這樣的上帝為「來臨中的上帝」（the coming God）。上帝的來到是表示祂的信實，實現對世界更新的應許，以致祂的來到並非否定世界；上帝的來到是表示一個不再進入死亡的存有（being）的來到，帶來了一個不再有死亡的時代；上帝的來到就是永恆的生命、永恆的時代的來到，永恆終止了死亡。

這樣的上帝，其終末的永恆就不是指非時間的同時性，而是祂將來的能力，這能力能轉化更新任一歷史時刻，使得歷史中每一時刻都不是等值的。盼望上帝就是盼望這一位來臨中的上帝，祂帶來終末的將來，在世界的歷史中不斷開啟新的可能，讓人可以在期望終末的來到之前參與轉化更新。

這一種將來：Adventus（What is coming），根據莫特曼的分析，乃一切時間的根源，是這種將來令得時間成為可能的。這裏暗含了一個十分重要的意義，Adventus 意義的將來（來臨中的將來）並不取消、否定時間，反之卻是其根源所在。何以這樣說呢？因為這來臨中的將來是上帝的能力，這能力不斷在歷史中開啟新的可能性；也就是說，在一切潛在發展至盡而為現實之餘，在所有過去和現在的潛能已經完全實現、再無歷史的將來（historical future）之餘，上帝將來的能力仍然賜予新的可能，讓歷史可以再開創新的局面，而正正在這一點上，歷史是有意義的。人之所以可能參與歷史，乃是因為上帝將來的能力使歷史成為可能。這樣一來，當人以此來臨中的將來為終末盼望的對象，就不會走向撤離世界、否定歷史的舉動。

因此，對於莫特曼來說，「新」（newness；拉丁文：

novum）並非純粹終末的概念，而且同時是具有歷史意義的——“the category novum-the new thing-is the historical side of their eschatological openness to the future”。[6] 也就是說終末的「新」可以敞開歷史，使其邁向終末的新。但這一「敞開」即表示了給予新的可能性，一種在歷史中可以實踐改革的可能性；相對於「終末的新」，這可稱為「歷史的新」。

並且，終末的新並沒有廢棄舊的創造物，只是把創造物從罪與不公義中釋放出來，免墮於虛無，讓創造物活在全新的可能之中，這就是新創造的意思。正如復活的基督仍是被釘的基督，而非別的，只是這復活的基督乃改變了形狀的被釘的基督（the crucified Christ in transfigured form）。這就更顯明上帝的來臨並非為要廢棄這個世界，乃是要完成最後創造；而在這終末之前，上帝將來的能力敞開了歷史，給予新的可能，讓人對歷史仍有盼望，扭轉局面，創造新的景況，推動一切對罪惡和不義的抗爭。

莫特曼神學中的盼望並非麻醉人民的鴉片，反之，以上帝的來臨為終末的盼望，會進一步使歷史的盼望成為可能，引發在歷史中的轉化更新；縱使這並非終末的轉化更新，但卻是對應著敞開的終末將來。

**註釋**

1. Jürgen Moltmann, *The Coming of God: Christian Eschatology*, trans. Margaret Kohl (London: SCM, 1996), chapter 1, §1～2；本文將以此為闡釋的基礎。
2. 引自 Moltmann, *The Coming of God*, 20。
3. Moltmann, *The Coming of God*, 22.

4. Moltmann, *The Coming of God*, 22.
5. Moltmann, *The Coming of God*, 23.
6. Moltmann, *The Coming of God*, 27.

# 16.

# 政治：復活與十架底下的政治神學[*]

## 一、前言

「政治神學」一詞，卡芬諾（William T. Cavanaugh）與史葛特（Peter Scott）有如下簡要的但包容性強的了解：

> 神學被廣義理解為有關上帝的論述，以及人類與上帝的關係。政治則被廣義理解為結構性權力的運用，以組織人類社會和羣體〔……〕這樣，政治神學就是從上帝對世界之心意的不同詮釋角度，對政治決策（包括文化—心理的、社會和經濟的向度）的分析和批評。[1]

---

* 本文原以〈莫特曼的政治神學〉為題，載《當神學家遇上政治：有關政治參與的十堂課》，陳家富、張慧媻編（香港：德慧文化圖書有限公司，2014），頁 76～87。蒙德慧文化圖書有限公司授權轉載。

在這個定義之下，卡芬諾與史葛特繼而列出政治神學的三種任務，不同的神學家會持有不同的想法，致力於某一種任務。在這三種任務之中，第二種是值得我們注意的，因為這種任務跟莫特曼對政治神學的看法，十分相近。這兩位作者就第二種任務指出，「神學是對政治的批判性反省，神學是關於唯物政治經濟基礎的上層建築。神學反映和鞏固公義和不公義的政治決策。這樣，政治神學的任務可以是揭露神學論述中所產生階級、性別和種族不平等之處，並設法重新建構神學，以符合公義的目標。」[2] 對於莫特曼來說，神學總是含有政治責任的，他在一九九一年出版的文集《歷史與三一上帝》(*History and the Triune God*)最後一篇文章〈我的神學生涯〉(“My Theological Career”)結束時，以三個關鍵詞語總結他自己的神學：聖經基礎、終末向度、政治責任。[3] 下面我們即探討莫特曼的終末神學所具有的政治責任，認識由其獨特的神學觀所開展出來的政治神學。

## 二、莫特曼的政治神學與教義神學

莫特曼不單沒有抽離教義神學來發展其對政治的看法。他更全然並深入地在神學之中探討及思考政治是甚麼。研究莫特曼神學的包衡稱莫特曼的政治神學是全然並深入地是神學的；雖然莫特曼一生都關注政治，但是他對政治的思考成果並非遠離神學的，反之卻經常引導他返回嚴肅的神學問題之中。[4] 莫特曼在一篇檢視路德兩個國度的教義的文章之中寫道：

> 一旦基督徒並不認識真正的基督教信仰是甚麼的時候，他就不能夠跟政治的問題建立一種反思的關係。一旦教會

不知道真正的教會是甚麼，她就不能改變她跟國家的關係。當然，今日我們因為信仰的內在不安定而投入政治參與之中，好找到更穩固的立足點，結果就忽略了前面所講的了。[5]

話雖如此，我們亦不可以忽略莫特曼對神學的性質的了解，也在這一過程中，有所豐富。他在討論戰後德國出現政治神學的新觀念時，指出這是基於歐洲現代時期的形勢而產生的，有兩個起點：第一個起點是未能對世俗化過程提供充分的神學解答；第二個起點是對現代時期的歷史不能只給予一種負面的論說。[6] 這兩個起點其實正正對應莫特曼自己的終末導向的神學。一方面，莫特曼的政治神學是在回應現代性之中建立起來的。另一方面，他的這一回應也是回歸到他自己的終末神學之中而作出的。

世俗化對宗教的批評不在於教義之真與假，而在於實踐上的後果：帶來壓迫抑或解放、異化抑或人化？這也就是說，實踐（praxis）成了真理之判準。[7] 莫特曼由此而引申出，神學必須恆常地及批判性地反省其實踐功能，以及內容。[8] 教會也必須從其自身之政治的存在與實際的社會功能，來開始反省。[9] 因此，沒有非政治的神學，也沒有非政治的教會。[10] 但是，莫特曼也提醒這並非以政治的問題取代神學的問題，而成了神學的核心關注，剛剛相反才是恰當的，即神學的政治功能應當全然的基督化。相應來說，教會也不是要政治化，而是教會的政治與基督徒的政治參與，要全然的基督化。[11] 這無疑是吸納了世俗化對實踐的要求，而發動基督教神學從正見（orthodoxy）朝向正行（orthopraxis）的轉向。[12] 只是，從神學的角度來看，這種實踐是如何可能的？這就涉及第二個起點了。無論如何，莫特曼在這裏把實踐功能視為神學及教會的形態

（mode of theology, mode of the church）。

第二個起點是對現代時期的歷史應如何神學地作出正面的了解？莫特曼對這一時期的正面解讀是批判過去以尋求將來。[13] 他稱這種對超越的經驗（experience of transcendence），不再是形而上學的，而是終末論的。[14] 現代時期以盼望為首出（primacy），內在性（immanence）不再被視為在那不變的天堂底下的變幻大地，而是生命的敞開歷程，以及將來尚未知悉的歷史。[15] 對於這一現時代的特性，莫特曼提出的回應是：新的政治神學需要宣告終末論為基督教神學的基礎與中介，其根源乃在「盼望神學」之處。[16] 他對現代時期那種擺脫過去追尋不一樣的將來，無疑是賦予正面的價值。然而他卻把這種追尋植根於基督教的終末論而非世界自身；世界的內在性乃一向將來敞開的歷程、歷史，但是這將來的可能性卻不是來自世界自身，而是來自基督教的終末論所言說的上帝。新的政治神學是「盼望神學」衍生出來的。由此，我們在下一節進入莫特曼的盼望神學之中，分析怎樣的終末論可以回應上述現代時期的形勢，而肯定實踐正行與朝向將來這兩重要求。

## 三、莫特曼早期神學的政治向度

一般來說，我們可以把莫特曼的神學分為三部曲和彌賽亞系列。固然，正如莫特曼所言，沒有非政治的神學，他的三部曲與彌賽亞系列分別都蘊含某一種向度的政治神學，但是因為莫特曼以終末論為基督教神學的本性所在，[17] 所以從終末論開展出政治神學就具有首出性，並且由此而出的政治神學就成了主調，是其他教義所蘊含的政治神學的基調。從這個角度來看，我們有必要首先介紹莫特曼從終末論開展出來的政治神學，而這就要進入他的早期神學了。

莫特曼的早期神學，即以《盼望神學》、《被釘十字架的上帝》和《在聖靈能力中的教會》為內容的三部曲。在這三部作品之中，《盼望神學》講的正是基督教的終末論如何開展出政治神學，以及這種政治神學具有怎樣的特性。包衡在討論其政治神學時，標明《盼望神學》的盼望乃革命性的盼望（revolutionary hope），[18] 這無疑使人進一步想到政治神學中的革命取向。但更為基本的是，盼望神學作為終末論，如何可以生出革命性的盼望呢？這就涉及基督教的終末論，是一種怎樣的終末論了。莫特曼在《盼望神學》一書中的導論開宗明義地指出：「基督教終末論所説的並不是一般意義上的將來。〔……〕基督教的終末論所談論的是耶穌基督和祂的將來。〔……〕一切關於將來的言説都奠基於耶穌基督的位格和歷史，〔……〕。」[19] 因此莫特曼的終末論乃是涵有基督論在內的，所以其基督論乃終末論的基督論（eschatological Christology）。

那麼，這種終末論的基督論是一種怎樣的基督論？包衡一針見血地指出：「這是把被釘死的耶穌其復活，解釋為終末應許的辯證事件（dialectical event）。」[20] 對於這句説話，要了解得全面和透徹，就必須注意兩個觀念：終末應許、十架與復活的辯證事件。事實上，莫特曼是透過終末應許來解釋十架與復活為辯證事件的。因此，包衡分開兩點來解釋。首先是關於十架與復活的辯證。包衡寫道：「在莫特曼看來，耶穌的十架與復活代表了完全的相反：死亡與生命、上帝的缺席與上帝的在場、上帝的棄絕與上帝的榮耀。但是耶穌，被釘死又復活過來的一位，仍然是在完全矛盾之中的同一位（the same person in this total contradiction）。上帝藉著把被釘死的耶穌復活而成新生命，祂在完全的斷裂之中創造了延續。」[21] 那麼，這辯證的基督事件究竟有甚麼意義呢？這就涉及了第二個觀念：終末應許。

應許是貫穿整部《盼望神學》的主線觀念。包衡這樣寫道：「這神聖的行動〔指基督事件〕的意義被視為舊約應許歷史的高峯，就可看見了；上帝在舊約的應許歷史中藉著賜給應許以啟示祂自己而敞開了將來。莫特曼視基督事件不那麼是舊約應許歷史的實現，而是確認、保證及普遍化上帝那對將來的應許。」[22] 一方面這表示基督事件並非上帝應許歷史的圓成，否則基督就沒有將來可言，何況莫特曼特別強調：「基督教的終末論所談論的是耶穌基督和祂的將來。」另一方面，上帝在基督事件所應許的，並不只是耶穌基督祂自己的將來，更是普世的將來。然而，離開了耶穌基督祂自己的將來，又沒有普世的將來。這裏涉及了耶穌基督與整個受造世界的命途那不可分割的關係。這種不可分割的關係，又涉及原來的基督事件——十字架與復活，跟世界之間的關係。

莫特曼在《盼望神學》之中透過舊約後期先知的終末應許，來解讀基督事件，藉著終末應許的勝過死亡與耶和華的主權臨到萬民，[23] 來解讀十字架和復活的普世性。這也就是說，基督事件並不只是耶穌個人的命途，反之，乃是普世的。包衡就此扼要地寫道：「被釘十字架的耶穌在祂的死亡之中跟當下實在（present reality）的負面質素認同起來；〔世界的〕當前實在伏在罪和苦難和死亡之下、伏在無上帝與被上帝棄絕與朽壞之下。」[24] 耶穌死在十架上跟這個落在邪惡與虛無威脅的世界認同一體（solidarity），是進一步解讀其從死裏復活的重要背景。如前所言，十架與復活是全然互相對立矛盾的，因此，當耶穌在十架上的死亡具有普世的意義，那麼祂的復活也就不單否定其自身所遭受的死亡，也同時是否定整個世界所遭受的死亡。包衡就此而寫道：「祂〔耶穌〕的復活因此是對被釘十架的耶穌基督所代表的整個上帝棄絕的實在所作的新創造的應許。因此耶穌復活是辯證的應許的事件；它開啟了一個在質素上新的將來，這將來否定當下經歷的一切負面質素。」[25] 藉著耶穌基督在死亡與復活中的介入，這個在邪惡與虛無威脅下的世界就看見盼望。然而，這裏要注意的是，首先，世界的盼望並非由世界自身所提供的，而是來自上帝在基督事件的應許；其次，這應許並非關乎另一個世界，而是關乎這個世界的新創造，正如耶穌在全然矛盾中的身分/同一性（identity in the total contradiction of cross and resurrection）那樣子。[26]

那麼，這樣的敞開的基督事件，具有怎麼樣的政治含義？包衡指出既然上帝的應許是對整個實在作出終末的轉化，那麼「教會對世界的普世使命首先就是藉著宣講福音—應許（Gospel-promise）來叫世界醒悟盼望，並在期盼所應許的終末轉化底下根據/對應這終末轉化，來致力當下的轉化」。[27] 莫特曼的《盼望神學》為我們提供了一個解釋結構，把基督信仰跟政治實踐的領域連繫起來，具體來說，就是這樣所理解的盼望，乃是要求一革命性的政治實踐。[28] 這兩者之間的關係，包衡有仔細的梳理。首先，由於十架與復活所代表的世界的現在與將來之間的辯證，要到將來才可以消弭，這就防止對現狀作出任何的宗教解釋以合理化現狀，並遮掩當下真實的邪惡與苦難。因此基督徒的盼望的第一個政治效果，是揭露現狀的真正邪惡，以使基督徒從妥協之中釋放出來，並讓他批判地對抗之。[29] 其次，盼望神學也不在於為邪惡提供補償，就是馬克思對宗教的批判：宗教所提供的他世的終末論（other worldly eschatology），只是虛幻的補償，使得當下的悲慘世界維繫不墜，而非改變世界。但是莫特曼所宣稱的終末論是此世的，這就推動人民致力實現世界現下的可能性，使之對應上帝所應許的將來。因此，基督教的盼望的第二個效果，是引發對這個世界作出正面改變的嘗試。[30] 從上述兩點得出的結果就是，盼望神學跟解放的實踐是分不開的，[31] 莫特曼自己就把馬克思的費爾巴哈提綱第十一條（eleventh thesis on Feuerbach）修改為：「對神學家而言，這裏涉及的不僅是重新**詮釋**世界、歷史和人類的本質，而是在期盼上帝帶來的改變中**改造**世界、歷史和人類的本質。」[32] 由此，莫特曼追隨馬克思的看法，認為理論必定是可實踐的：「除非它包含了轉化世界的動力，否則就成了解說現在世界的神話。」[33] 這就使得轉化的實踐成了神學的判準。[34]

很明顯，這樣的一種政治神學，正是回應莫特曼所講的現時代的兩項特性：實踐正行與追尋將來。但是由於莫特曼把其政治神學根植於終末應許的基督事件，就使得一切人間的實踐正行都只是歷史的而非終末的，並不能建立將來的國度；與之相應，歷史中一切對將來的追尋，即使是相應於上帝的國度，但都不是終末的將來，其新也只是歷史的新而非終末的新。這樣一來，莫特曼對現時代的回應並非一種全然擁抱的肯定，反之，卻是批判、限制的回應。一方面限制人間實踐的終末性，另一方面批判現代的歷史意識只囿於內在的敞開。

然而，若只因著耶穌基督從死裏復活而實踐轉化世界、歷史和人類的本質，又會否只是看到不可能的「可能性」，而忽略了「不可能」的可能性？前者看到的是從死裏「復活」，後者看到的卻是從「死」裏復活。固然，這兩者是不可分割的，但是卻可以因為復活是對死亡的否定而有可能忽略十字架在政治實踐上的含義，而使得轉化變成一種毋須參與到苦難之中的實踐。這就不免過於樂觀，以為毋須與落在邪惡勢力威脅底下的世界成為一體即可進行轉化。在實踐上，這是缺乏內在性的超離轉化。因此，《盼望神學》成書八年之後，莫特曼撰寫了《被釘十字架的上帝》，仔細討論耶穌基督的十架事件，以及其所含蘊的政治實踐意義。

如此一來，我們就要進到《被釘十字架的上帝》一書了。事實上，只有正視並深化耶穌基督的十架事件，才能把莫特曼所強調的十架與復活的全然矛盾予以徹底展現，並由此而帶出十架的政治神學。包衡以「愛的休戚與共」（loving solidarity）為題目來討論《被釘十字架的上帝》的政治實踐意義，[35] 正好表明上帝在基督的十字架參與、有分於世界的苦難，顯明祂對這個世界那種介入的、擁抱的愛。從這一角度來看，正正顯出上帝不只是對這落在不公義與受苦的世界，應許不一樣的將來——滿有公義與自由的新創造，祂更是一位願意進入破碎、擁抱衝突的上帝，祂在愛中受苦並勝過這苦難。[36] 這樣一來，上帝對這個世界所應許的將來，固然不是來自世界自身的潛能或內在可能性，但也並非是出自一位超絕離世的上帝，卻是根植於那位道成肉身且死在十字架上的耶穌基督。這就成了一種內在的超越：上帝在基督裏內在於世界之中，但基督從死裏復活卻使得超越當下之苦難得以實現，並由此成了世界的應許。由此，我們才能更深刻地明白，為甚麼基督教的終末論不是涉及一般的將來，而是耶穌基督的將來。是以，從根本上來說，正如包衡所講，推動歷史向前的乃在於道成肉身的上帝祂那受苦的愛的力量。[37] 那麼，相對於上帝這種愛的休戚與共，基督徒的實踐又是怎樣的？由上帝在耶穌基督的復活所賜予的應許，生發出基督徒式的革命的盼望的實踐；同樣地，由上帝在耶穌基督在十架上的愛的休戚與共，也生發出一種與之相應的基督徒式的實踐——一種同在式的實踐。這種實踐，使得盼望的實踐不致掏空，而可深化之，與盼望的實踐一起形成一種辯證的實踐，而相應於辯證的基督事件。或者我們可以這樣講，因著辯證的基督事件，生發了辯證的政治實踐。

這種同在式的實踐，具有甚麼重要意義？包衡為我們列出了四點，值得循此而深入思考。首先是應許以十架為中介，就使隨之而來的盼望對於社會中那些犧牲者來説變得具體在地了。[38] 現狀的邪惡不僅只是跟上帝的應許處於一種一般的對立關係之中，而更是跟上帝自身在十架上與被欺壓者的認同互相對立。[39] 這無疑是使得政治實踐具有更深刻的現實意味，並非超離、外在的，而是有分、內在的。由此而可進到第二點。因為十架是上帝在基督裏有分於整個世界的壓迫，所以使得基督教的盼望是跟一切政治制度與意識形態對立起來。[40] 一切的休戚與共都是批判的，這尤其對所有的政治運動而言，更是如此。[41] 這是因為耶穌基督首先站在的是犧牲者的那一邊而不是政治運動的那一邊，以致生出上述那種對一切政治運動的批判式同在。以上所講的，屬於一種外在的批判。可是，基督的十架還具有內在批判的功能，這是第三點。十架同時要揭示教會內在的意識形態。[42] 莫特曼特別針對兩種政治的偶像崇拜，其一為以宗教賦予政治權力合法地位，以致絕對化政治權力的宣稱。其二為以宗教整合社會並賦予該社會的社會價值與結構一種至尚的地位。[43] 但在莫特曼看來，十架正是否定政治權力自身的神聖地位，也批判那些排斥異己的社會價值與結構，因為十架標誌著耶穌基督既被政治權力釘死，也成為被排斥的一分子。因著十架以上所述的批判作用，它同時對左翼運動有所批判，就是不能只跟某一撮受壓迫者同在，如被剝削的無產階級，而特別要跟那些最無望的、最受忽略、最為人忘記的羣體同在，與他們聯成一體、成為他們的一分子。[44] 這是第四點。再進一步，莫特曼不但拒絕解放只局限於某一羣受壓迫的人，也拒絕只局限於某一層面的生活。生活不單不能只約化為某一單一層面，並且每一層面都是互有關連的。因此，解放不單不能局限於某一層面，並且需要同時解放生活各個層面的壓迫與扭曲。否則，某一方面的解放只會造成另一方面的壓迫。[45] 就此而言，基於十架的愛的休戚與共，基督教的政治實踐乃同在、有分、分擔的實踐，從而使得繼後的革命的盼望之實踐，有著一種內在的動力。這樣植根於十架的辯證實踐，才不至於陷於超離外在的形式。

## 四、一個評論式的結語

莫特曼的政治神學，是衍生自他對基督事件所作的辯證性了解，並由此而要求一種辯證式的實踐。這種相應於辯證的基督事件的實踐，是歷史的而非終末的，由此即產生下面的難題，卻是莫特曼沒有討論的。在終末尚未來到之前，我們都活在聖星期六之內，「不可能」雖非絕對，但也不是完全被否定，那麼革命、轉化的實踐即便得以成就，也不會是必然的，更不會是圓滿的。不斷革命，就成了歷史中實踐的惟一出路。可是，不斷革命也同時是不斷腐敗，這就使得我們不能單單只因革命的可能性而致力參與轉化與更新苦難的世界。當邪惡勢力如影隨形地尾隨一切的轉化與更新，就不可避免地不斷勾消了後者的可能性了。由此，歷史中的可能性並非必然，但歷史中的不可能性卻是不斷浮現，否定當中的可能性。在這樣的情況底下，我們如何可能堅持下去、不斷革命，如果轉化、更新世界的可能性不是必然的？不單如此，在參與轉化與更新世界的過程之中，我們與受苦被欺壓的羣體一起，有分並參與到他們的生活的每一層面之中，但是這種愛的休戚與共的實踐，在沒有任何可見的更新與轉化實現之前，可以堅持多久呢？在歷史中某些人或羣體到離世也一直受苦被欺壓，甚至好幾代人相繼地活在受苦被欺壓的景況底下，而我們的更新與轉化同樣可以長久毫無果效，不能撥亂反正，那麼如何可能繼續堅持抗爭呢？我們如何可以在至死仍然未看見盼望實現的情況底下，沒有灰心喪志、不會絕望放棄？這恐怕是一切政治實踐必須正視的問題。基督事件所含的終末應許，除了可以帶來歷史之中轉化的盼望，其十架的休戚與共會不會更是應該多加思考，以面對當下長久黑暗無光的歷史？在盼望之餘，我們同樣需要忍耐、忠心的踐行，而不僅是馬克思式的實踐，而這恐怕是基督教會更不可忽略的！

**註釋**

1. William T. Cavanaugh and Peter Scott, eds., Introduction to *The Blackwell Companion to Political Theology,* (Oxford: Blackwell; 2004), 1；中譯引自米高奇雲：《政治神學導論》，李駿康譯（香港：基督教文藝出版社，2012），頁 5。
2. Cavanaugh et al., Introduction to *The Blackwell Companion to Political Theology,* 2；中譯參米高奇雲：《政治神學導論》，頁 5。
3. Jürgen Moltmann, *History and the Triune God*: *Contributions to Trinitarian Theology*, trans. John Bowden (London: SCM, 1991), 182.
4. Richard Bauckham, *The Theology of Jürgen Moltmann* (Edinburgh: T & T Clark, 1995), 99.
5. Jürgen Moltmann, *On Human Dignity: Political Theology and Ethics*, trans. M. Douglas Meeks (London: SCK, 1984), 62.
6. Moltmann, *On Human Dignity,* 97 ～ 100.
7. Moltmann, *On Human Dignity,* 98.
8. Moltmann, *On Human Dignity,* 98.
9. Moltmann, *On Human Dignity,* 99.
10. Moltmann, *On Human Dignity,* 99.
11. Moltmann, *On Human Dignity,* 99.

12. Moltmann, *On Human Dignity,* 99.
13. Moltmann, *On Human Dignity,* 99.
14. Moltmann, *On Human Dignity,* 99.
15. Moltmann, *On Human Dignity,* 100.
16. Moltmann, *On Human Dignity,* 100.
17. Jürgen Moltmann, *Theology of Hope: On the Ground and the Implications of a Christian Eschatology*, trans. James W. Leitch (London: SCW, 1967), 16；中譯莫爾特曼：《盼望神學：基督教終末論的基礎與意涵》，曾念粵譯（香港：道風書社，2007），頁 10。
18. Bauckham, *The Theology of Jürgen Moltmann*, 99.
19. Moltmann, *Theology of Hope*, 17；莫爾特曼：《盼望神學》，頁 11。
20. Bauckham, *The Theology of Jürgen Moltmann*, 100.
21. Bauckham, *The Theology of Jürgen Moltmann,* 100；參 Moltmann, *Theology of Hope*, 200；莫爾特曼：《盼望神學》，頁 203～204。
22. Bauckham, *The Theology of Jürgen Moltmann,* 100 ～ 101；參 Moltmann, *Theology of Hope*, 191～197；莫爾特曼：《盼望神學》，頁 194～200。
23. Moltmann, *Theology of Hope*, 132；莫爾特曼：《盼望神學》，頁 135。
24. Bauckham, *The Theology of Jürgen Moltmann,* 101.
25. Bauckham, *The Theology of Jürgen Moltmann,* 101.
26. Bauckham, *The Theology of Jürgen Moltmann,* 101.
27. Bauckham, *The Theology of Jürgen Moltmann,* 101～102.
28. Bauckham, *The Theology of Jürgen Moltmann,* 102.
29. Bauckham, *The Theology of Jürgen Moltmann,* 102.
30. Bauckham, *The Theology of Jürgen Moltmann,* 103.
31. Bauckham, *The Theology of Jürgen Moltmann,* 103.
32. Moltmann, *Theology of Hope*, 84；莫爾特曼：《盼望神學》，頁 84～85。
33. Jürgen Moltmann, *Religion, Revolution, and the Future,* trans. M. Douglas Meeks (New York: Charles Scribner's, 1969), 138；轉引自 Bauckham, *The Theology of Jürgen Moltmann,* 103。

34. Bauckham, *The Theology of Jürgen Moltmann,* 103 ~ 104.
35. Bauckham, *The Theology of Jürgen Moltmann,* 108.
36. Bauckham, *The Theology of Jürgen Moltmann,* 109.
37. Bauckham, *The Theology of Jürgen Moltmann,* 109.
38. Bauckham, *The Theology of Jürgen Moltmann,* 110.
39. Bauckham, *The Theology of Jürgen Moltmann,* 110.
40. Bauckham, *The Theology of Jürgen Moltmann,* 110 ~ 111.
41. Bauckham, *The Theology of Jürgen Moltmann,* 111.
42. Bauckham, *The Theology of Jürgen Moltmann,* 111.
43. Bauckham, *The Theology of Jürgen Moltmann,* 111 ~ 112.
44. Bauckham, *The Theology of Jürgen Moltmann,* 112.
45. Bauckham, *The Theology of Jürgen Moltmann,* 113.

# 17.

# 將來：對現代世界企劃的回應*

## 一

本章的題目乃出自莫特曼的著作 *Gott in Projekt der modernen Welt: Beitrage zur offentlichen Relevanz der Theologie* [1]（《在現代世界企劃中的上帝：神學的公共適切性文集》）。「現代世界企劃」一詞亦叫人想起當代德國社會哲學家、批判理論（critical theory）第二代健將哈伯瑪斯（Jürgen Habermas）著名的論文“Modernity -

* 本文原以〈莫特曼對現代世界企劃的回應〉為題，載《宗教社會角色重探》，吳梓明編（香港：香港中文大學崇基學院宗教與中國文化研究中心，2002），頁 73～85。蒙香港中文大學崇基學院宗教與中國文化研究中心授權轉載。本文亦曾宣講於二〇〇一年十月二十九至三十一日香港中文大學崇基學院宗教與中國文化研究中心聯同基督教文化學會、香港中華基督教青年會、基督教文藝出版社舉辦的研討會，研討會主題為「宗教與社會」。

An Incomplete Project "[2]（〈現代性——一項未完的大業〉）。然而本文並不準備對比兩人對現代世界企劃的了解，亦非分析莫特曼如何從神學角度回應哈伯瑪斯的「現代性大業」的哲學話語。本文目的很簡單，只是就著上引的莫特曼的著作，透過兩條主線，從而嘗試勾劃出莫特曼對現代世界企劃的分析，以及來自神學的回應。

莫特曼的神學思想一直是對應處境和時代的。二十世紀六十年代及七十年代的神學三步曲：《盼望神學》、《被釘十字架的上帝》、《在聖靈能力中的教會》，[3] 乃以時間、歷史為主軸貫穿。這時期莫特曼關心的是人間歷史的變革的問題：人世間的歷史轉化如何可能？從神學上來說，此乃人世間的歷史性及上帝的歷史性的問題。八十年代莫特曼開始撰寫其彌賽亞神學系列，轉而從空間的角度重新思想、審理神學。這尤其可見於其《三一與上帝國》及《創造中的上帝》。[4] 莫特曼這一轉向目的是要修正以人為中心的進步歷史觀，以開展出對應生態危機的神學。莫特曼這時期的神學想要否定的並非人間歷史，而是以人類為中心的歷史，強調必須置人類的歷史於自然的框架之內，以確保生之可能。

因此，本文就以時間和空間兩條主線來討論莫特曼對現代世界企劃的分析。如果現代世界企劃乃以理性為首出，那麼莫特曼所針對的就會是理性中齊一平頭、同質壓迫的特質或本性。我們可進一步指出，以時間和空間作為主線，其實背後所要突出的乃是相異性、差別性。或者應該這樣說，莫特曼所針對的理性只會是同一的理性而非差異的理性，即扼殺差異性而達至同一性的理性。重視差異性，落在時間上即重視變化，歷史並非每一時刻均等量齊觀的，而是有質的分別；落在空間上即強調異己的他者，他者一方面並非自我在本性上的延伸，另一方面也不是自我使用操控的對象，這樣，他者即不可為自我所同化。因此，莫特曼的神學思想中實有一差異性原則，而這差異性原則又可回溯於三一上帝自身之生命，但亦因三一上帝自身內在生命之差異性，而有世界之時間與空間。我們可以說，莫特曼對現代世界企劃的理解與回應，即基於這一差異性原則而來。

## 二

讓我們首先從莫特曼的文章開始。莫特曼《在現代世界企劃中的上帝》一書的頭一章即為〈現代大計劃下的神學〉（英譯本為“Theology in the Project Modernity”），當中即出現時間、歷史的討論，亦涉及異己他者的重要性。在這篇文章中，莫特曼提出一個十分重要的神學問題：「究竟是哪一種基督教的盼望促成了現代文明？——那是『新時代』的異象。」[5] 莫特曼指出：「歐洲曾多次對全球進行干預，而使其足以動員與定向的意義背景乃深植於千禧年國度的盼望：當基督再臨時，眾聖徒將與祂一同作王一千年，並審判各族；基督的國度將是人類在世界末日前最終、最輝煌的時代。」[6] 他們認為「現在時候已經滿足了」，「今天〔千禧年國度〕這個希望可以實現。〔……〕經歷古代及中古之後，『新紀元』乃是歷史上最後的一個紀元，上帝的靈充滿在這個『第三紀』中。現在歷史已經完結了，現在人類已經到達完美的境界了，現在人類可以毫無阻攔地向各個領域進軍。如果這個現代人類文明再也沒有其他的選項，那麼它便是『歷史的終結』，換言之，人類開始一個歷史後的、無歷史的紀元，也就是所謂的『後歷史』（posthistorie）」。[7]

這種把千禧年國度等同現代社會的舉動，或者認為現代社會正是實現了千禧年國度，無疑是把現代社會的歷史向度壓平，把歷史單一平面化。因為作為千禧年國度的現代社會，已經達至圓滿完美的境界，再沒有新的歷史，也再沒有將來。如果歷史沒有將來，那麼，此一階段的歷史就是最終的，這一階段的時代就是圓滿的。因此，「終點不是終結，而是目標」(the end is telos and not finis)，[8]「過去成了『將來的序幕』，時間被了解為要在進步向前的時代中逐部圓滿成就」。[9] 這種歷史觀乃是一種排斥、否定上帝超越介入的觀點，卻是強調人類和自然世界的歷史只在乎其自己內在的開展。無疑，如莫特曼指出，現代社會跟千禧年國度都認為過去不再主宰現在，並非好像傳統社會那樣，而是在時間的經驗中，將來有首出性。[10] 然而，這將來乃是歷史的將來(historic future)。[11]

以歷史的將來為首出，意味著歷史的完成、實現乃是歷史自身之作為，歷史自身之可能性使得歷史可以走向圓滿。但問題是，這一歷史的將來，是否真的長存不朽？抑或它亦如過去的無數時代一樣，總會過去？莫特曼對比班雅明的「歷史的天使」及以西結書三十七章的上帝的靈使枯骨復活的圖像，指出若所盼望的將來並非同時是所有歷史的將來，則所盼望的將來仍然會像所有的過去隨風而逝。[12] 班雅明指出天使看見那來自天堂的風暴，其實乃是「進步」，[13] 那是從樂園吹來的，但卻把人吹得遠離其原來的家鄉。[14] 遠離其家鄉這一形象，要表達的乃是遠離其過去，不能使過去受苦的歷史得以平反，不能修復過去一切受創和破碎的歷史，並且，進步亦只是一在歷史中的進步，進步的將來亦只是一歷史中的將來，反之，復活枯骨的風暴卻可以逆轉死亡，一切過去的裂痕、傷痛都得被醫治、復元。這風是從將來吹來的，這將來並非歷史的將來，而是使得歷史終結、在歷史以外的終末的將來。因此，莫特曼說：「復活的盼望並不導引而至一在歷史中的將來，而是指向那為歷史的將來。」[15]

莫特曼在這裏分別了兩種的將來，一種是歷史的將來，另一種是超越歷史的將來。現代社會以將來為首出，但這只是歷史的將來，企圖從過去解放出來，邁向美好、圓滿的終局，可是卻仍然囿於歷史之中，未能救贖歷史。只有超越歷史的將來才能成就這一救贖，莫特曼指出：「這將來必須是為一切歷史的，因而必須有一超越的基礎。腐朽的不能喚醒死人，那破壞的不能使被毀滅的復元。人類的將來並不能修補過去的罪惡。」[16] 因此，「我們需要從死人中復活、蹂躪得醫治這種超越的盼望」。[17] 這超越的盼望指向的並非歷史的將來，而是在歷史之外的將來。這超越歷史的將來是「一切歷史」的將來、是「歷史自身」的將來，因此是異於「歷史的將來」，但卻又使得「歷史的將來」成為可能。只有這一異於「歷史的將來」的「終末的將來」，才能為現代世界帶來盼望。

在這樣的理解底下，現代世界並非後歷史的年代，只有終末的將來才是後歷史的。是以，現代世界仍然需要變革，從既有的景況轉化至新的景況，在轉變中消除腐敗、不義、欺壓的勢力和現象，使得世界有一在歷史中質的改變。這種改變，即使是歷史中的改變，亦是一種差異的改變，事實上，正是這種差異的改變，使得歷史成為歷史。然而，歷史中這一差異的改變，亦只在於歷史自身與終末將來之間的差異。終末的將來乃是歷史中差異的改變的超越基礎、可能條件。因此，相異性、差別性是使現代世界得以可能的條件。沒有跟歷史相異的終末將來，現代世界不可能從傳統社會中浮現出來，成為一個新的年代。而正因如此，現代世界亦非歷史的目標，卻是歷史變化的其中一個階段，她必然要向另一個歷史的將來轉化。這是歷史的差異性原則的作用。

## 三

在同一篇文章中，莫特曼亦點出了空間差異的重要性。這乃具體表現在人與人、人與自然、人與上帝的關係上。莫特曼指出：「我們總是傾向於感知上帝與絕對者身上與我們相似的部分。與我們相同的使我們確信，與我們相異的使我們不要。」[18] 於是，我們有發現、征服、宰制等種種舉動。並且，這種種舉動乃是人類中心主義式的，[19] 要把一切異於我們的人、自然、上帝與我們同化，結果，我們不單扼殺了差異，也同時殺死了他人、自然和上帝。在這篇文章中，莫特曼明言：「歐洲人成果豐碩的進步卻導致其他民族嚴重的倒退，而且現代人的肢體、情感及感官隨著理性文化的開展而受到排斥」，[20]「現代世界的進步總是以犧牲其他民族、犧牲自然、犧牲下一代的代價來換取的」。[21] 現代世界所應許的「自由、平等、博愛」成了空言，或只成了一小撮人所能享受的特權，並且其他人、物、上帝為滿足這一小部分人的「自由、平等、博愛」而被剝削、壓迫、犧牲。現代社會這種現象底下，按莫特曼的思想，實有一類比的認識論原則和社羣交往原則作主導。在《俗世中的上帝》的第四章〈認識他者和異者間的契合〉即專門對此有所論述。莫特曼指出：

> 亞里士多德以來的認識論原則是：「同類僅為同類所知。」亞里士多德以來的契合原則是：「物以類聚，人以羣分。」認識論中的符應原則和社會理論中的同質性原則是互相對應的。[22]

這樣的原則，在認識他人、他者的自然和他者的上帝時，究竟會得出怎樣的結果？所造成的又會是一個怎樣的社會、社羣？莫特曼這樣論述其所塑造的社會：

> 從同類的當中總是產生封閉的社會。在此封閉的社會中，同類者排除他者並且不斷確認自己與他人不同，以藉此互相證實自己的身分。〔……〕這種行為除了傷害被排斥在外的「他者」，也會為此圈內的人帶來致命的無聊，〔……〕符應性原則也無法帶來認識上的增長，只是不斷重複地自我證實已經知道的事物罷了。同類性原則導致閉鎖的和階級的社會，並且摧毀人對生命活力的興趣。[23]

那麼，應用於自然又如何？

> 自培根（Francis Bacon）和笛卡兒以來，認識便意謂著宰制：我要認識外在的自然，為了要宰制它。〔……〕將牛頓的世界觀在哲學意義上理性化的康德認為，現代世界的科技理性只看見根據其構思所產生的事物。〔……〕它根本不知道事物的內在及自然本身的生命。如果「同類僅為同類所知」，那麼，只有這個適應了人理性的、為它量身訂製的及被它征服的自然才能被人類這種理性所認識。然而，這便摧毀了自然本身的生命，而人變得孤獨。[24]

最後，這樣的原則能認識的又是一個怎樣的上帝？

> 現代世界的理性理解認識的過程正好和古代相反：認識者透過認識而將被認識者征服並將他調整成自己的樣子，因

> 為認識乃是宰制。如果我們將此應用在我們身上所具有的像上帝的部分，同類性基本原則將導致：所有對上帝的認識被理解成人類幻想的投射。所有對上帝的觀點和概念只是人的產物，它無法言說上帝本身。〔……〕同類性基本原則甚至使現代世界的理性具自戀傾向。[25]

很明顯，當同類性原則應用於社會、自然、上帝之上，最終只會得出排斥他者、扼殺異己、泯滅差別的局面。然而，其後果卻是不忍卒睹的一片廢墟，因為一切由他者、異己、差別而產生的互動，徹底消失，而生命也隨風而逝，陷入死寂。因此，莫特曼重申「他者只有透過他者來認識」、「接納他者造成多樣化的社會」這兩條在認識論上和社羣理論上的辯證原則，[26] 以取代符應性和同類性的類比原則。這兩者的分別，自然就是重新對他者、異己、差別的重視。若類比原則只重視同一，那麼辯證原則則高抬差異。然而，這種高抬差異亦非否定同一，其所要反對的，只是同類中的合一，所要提倡的，乃是多樣性中的合一。[27] 對於莫特曼來說，「多樣性的事物可以互相補充，並且它們渴望交替的補充，正如大地渴望雨水，雨水渴望大地一般。多樣性的事物可以互相衝突，並且從衝突中產生新的生命。對抗不一定是致命的，它可能也會使生命復甦，並且滋潤生命」。[28]

莫特曼進而從社羣、自然和上帝三方面鋪陳這一強調差異性、多樣性的辯證原理。

> 在正常狀態下，由同類者所構成的社會的基本原理乃是朋友之愛，因此，在嚴峻狀態下，由異類者所構成的社會的基本原理乃是對敵人之愛。「愛敵人」意謂著：不僅自己

> 和同類承擔起責任，也為敵人承擔起責任。我們不再只是求問：我們如何保護自己以防止可能的敵人？而是，我們如何承受敵人的敵對性，好讓我們和他們一同繼續生存？在這層意義下，對敵人的愛乃是衝突中共同生活的基本原理。[29]

> 〔……〕以系統式的、溝通式的思考〔……〕。它尊重自然的本性，並且以它原本的樣子和人相對。一方面，這意謂：在它的整體和生活世界中去感受自然，不再孤立和分裂自然，以佔有自然；另一方面，這意謂：在它相對的主體性中去承認它，不再使它降格為被動的客體。[30]

> 應用在上帝身上，辯證性的思考會導致團契中對異類的尊重。〔……〕辯證性的思考說，身為上帝的上帝只在和祂不同的領域，換言之，在有限和與祂對立之人的領域中顯現；辯證性的思考說，對人而言，上帝是絕對的他者。只有當人把自己當成人而不是當成上帝來理解時，他才能感知上帝全然不同的本質。〔……〕當我們完全不是神時，意思是，當我們放棄各種形態的自我神化或是自以為是的似神性時，我們才能認識真上帝的完全不同的真實性，反過來說，我們遭遇完全不同的上帝時，我們才能去除我們身上既害怕又具侵略性的「上帝情結」，並成為真正的人。[31]

由以上的引文，我們可以看見莫特曼對空間差異的重視，因為只有差異才能帶來生命。現代世界由於偏傾於主宰、壓迫、同化的理性，結果窒息了生命豐富多姿的種種面相，而只按著人類偏執的理性的齊頭劃一的功能來展示其自己，結果就是戕害生命本身。怎樣才能改變這一態度？莫特曼說：「如果我們體認到，我們在上帝裏是『他者』、『異者』〔……〕我們是以『他者』的身分被上帝接納，我們是以『異者』的身分被上帝稱義」，我們便向前邁進了一步。[32] 相異性、差別性是現代世界生存的空間，沒有這一由相異、差別所造成的空間，人、自然和上帝都無處容身，結果我們不單把上帝殺害了，也同時把人和自然殺死了。因為賴以為生的差異性空間歸於無有。最終，差異的根源，應回溯至上帝自身之生命；若無差異，則生命之活動不可能展現。由上帝自身生命中的差異互動，而有歷史和空間的差異運動。

## 四

論到上帝自身生命中差異性，對莫特曼來說，這必然是三一上帝的問題。聖父、聖子、聖靈乃三個各有自己特性的位格，互有差異，由於這一相互間的差異，因而乃有相互寄居內住的互動，以成共融的合一。這共融的合一並沒有消除各個位格本身的獨特性，故此並非一種抽象的普遍性，卻是包含差異位格在內的合一。因為差異，而有合一；但亦因為合一，而成就差異。這是因為共融的合一在寓居和內住中確立位格的差異性。三一上帝位格間的差異其實首先乃一空間的差異，由此一空間差異而有的運動，即出現動無動相的時間的差異，這是三一上帝自身生命內部因位格間的差異而有的生命變化。我們可以說，一切社會和自然的差異性都源於三一上帝自身生命之差異性。一方面，人間和自然在本性上有異於上帝，另一方面，人間和自然因著其向異己的上帝開放自己，亦必然彼此開放，而有互相滲透內住相寓的舉動，由此而有空間的差異與時間的差異。然而，這一差異的完成，則最終只在於上帝國度的來臨。只有上帝的國度才能維繫真正的差異而免於抽象的同一，亦免於對立的疏離。上帝的國度是終末將來的範疇，掌握在來臨中的上帝的手中，只有這一位全然異於人間和自然的上帝完全臨到人間和自然，差異的同在才能完全實現，從而使得生命真正達至現代世界所追求的「自由、平等、博愛」，達至在同一中建立差異、在差異中建立同一的國度。

## 註釋

1. Jürgen Moltmann, *Gott in Projekt der modernen Welt: Beitrage zur offentlichen Relevanz der Theologie* (Gutersloh: Chr. Kaiser / Gutusloher Verlagshaus, 1997)；英譯：Jürgen Moltmann, *God for a Secular Society: The Public Relevance of Theology*, trans. Margaret Kohl (London: SCM, 1999)；中譯：莫特曼：《俗世中的上帝》，曾念粵譯（台北：雅歌出版社，1999）。
2. 重印於 Hal Foster, ed., *Postmodern Culture* (London: Pluto, 1985)；Thomas Docherty, ed., *Postmodernism: A Reader* (New York: Columbia University Press, 1993)。
3. 相繼翻譯而成英文，順序為（1）Trans. James W. Leitch (London: SCM, 1967)；（2）Trans. R. A. Wilson and John Bowden (London: SCM, 1974)；（3）Trans. Margaret Kohl (London: SCM, 1977)。
4. 相繼翻譯而成英文，順序為（1）Trans. Margaret Kohl (London: SCM, 1981)；（2）Trans. Margaret Kohl (London: SCM, 1985)。
5. 莫特曼：《俗世中的上帝》，頁 22；Moltmann, *God for a Secular Society*, 9。
6. 莫特曼：《俗世中的上帝》，頁 23；Moltmann, *God for a Secular Society*, 9。
7. 莫特曼：《俗世中的上帝》，頁 24；Moltmann, *God for a Secular Society*, 10。
8. Jürgen Moltmann, "Progress and Abyss: Remembering the Future of the

Modern World," *Review and Expositor* 97 (2000): 304；中譯：莫特曼：〈進步與墮落——對現代世界前程的印象〉，吳臥雲譯，《當代》第 159 期（2000 年 11 月），此句缺譯。

9. Moltmann, "Progress and Abyss," 305；莫特曼：〈進步與墮落〉，頁 32。
10. Moltmann, "Progress and Abyss," 304；莫特曼：〈進步與墮落〉，頁 32。
11. Moltmann, "Progress and Abyss," 304；莫特曼：〈進步與墮落〉，頁 32。
12. Moltmann, "Progress and Abyss," 309；莫特曼：〈進步與墮落〉，頁 39。
13. Moltmann, "Progress and Abyss," 309；莫特曼：〈進步與墮落〉，頁 39。
14. Moltmann, "Progress and Abyss," 310；莫特曼：〈進步與墮落〉，頁 40。
15. Moltmann, "Progress and Abyss," 309～310；莫特曼：〈進步與墮落〉，頁 39～40。
16. Moltmann, "Progress and Abyss," 309；莫特曼：〈進步與墮落〉，頁 39。
17. Moltmann, "Progress and Abyss," 309；莫特曼：〈進步與墮落〉，頁 39。
18. Moltmann, *God for a Secular Society*, 19；莫特曼：《俗世中的上帝》，頁 35。
19. 參 Moltmann, *God for a Secular Society*, 22；莫特曼：《俗世中的上帝》，頁 38。
20. Moltmann, *God for a Secular Society*, 12；莫特曼：《俗世中的上帝》，頁 26。
21. Moltmann, *God for a Secular Society*, 12；莫特曼：《俗世中的上帝》，頁 27。
22. Moltmann, *God for a Secular Society*, 135～136；莫特曼：《俗世中的上帝》，頁 165～166。
23. Moltmann, *God for a Secular Society*, 138～139；莫特曼：《俗世中的上帝》，頁 170。
24. Moltmann, *God for a Secular Society*, 139～140；莫特曼：《俗世中的上帝》，頁 170～172。
25. Moltmann, *God for a Secular Society*, 142；莫特曼：《俗世中的上帝》，頁 174。
26. Moltmann, *God for a Secular Society*, 136；莫特曼：《俗世中的上帝》，頁

167。

27. Moltmann, *God for a Secular Society*, 145；莫特曼：《俗世中的上帝》，頁 177。
28. Moltmann, *God for a Secular Society*, 145；莫特曼：《俗世中的上帝》，頁 177。
29. Moltmann, *God for a Secular Society*, 146；莫特曼：《俗世中的上帝》，頁 179。
30. Moltmann, *God for a Secular Society*, 146；莫特曼：《俗世中的上帝》，頁 179 ～ 180。
31. Moltmann, *God for a Secular Society*, 147 ～ 148；莫特曼：《俗世中的上帝》，頁 181。
32. Moltmann, *God for a Secular Society*, 19；莫特曼：《俗世中的上帝》，頁 35。

# 18.

## 神學：重讀《盼望神學》[*]

### 一

莫特曼的《盼望神學》，其德文版在一九六四年出版；至於英文譯本，則在三年後即一九六七年問世。自此，這本著作一直激發世界不同角落、不同年代的基督徒，從終末的角度再思神學。莫特曼跟潘寧博、紹特和麥茨一起，在二十世紀下半葉發動了盼望神學學派，不僅喚醒了基督徒對基督教終末論的興趣，並且使得神學家再思基督教神學的本性。理由很簡單，在這種終末論的脈絡底下，神學在本性上不再是靜態的而是動態的。時間或時間性必然被捲進這種神學思想之中，因為神學思想的對象總是向前移動的。本章

---

* 本文以作者 "What is Theology? Revisiting Jürgen Moltmann's *Theology of Hope*" 一文為基礎重寫，並再次刊出。英文文章原刊於《漢語基督教學術論評》第十一期（2011 年 6 月），頁 9～23。

嘗試重讀莫特曼這一劃時代的著作——莫特曼神學三部曲的第一部，從而再思基督教的神學的本性。[1]

## 二

無疑，莫特曼在其《盼望神學》所討論的主題乃是上帝的自我啟示。在〈導論——對盼望的默想〉（"Introduction: Meditation on Hope"）之後的第一章，就是〈終末論與啟示〉（"Eschatology and Revelation"）。第一章的標題讓讀者知道，啟示不能離開終末論來了解。如果啟示是關乎上帝的知識，那麼第一章的標題就提示讀者，神學不能離開終末論來認識上帝。基督教神學之所以可能，只在於上帝向世界揭示其自己。只有上帝的自我啟示才使得神學的知識成為可能。在這一點上，莫特曼是追隨巴特的神學知識論的。但是，莫特曼有別於巴特，在於他把終末論引進了上帝的自我啟示之中。第一章第四節是「上帝的超驗主體性的神學」（The Theology of the Transcendental Subjectivity of God），在這一節之中，莫特曼批評巴特，認為他不應把上帝的自我啟示，了解為一種永恆當下的顯現（the epiphany of the eternal present）。[2] 換句話說，對於莫特曼來說，在巴特的神學之中，上帝的自我啟示被界定為「上帝的純粹當下」、「上帝在時間中的永恆當下」、「沒有將來的當下」。[3] 源於這樣的思想路線，莫特曼認為巴特的終末論在本性上乃是超驗的／超越的（transcendental），這是因為上帝的自我啟示其超驗的／超越的本性，把上帝的終末轉變成一種超時間的、永恆的事件（supra-temporal, eternal event），完全缺乏時間的向度。因此，這樣的看法，一方面表示，神學思想是偶發地建立於上帝的自我啟示之上的；但另一方面表示，卻把上帝的顯現置於永恆的當下，而結果是把神學思想歸於一種永恆的思想而不涉及任何意義上的時間向度。這樣，神學知識就在本質上是非時間的，因為它所要掌握的乃是在時間之中上帝的永恆臨在。

莫特曼在《盼望神學》之中，花了兩章，分別為第二章〈應許與歷史〉和第三章〈耶穌基督的復活與將來〉，來對上帝的自我啟示發展出另一種的了解。莫特曼追隨巴特的基督中心的神學，從上帝在耶穌基督裏的自我啟示出發。正如眾所周知，巴特在其《教會教義學》（*Church Dogmatics*）開首處即檢視、探究上帝的啟示的可能條件。正是這個原因，巴特把啟示和三一相提並論。對於巴特來說，在上帝的自我啟示與內契三一（immanent Trinity）之間，是具有內在邏輯關係的。簡單來說，內契三一使得上帝的自我啟示成為可能。相對於巴特，莫特曼並不即時追問：上帝啟示其自己，是如何可能的？是甚麼條件使得上帝的自我啟示具有可能性的？反之，他首先仔細研究上帝在耶穌基督裏的自我啟示。

在《盼望神學》之中，我們找不到任何章、節，討論巴特那一類的神學知識論。直到《三一與上帝國》，莫特曼才對內契三一跟上帝的經世活動（God's economic activity）的關係，提供解釋。來到這裏，我們可以暫時作一觀察或結論。對於莫特曼，如果對上帝的自我啟示未能準確及充分掌握，那麼就不能對內契三一與上帝的自我啟示之間的關係，予以準確和全面的了解。在這樣的意義底下，巴特就內契三一與上帝的自我啟示之間的關係的討論，是過早的舉動。再者，巴特處理這兩者的關係，是十分形式的而非實質的。這樣批評的意思是，巴特忽略上帝在耶穌基督裏的自我啟示其具體的方式，乃是了解上帝的必要元素。對於巴特來說，似乎上帝在耶穌基督裏啟示其自己的方式，並不影響祂在耶穌基督裏所啟示出來的內容，事實上，巴特所關注的，是上帝的主權，這主權就在上帝透過其自己並由其自己（through himself and by himself）啟示其自己而揭示出來。巴特在上帝在耶穌基督的啟示的基礎上，進一步把這啟示事件安立於內契三一上帝的內在活動之中。對巴特來說，正正是這一安立，彰顯了上帝的主權。在這一安立於其自身的上帝的自我啟示之中，上帝的主權被啟示出來了：「上帝是那位其自身就是啟示者、其自身就是啟示的行動，以及其自身就是啟示的內容。」（God who is Himself the Revealer, Himself the act of His revelation, and Himself His revealedness.）[4]

跟巴特不一樣，莫特曼認為必須細察上帝在耶穌基督裏自我啟示的方式，這樣的細察，意味著需要考慮上帝的經世啟示活動的方式，對認識上帝的含義。啟示的內容與方式不能彼此分離。相反，上帝啟示的方式必須被視為揭示上帝的某些重要本性。不單上帝所給予的東西是重要的，祂給予的方式也同樣不可以輕視。換句話說，方式是內容的一部分，「如何」（howness）構成「甚麼」（whatness）。從這個角度來看，我們可以明白為甚麼莫特曼沒有直接、即時查究上帝在耶穌基督裏自我啟示的可能條件。他的神學三部曲全是關於上帝在耶穌基督裏及聖靈裏的經世活動。在《盼望神學》之中，我們清楚看見莫特曼十分仔細分析上帝自我啟示的方式，這分析的神學後果是：認識上帝是一個過程，這個過程就是跟隨上帝在世的經世活動的方式，直到歷史的終結。

## 三

「應許」是整本《盼望神學》的關鍵概念。莫特曼挪用了馮拉德對以色列的歷史的了解，就是視之為上帝對以色列的應許所產生的「歷史化」效果（"historicizing" effect），[5] 莫特曼以此來了解上帝自我啟示的方式。這樣意味著莫特曼並非形式地了解上帝的自我啟示而為上帝自己的自我揭示。如果上帝向那些活在時間與空間之中的人類啟示祂自己，那麼就需要同時關注上帝在世界之中自我啟示的方式。但是，對莫特曼來説，更為重要的是，上帝是透過賜給人類應許這一中介活動來啟示祂自己的。他是透過上帝如何向世界啟示祂自己，來認識上帝的自我啟示的，而不是首先思想上帝如何可能向世界啟示祂自己。在《盼望神學》第二章，莫特曼對上帝的自我啟示的方式，作出分析而指出其歷史的面向，即是，舊約的記載所顯示的，是上帝在祂自己的應許之中自我啟示，當中涉及歷史的向度。因此，神學不僅反思上帝的自我啟示，同時涉足於深度反思上帝如何向世界啟示祂自己。上帝要向世界啟示他自己，就必然涉及上帝自我啟示的方式。

第二章的章題為「應許與歷史」，對這個章題我們可以有兩種解讀。首先，上帝的(諸)應許是在歷史之中賜給以色列的。其次，上帝賜給以色列的(諸)應許引發了以色列的(諸)歷史。這兩重意思在新約之中可以清楚地看見，就是耶穌基督作為上帝的應許在歷史中出現，並且引發世界的歷史。我們需要進一步澄清，上帝在歷史之中賜下應許以啟示祂自己，是涉及上帝參與歷史的舉動。這表示從開始莫特曼就沒有抽離世界來思考上帝，祂更沒有以此為起點來做神學。換句話説，莫特曼沒有把聖經中的上帝解讀為抽離歷史的上帝。相反，他非常著重上帝其跟世界交織一起的命途。具體地説，當上帝賜給以色列(諸)應許，這種交織的命途就發生了。上帝藉著賜給以色列祂的應許，而捲入了以色列的歷史。這是因為上帝的信實被期盼彰顯出來，這彰顯在於祂在歷史之中實現其對以色列的(諸)應許。上帝向世界啟示祂自己的方式，就讓祂的命途跟世界的命途交織在一起。這樣，歷史就涉入神聖自我啟示的方式。

結果，神學需要跟隨上帝在世的歷史；上帝的命途跟世界的命途結連一起，直至祂對世界的應許全然實現。那麼，神學不僅是歷史的，而是終末的。莫特曼寫道：「基督教論及上帝啟示的教義就必須明確地顯示：〔……〕它必須從終末論的角度來理解，換言之，在真理的將來之應許境域和期盼境域中來理解。」[6] 若然神學之可能，只在於上帝啟示其自己，以及祂的自我啟示在本性上是終末的，那麼，神學終極地講乃是終末的。

在這裏，我們需要進一步展示莫特曼怎樣了解上帝的「應許」，特別是他使用這概念作為關鍵的範疇來把握上帝對人類的啟示。相對於那種把「應許」了解為某種上帝的永恆臨在，莫特曼強調上帝的應許是關於人類或世界的將來，這將來是具有歷史意義的。對於莫特曼來説，這種應許的特性可見於以色列在其歷史中對上帝的經歷。這關乎舊約中上帝應許的結構。莫特曼借用閃民利對應許的定義，而發現上帝對以色列自我啟示的方式其結構的特性。閃民利提出應許具有七種特性。我們發現其中兩種是本質性的。第一種涉及應許的內容；第二種關乎實現應許的主體。對於這兩點，莫特曼這樣寫道：

> 假設話語是應許話語，那麼這便意指，這個話語尚未找到現實的依據，毋寧説，它跟現在和以往可經驗到的現實是矛盾的。[7]

> 如果應許並沒有與作應許的上帝相分離，而是依賴上帝自我的信實、以實現應許，〔……〕相較於領受的應許，實現完全可能包含一種新的、令人驚訝的要素。[8]

如果上帝的話語，是應許的話語，指向的是一種不單與現在的實在有所分別的實在，而是相反、對立的實在，那麼就出現某種意義的歷史了，這種意義的歷史是關乎將來的，跟現在不同甚至與現在相反、對立。這是第一點我們要注意的。從第一點我們可以進到第二點。無疑，這層意義不單是指歷史、更是指世界的歷史而言的。但是，我們尚可進一步指出，這更同時涉及上帝的歷史。一方面，上帝被經歷而為一位應許不一樣甚至相反、對立實在的上帝。另一方面，這位上帝被期盼將會實現祂所應許的。祂賜予應許並將會實現祂所應許的。那麼，上帝就被經歷為一位將來的上帝、歷史的上帝。

並且，應許的實現是出自上帝的自由與信實，正如在以色列的歷史所顯示的，上帝總是超過所想所求的實現祂的應許，帶來不一樣的嶄新局面。這使得以色列的歷史成了應許的歷史（a history of promise）。這是說，歷史是由上帝的應許發動的，然後反過來，歷史自身成了對將來的應許。因此，我們不可能從現在的實在投射世界的將來，我們也不可能從上帝所應許的投射世界的將來。世界的將來並非由現在的實在發展出來的，但也不是由上帝的應許所發展出來的，而是出自上帝的自由與信實。正如莫特曼寫道：「相較於領受的應許，實現完全可能包含一種新的、令人驚訝的要素。」

領受上帝應許的人類，經歷上帝的信實又活在應許的歷史之中，就對上帝有一種特別的認識。首先，對於他們來說，認識上帝並非在永恆的當下之中，而是在他們所經歷的歷史之中的。其次，這種認識上帝的神學，是將來導向的，甚至是終末導向的。這是因為上帝應許的將來在本性上乃是終末的。再者，循此而來的是，神學是向將來或終末的將來敞開的。這最後一點是十分重要的，因為這可以幫助我們避免把上帝的自我啟示約化成為歷史或歷史的進程。關於這一點，我們還需要進一步澄清基督教終末論或終末的將來其本性，究竟是怎樣的。

## 四

關於上帝應許的終末性質，莫特曼援引了這樣的看法：上帝的應許是重新解釋的，以及被更大的實現所擴展。他寫道：「『實現』被當成對應許的解釋、肯定和擴大。當實現愈來愈多時，應許顯然也在應許流傳的不同傳統層次中增長，而成為解釋者的回憶」，[9]「應許一直還有剩餘的部分」。[10] 基於這樣的了解，莫特曼進而認為先知就是活在上帝應許的歷史之中，並追隨傳統重新解釋及擴展上帝的應許而成終末的應許，這終末的境域對我們了解新約所見證的基督事件是必須的。在上帝應許的歷史之中，出現了連續性和斷裂性。一方面，這歷史仍是上帝的應許。但另一方面，這應許是透過更大的實現而持續地被啟示為更大的應許。對於莫特曼來説，先知會認為：「『終末的』這個字眼就必須用在這一種應許之上，它的期盼景況超越並勝過生命和死亡的所有審判經驗。」[11] 對於先知來説，死亡作為上帝的審判是人類存在的最後界限，是一道我們期望可以透過上帝的應許超越的界限。[12] 因此，當應許的境域延展至越過死亡的限制，它就達到了終末、極致、最終的新事物。[13] 關於這應許的終末特性，莫特曼寫道：[14]

> 應許的普世化在雅威統管萬民的應許中找到它的終末。
>
> 應許的強化在死亡的質疑中找到它通向終末的門檻。

根據這種講法，做神學是思考上帝對世界的應許，因而是終末的。同時，做神學是在上帝實現其對整個世界的終末應許之中，經歷祂的信實。

然而，上帝克勝死亡的應許，也在基督事件之中賜給人類。基督事件彰顯了上帝自己參與了世界的命途，並且對這個世界賜下勝過死亡限制的應許。可是，只有在舊約應許歷史的背景底下，我們才會把握到基督事件的應許結構，以及其對世界的終末含義。《盼望神學》第三章為〈耶穌基督的復活與將來〉，這不單表達了第三章的主題，也同時揭示了這本著作的主題。對於莫特曼來說，耶穌基督的復活與將來是基督教的核心所在。那麼，做神學就是一種基督論式的思考。這種基督論式的思考並非古代教父所討論的神人二性基督論。莫特曼沒有抽離、獨立地討論耶穌基督的(死亡和)復活，而是使用了應許的概念作為工具來對基督事件作出終末論式的分析，從而認識耶穌基督是誰。耶穌基督是那位在十字架上分有現在世界的苦難實在，以及在祂的復活之中指向那跟現在完全不一樣的終末將來。

我們可以把第三章的章題解讀為耶穌基督的復活與耶穌基督的將來這兩者之間的內在關聯。表面看來，復活與將來好像兩件各不相干的事件，並無任何內在邏輯關係。大多數神學家都忽略耶穌基督復活的將來向度。然而，對於莫特曼來說，這兩件事件是彼此關聯的。這兩者彼此關聯的原因，並不只是因為這兩個時刻發生在同一位耶穌基督身上，而是沒有耶穌基督的復活，就沒有耶穌基督的將來；沒有耶穌基督的將來，祂的復活將會變成上帝永恆的顯現。講得更準確一點，就是前者是關乎耶穌基督將來的神學基礎，或是耶穌基督來臨的神學基礎；而後者就是關乎耶穌基督復活所涵蓋的終末向度。正是這個原因，終末論是基督論式的，而基督論是終末論式的。雖然終末論被視為有關世界的最後事件，但是這個世界的終末或終末的將來並非由其自身發展出來的。可是，終末是否就是全然以超越的方式而被加諸於這個世界之上？這是說，是否有一位毫不參與世界的上帝，成就了一些全新的事情？在莫特曼的神學之中，世界的將來並非跟耶穌基督的將來分割開來的，而耶穌基督的將來則是祂的復活的趨勢。再進一步，復活的基督是那位在十字架上分擔這個世界現在受苦實在的命途的。結果，一方面，這個世界的終末的將來決定於耶穌基督的將來；另一方面，這個世界的終末的將來又不是一件跟耶穌基督的被釘死和復活完全沒有任何內在關聯的事，相反，正是基督事件的潛能與趨勢使得世界的將來成為可能。[15]

耶穌基督的復活其對世界的將來所具有的含義，可以進一步探討。很明顯，耶穌基督的復活是處在祂的被釘死在十字架上與祂的來臨之間的。一方面，耶穌基督的復活指向祂的將來；另一方面，也逆指祂的被釘死。然而，這三者並非一種線性的關係。只有在應許歷史的架構與背景之下我們才能掌握基督事件的結構。在終末地期盼超越普世死亡經歷的限制底下，我們了解耶穌基督的被釘死為上帝有分世界的普世死亡。在同樣的終末期盼底下，耶穌基督的復活成了對世界將來的應許。復活逆指十字架的被釘死，表示復活是對死亡否定。是以，在復活與被釘死之間，出現了斷裂。沒有復活，被釘死對世界來說就成了沒有盼望的終結。沒有復活，耶穌基督的將來和世界的將來就不會出現。這樣一來，《盼望神學》是關乎耶穌基督復活的神學。

再一次，神學不僅是終末論，我們需要進一步規定這種終末論為基督論式的終末論。但是，這種基督論並非關乎耶穌基督的神性與人性，而是關乎耶穌基督從死裏復活這一經世活動。相對於那些重視道成肉身的神學家如巴特，或是重視十架的神學家如路德，莫特曼的基督論有別於他們的基督論，因為他的重點落在耶穌基督的復活，以之為基督教神學的中心。這並非表示莫特曼忽略道成肉身或被釘十字架，而是以耶穌基督的復活的角度來解讀這兩者。再者，他對耶穌基督的復活的解讀，是置之於舊約脈絡底下的終末應許的視角來進行的。因此，我們可以規限《盼望神學》的基督論為終末論式的。我們可以說，終末論提供了框架以了解基督論，基督論則為終末論提供了實質內容。這樣一來，基督教神學可以被定義為基督論的終末論與終末論的基督論。

## 五

然而，我們還是要追問：神學真的可以被把握而為基督論式的終末論與終末論式的基督論？基督論可否一成永成地被掌握？終末論可否一成永成地被掌握？對莫特曼來説，基督教就其根本而言正是終末論。[16]「終末論並非附於基督教的某種成分，終末論完全是基督教信仰的中介，是基督教信仰中萬事萬物據以定音的基調〔……〕」。[17] 他寫道：「基督教終末論是基督的終末論，並且論及『基督及其將來』，〔……〕基督教終末論的核心是終末論向度中的基督論。」[18] 因此，基督教神學要被視為對耶穌基督的將來的言説，即是，從基督論式的終末論與終末論式的基督論的角度來言説。那麼，問題是：當我們開展基督論式的終末論與終末論式的基督論，甚麼的言説或述句方才合適？根據上述的討論，基督論或是終末論都不可能一成永成地掌握，因為耶穌基督的將來尚未來到，以及上帝所應許的終末尚未實現。在這樣的意思底下，莫特曼寫道：「『邏各斯』（logos）這個希臘文字眼，所關聯的現實總是當下且恒常存在的，並且與之相應的詞彙中得到真正的表達。這樣看來，將來就不可能具有邏各斯，除非將來是當下的延續或有規律的重現。」[19] 然而，基督作為神聖的道/邏各斯，卻要求人類的道/邏各斯以十分不同的方式言說祂。

正如莫特曼寫道：「基督教神學談論基督的方式不應該是希臘的邏各斯，也不應該是那些出自經驗的定理，而只能是盼望語句或將來應許的方式。」[20] 這清楚指出，關於耶穌基督的神學語句不單「說祂過去是誰，祂現在是誰，而且還要含蓄地說，祂將來是誰，關於祂可以期待些甚麼。」[21] 基督的復活並非一個現在與經常如此的實在，這事件蘊含了將來在內。相應於復活的基督，神學需要另一種形式的語句，以指向尚未發生的、尚未經歷的將來。在這裏我們必須記得，基督的將來並非無中生有，而是來自耶穌基督的復活的趨勢。這一點對神學思考與神學表達意義重大。

因為耶穌基督的將來，並非跟祂過去那應許的事件——復活，分離出來的，是以，對耶穌基督的將來的期盼，就必然在回憶中發生。只有把基督的復活以應許的事件來回憶，我們才能期盼基督的將來。但是另一方面，這是因為復活所應許的，是那尚未實現的將來，這尚未實現的將來使得我們記念那過去的應許事件。在這裏，我們可以看見神學思考的辯證結構。這辯證結構整合了對過去的記念與對將來的期盼，這是因為記念耶穌基督的復活蘊含了期盼祂的將來，而期盼耶穌基督的將來則預設對祂的復活的記念。因此，這並非人類思想的普遍結構。只有耶穌基督復活事件的應許本性使得這種辯證思考成為可能。再者，只有在應許歷史的背景底下我們才能掌握耶穌基督復活的應許本性。這樣，記念上帝所賜下的應許，以及上帝所引發的應許歷史，是做神學的必需元素。然而，這記念並不只是停留在過去，而更是指向一有別的將來。應許的歷史自身展示的正是這種辯證的神學思考。這是一種在過去與將來、回憶與盼望之間的辯證。相應於此，神學的思考應該涉及將來中的過去與過去中的將來、盼望中的回憶與回憶中的盼望。

基督教神學在本性上是終末的，這終末的本性是由上帝在耶穌基督裏的應許所決定的。那麼，做神學就是一智性活動，涉及對舊約和新約所見證的上帝的應許歷史。做神學並非抽離上帝在世界歷史中的經世活動而進行的。應許的歷史使人記念那對將來的應許，以及期盼那內蘊於應許之中的將來。記念與期盼、回憶與盼望，決定神學思考的本性與結構。一切神學語句都是時間的，這有兩重意義。一方面，這關乎上帝在世的經世活動。另一方面，這是暫時的。這兩方面是互相關連的。在回憶與期盼中對上帝的經世活動所作的神學思考，是一種不斷向前與向後的移動，直至上帝在耶穌基督復活的應許完全實現。由此而言，所有神學語句將會是記憶與盼望的形式。再者，神學思考與神學語句在結構上是辯證的。在記憶與期盼中思考上帝，並非分別地為兩個思考上帝的時刻，而是一種記憶與期盼的互滲相寓（perichoresis）的舉動。同樣，所有神學語句都以相同的方式表達：在期盼中記憶與在記憶中期盼。

最後，筆者引述莫特曼下述關於上帝知識（knowledge of God）的文字，以概括他的立場，好結束本文。

> 〔……〕不是到歷史的盡頭，而是在變化中的、開放的、為應許的戲局所設定的歷史中，來認識上帝。因此，這個認識必須經常記念賜下的應許和臨到的上帝信實，而且它必須是一種獨特的盼望知識。[22]

它不是一種涉及過往歷史樣貌的知識，而是一種涉及賜下的應許和上帝信實的前景的知識。據此，對上帝的認識便在經常回憶所賜下的選召、盟約、應許以及上帝的信實中去預期上帝應許的將來。[23]

**註釋**

1. 莫特曼自己對神學和神學方法的討論，可見於其 Jürgen Moltmann, *Experience in Theology: Ways and Forms of Christian Theology*, trans. Margaret Kohl (London: SCM, 2000)；此書中譯為莫爾特曼：《神學思想的經驗：基督教神學的進路與形式》，曾念粵譯（香港：道風書社，2004）。
2. Jürgen Moltmann, *Theology of Hope: On the Ground and the Implication of a Christian Theology*, trans. James W. Leitch (London: SCM, 1967), 57；中譯：莫爾特曼：《盼望神學：基督教終末論的基礎與意涵》，曾念粵譯（香港：道風書社，2007），頁 56。
3. Moltmann, *Theology of Hope*, 57～58；莫爾特曼：《盼望神學》，頁 56。
4. Karl Barth, *Church Dogmatics* I/1, ed. Geoffrey W. Bromiley and Thomas F. Torrance, trans. Geoffrey W. Bromiley (Edinburgh: T & T Clark, 1957 ～ 1969), 203.
5. Moltmann, *Theology of Hope*, 100.
6. Moltmann, *Theology of Hope*, 43；莫爾特曼：《盼望神學》，頁 39。
7. Moltmann, *Theology of Hope*, 103；莫爾特曼：《盼望神學》，頁 105。
8. Moltmann, *Theology of Hope*, 104；莫爾特曼：《盼望神學》，頁 106。
9. Moltmann, *Theology of Hope*, 105；莫爾特曼：《盼望神學》，頁 107。
10. Moltmann, *Theology of Hope*, 105；莫爾特曼：《盼望神學》，頁 107。
11. Moltmann, *Theology of Hope*, 132；莫爾特曼：《盼望神學》，頁 135。
12. Moltmann, *Theology of Hope*, 131 ～ 132；莫爾特曼：《盼望神學》，頁 134～135。
13. Moltmann, *Theology of Hope*, 132；莫爾特曼：《盼望神學》，頁 135。
14. Moltmann, *Theology of Hope*, 132；莫爾特曼：《盼望神學》，頁 135。

15. 參 Moltmann, *Theology of Hope*, 203；莫爾特曼：《盼望神學》，頁 207。
16. Moltmann, *Theology of Hope*, 16；莫爾特曼：《盼望神學》，頁 10。
17. Moltmann, *Theology of Hope*, 16；莫爾特曼：《盼望神學》，頁 10。
18. Moltmann, *Theology of Hope*, 192；莫爾特曼：《盼望神學》，頁 196。
19. Moltmann, *Theology of Hope*, 17；莫爾特曼：《盼望神學》，頁 11。
20. Moltmann, *Theology of Hope*, 17；莫爾特曼：《盼望神學》，頁 12。
21. Moltmann, *Theology of Hope*, 17；莫爾特曼：《盼望神學》，頁 12。
22. Moltmann, *Theology of Hope*, 117～118；莫爾特曼：《盼望神學》，頁 121。
23. Moltmann, *Theology of Hope*, 117；莫爾特曼：《盼望神學》，頁 121。

# 插論
## 具體的神學．不息的實踐*

### 一

「於我而言，基督徒的信仰基本上是跟特殊的存在處境經歷分不開的；並且，這處境不純是私人性的，更是羣體性的。」[1] 莫特曼在回顧自己走過的神學道路時，説了這樣的一句話。雖然成長於深沉玄思的德國文化之中，莫特曼的神學思考構想從來都沒有離開過具體特殊的處境，陷入不食人間煙火的純粹境地，卻同時又能充滿洞見與睿智，不失德國神哲那種深遠與博大。

莫特曼的神學起點是他的囚中經歷，是他的同代人的集體經驗。第二次世界大戰時，莫特曼十七歲就被召入伍，十八歲被派上前線，十九歲被擄。既親自參與不義之戰，亦目睹家國淪陷被毀，偉大的德國文化竟把國家帶領至如斯地步，前面還有希望嗎？許多被擄軍兵崩潰倒下，心死身死，他那一代的人被稱為「懷疑的

---

* 本文原以〈具體的神學．不息的實踐——淺介莫特曼〉為題，刊於《思》第45 / 46 期，1996 年 10 月，頁 49～52。蒙香港基督徒學會授權轉載。

一代」，重得難以背負清贖的罪咎與生命中難以痊愈的悲痛，叫人不再投入生活，有所信任與寄望，一切都變得無可無不可。莫特曼還是活下來了，且是帶著盼望的活下來。詩篇讓他體驗到上帝的同在，特別是三十九篇：「我默然無聲，連好話也不出口；我的愁苦就發動了〔德文聖經表達得更強烈——我必得吃盡自己心中的悲愁〕〔……〕我流淚，求你不要靜默無聲！因為我在你面前是客旅，是寄居的，像我列祖一般。」[2] 莫特曼體驗到上帝無所不在：與心靈破碎者同在，與倒勾鐵絲網後的囚犯同在，與黑夜的靈魂同在。上帝在苦難中的同在，成為生命的盼望所在；上帝是受苦的上帝，上帝是盼望的上帝。

## 二

個人的被囚、集體的退縮，是莫特曼四、五十年代身處的景況。經歷這一切之後，應該如何做神學呢？經歷這一切之後，應該如何談論上帝呢？經過多年的學習和思考，莫特曼分別在一九六四年與一九七二年撰寫了《盼望神學》和《被釘十字架的上帝》，從上帝具體特殊的經歷出發，以回應人類實存的處境。

莫特曼不談形而上學的上帝，他直接從基督的復活和十字架來講論上帝。神學若不從上帝在歷史中的具體經驗出發，那麼，一切討論上帝的言詞都只會是憑空玄想，缺乏依據，因此，基督的復活與十字架就成了莫特曼神學的起點和核心。自八十年代開始的彌賽亞神學系列，[3] 亦是以此為基礎而進一步開展討論神學中種種教義。

莫特曼追隨巴特，確認上帝的自我啟示為談論上帝之前設或可能的條件；可是，他有別於巴特，不以天上永恆上帝的三一活動為起點，卻是直接就上帝在受造世界中的作為來認識祂的本性。只有這樣，談論上帝不單是可能的，且是必要的，因為上帝在參與世界的過程中既顯明祂自己，也同時顯明這個世界的命途。

這一基督事件之所以同時為上帝自我的定義和受造世界命途的揭示，全在於其辯證結構與終末應許的性格。

復活與十架是上帝生命中的兩環互相矛盾、否定的經歷。在十字架上，基督全然的死去；在復活中，基督全然的再生。復活與十字架是生與死的辯證事件，但這辯證事件是向世界開放的。在十字架上，聖子完全認同這個世界的景況，以至於死，祂參與了世界苦難的命途；在復活中，聖父透過聖靈的大能把聖子從死裏復活過來，表明上帝對苦難、死亡的抗議和否定，開啟了受造世界的終極盼望之可能。

基督事件的辯證並未封閉，仍是向著終極的將來敞開著。基督具體的死與生發生在具體的舊約背景脈絡之中，是上帝終末應許的高峯，因此，基督事件乃一終末應許的事件，一辯證結構的終末應許的事件。上帝的應許，本來就是辯證結構的：應許的將來否定當下的現實，同樣，基督的復活否定祂的十字架。可是基督事件卻同時是終末性的應許事件：應許這受造的世界有天一如基督從死裏復活般全然更新，雖然如今仍在死亡、虛無中度日，可是上帝在基督的復活事件中應許了這世界，因著十字架上帝的命途緊繫著世界的命途，初熟的果子代表了世界已走上了終末徹底轉化的路途。

對於莫特曼，在一切苦難中談論上帝仍然是可能的，且是必要和有意義的。

## 三

莫特曼的神學始自具體的個人與羣體經驗，也始自具體的上帝經驗。然而，因著世界尚未終結，仍只是朝著末日進發；因著基督事件的辯證尚未圓滿，仍只是朝著終末邁進，神學就仍然是敞開的。簡單地說，世界和上帝的終末性格，使得神學只能是暫時性的，是以，莫特曼不稱自己的「彌賽亞神學」為系統神學，正是強調他所作的並非是最後的，因為彌賽亞的工作尚未完結。

在莫特曼眼中：「神學家並不汲汲於**解釋**世界、歷史和人性，而是在盼望神聖的更新中**轉化**世界。」[4] 神學家的工作是建構理論，然而，理論跟世界之間的關係該是如何呢？這正是莫特曼關注的問題：**是*解釋*的關係抑或是*轉化*的關係？**

如果視神學乃解釋世界，那就表示世界是有其自足圓滿的內在規律和結構，神學家只負責發現和說明。但若視神學為轉化世界，那就表示世界並非自足圓滿的，神學家的工作就在於指出其種種缺陷，引發實踐以求改革現狀。莫特曼以神學為暫時性的，就表示了受造世界是可轉化的，並非可以以理論如實地描述。

內在於莫特曼的思想中，世界何以是可轉化的？終極地說，世界是敞開的，即世界並非封閉而沒有任何新的可能，這是基督事件所揭示的。歷史地說，世界是處於死亡與虛無的威嚇下，表現於種種政治、經濟、文化、生態的危機之中，但因為世界是敞開的，因此在死亡與虛無吞噬之先，一切歷史中的實況都可被轉化。若死亡與虛無吞噬了受造世界，世界將進入全新的開始，因為上帝會實現其在基督事件中許下的應許，從虛無中再造萬物。

具體的歷史實踐是莫特曼終末神學的要求。這種實踐並非理論的應用，而是終末真理相應的落實：扭轉不義、平反枉屈、恢復和好，固然這些都是終末團契的預嘗，絕不可取代上帝終末的國度；然而卻又是具體否證了死亡與虛無的終極性，在歷史中暫時印證了終末真理的真確性。這樣子，莫特曼的神學就不是一套解釋世界的理論，而是揭示世界不完美的真象，又指出改革盼望的可能性，並要求透過實踐來扭轉虛假的現實，活出真實的生命。

莫特曼的神學，始自具體，復歸具體。

## 四

莫特曼以終末取向的神學而見稱於世，但他的終末論並非憑空猜想或隨意解釋聖經而成。受造世界的將來繫於復活基督的將來，莫特曼的終末論乃基督論式的終末論。由於莫特曼以舊約辯證結構的應許來了解基督事件，也就使得這一世界並不最終為另一世界取代，不致陷入二元思想格局的後果：否定世界；但又並不肯定當前世界的實況，卻要求轉化更新，期盼這景況的世界能進入另一景況。終末論要講的是這世界的終末將來，而非捨棄世界；終末論要講的是絕不從這世界退縮下來、相分相隔，總要以各種方式參與抗爭，不斷實踐終末天國的理想。

一個對應世界的神學必須從具體出發：具體的世界處境、具體的上帝經驗，並且最後落實於具體的人間實踐。莫特曼的神學不單包括這些特色，並且其終末取向的特色，轉過來否定一切普遍抽象描述性的神學。當終末成了一切神學的普遍背景視域之時，[5] 則神學不單是暫時性的，且是具體處境性的，進而實踐也只是暫時性和處境性的。

如此，沒有一成永成的神學，也沒有一成永成的人間實踐，一切都在不斷轉化更新邁向終末新天新地的進發中。

## 註釋

1. Jürgen Moltmann, *History and the Triune God: Contributions to Trinitarian Theology*, trans. John Bowden (London: SCM, 1991), 166.
2. 猶根・莫特曼：《為甚麼我是一個基督徒》，鄭慧妊譯（台北：人光出版社，1984），頁 10。
3. 彌賽亞神學系列包括《三一與上帝國》（1980 年）、《創造中的上帝》（1985 年）、《耶穌基督的道路》（1989 年）、《生命的靈》（1991 年）和《來臨中的上帝》（1995 年）。
4. Jürgen Moltmann, *Theology of Hope: On the Ground and the Implication of a Christian Theology*, trans. James W. Leitch (London: SCM, 1967), 84；很明顯，此句是跟馬克思的《關於費爾巴哈的提綱》（*Theses on Feuerbach*）第十一條相平行：「哲學家們只是用不同的方式**解釋**世界，問題在於**改變**世界。」
5. Moltmann, *Theology of Hope*, 137.

# 插論

## 盼望——在十字架上的堅忍不拔*

莫特曼在出版了《被釘十字架的上帝》幾年之後，接受訪問，問及了這本著作是不是否定了他的《盼望神學》? 究竟這兩本書在建立他的思想有甚麼關係？莫特曼作了以下的回答：

> 在《被釘十字架的上帝》的引言，我已寫過，這書跟《盼望神學》沒有矛盾，這書沒有否定《盼望神學》。盼望神學建基於被釘的那一位的復活，而十架神學則建基於復活的那一位的十字架。這兩本書是一件事情的兩個向度、一個銅幣的兩面。當然，我必須補充，這兩本書是有分別的。分別在於在這中間的十三年我改變了，經驗使我改變了。人不是石頭，我不會毫無改變。當我寫《盼望神學》，我是孕育著某一種熱誠與短暫的盼望，就是我渴求改變可以很快發生，梵蒂岡第二次會議已經來了，對天主教會的改革

---

* 本文原以〈盼望——在十字架上的堅忍不拔〉為題，刊於《時代論壇》第1415期，2014年10月12日，頁13。

帶來盼望。在普世教會協會（World Council of Churches）之中，對普世運動抱有很樂觀的精神，以及一躍而前的盼望。捷克那具有人性面孔的社會主義開始了，而學生運動也在熱情中展現。然後，春天很快過去了，我們看見在教會在社會主義在西方世界之中，那我們想要打倒的東西，其抵抗力量有多頑強。這是為甚麼在我的第二本書之中，我對過於樂觀的盼望是更為批判的，事情可變得很快。[1]

我必須強調第二個面向：《盼望神學》得到很大的熱烈反應與解釋，視為對「快樂的美國生活」的支持，就像對行動者生命的支持，這些行動者相信這書是預備一持續更為美好的將來。然後我告訴我的美國朋友：「當我再來美國，我不能再講復活與盼望，而是十字架，這更是必需的。」那時，我們可以看見越南一團糟。越戰之後，人民不知道跟著怎樣，他們嘗試尋找更美好的將來，忘記過去，但這並非應有的行動；你必須面對真相，即使是傷害人心的真相；你必須有意識地在自己的生命/生活中經歷十字架，並且也在人民的生命/生活中經歷十字架。因此，對我來說，對新的將來的盼望，只在於你接受過去，包括它一切的罪疚，以及當中所有的被釘死經歷。這是為甚麼我認為《被釘十字架的上帝》較《盼望神學》更有盼望，毀壞的記號/兆頭倍增，而我們的盼望必須不再幼稚地樂觀。盼望必須在共同一起抵抗死亡的毒鈎之中，變得成熟及堅定；盼望是對耶穌復活的忠誠，並因而盼望乃是在十架上的堅忍不拔。[2]

## 註釋

1. Teofilo Cabestrero ed., *Faith: Conversations with Contemporary Theologians* (Maryknoll, NY: Orbis Books, 1981), 123～124.
2. Cabestrero, *Faith*, 124.

# 跋

## 最終乃是開始

這本《盼望・神學：莫特曼》是前作《終末・教會・實踐：莫特曼的盼望神學》的增修版。兩書出版相距十五年，字數也相差一倍。前書新收的文章，除了一篇之外，其餘九篇都寫於後書出版之後。這標誌著筆者這些年來，雖然進入了其他神學家與神學議題之研讀與寫作，但是並沒有完全離開莫特曼的神學，一如這前後二書的書名，仍然保留其中相同的字眼「盼望」「神學」。

正如每篇文章在文首的地方，刻意標明文章的出處及寫作年份，就顯示了筆者這些年來的持續努力。當然，這也反映了筆者的神學思考、構想，從來都不只是憑空臆測的玄思，總有其不能抽離的具體特殊處境，而讀者可以自行從中推敲；事實上，這也是筆者自己思想在生成的過程之中所留下的痕迹。

本書其中一篇新收的文章：〈辯證——辯證的終末・辯證的基督〉，寫於上世紀九〇年。那時筆者正在中國神學研究院修讀道學碩士二年級。在學期間，筆者亦於系統/教義神學其中兩科，以莫特曼的三一論與十架神學為題，撰寫學期論文。但是使得筆者前往英國跟隨包衡老師研究莫特曼的神學，則不得不數算八九六四的事件。面對黑暗勢力的猖獗，人類還有希望嗎？我的博士論文題目反映了我這一切身關懷：〈莫特曼神學之中上帝的歷史〉（“God's History in the Theology of Jürgen Moltmann”）。

選擇莫特曼而不是潘寧博，是因為莫特曼的《被釘十字架的上帝》。唸道學碩士升二年級之前的暑假，我翻譯了潘寧博的著作《天國近了》（*Theology and the Kingdom of God*），這書哲學味道十分誘人，但卻缺少了十字架那份激情。因此，兩者雖然同為當代德國終末取向的盼望神學家，但是筆者因著當前的苦難，而走向了莫特曼那種以終末十架為標記的復活終末論。

我個人最早購入的莫特曼著作，是一本叫 *The Future of God*（書名中譯為《受造物的將來》）的文集。那是我剛進神學院唸書的頭一個月買的，還不大曉得莫特曼是誰，可是這本文集卻似乎預告了我的將來，跟莫特曼的神學結下不解之緣，直到今天也是如此。莫特曼這部文集所收文章，正如他自己在序言中寫到，不僅反映了他從《盼望神學》到《在聖靈能力中的教會》這一進程之中的不同階段的思想，並且也顯示了這一進程那種終末論取向的方法論基礎。因此，這是一本值得閱讀的文集。以此而論，拙作《盼望．神學》則僅只能部分顯出筆者這些年來集中於《盼望神學》，以及《被釘十字架的上帝》二書所作的詮釋，但卻足以見證我長久以來對莫特曼神學的閱讀與研究。

這本增訂的文集，仍然只是一個開始的標記，它畫出了筆者尚未進入的研究領域，指向莫特曼神學之中其他尚待發掘與深究的地方。正如莫特曼自己喜歡引用潘霍華的名句：「最終乃是開始」（in the end is the beginning），這本討論莫特曼的終末取向的神學也是一樣，仍然只是一個開始的標記。對於這個標記，筆者感謝林鴻信博士、曾念粵老師和周學信博士以其序言，陳劍雲牧師和趙崇明博士以其推介，留下鼓舞的見證；而對莫特曼賜下其回顧盼望神學的文章，更是無言以對。是為跋。

二〇一四年十月十四日
香港．西貢（北）．西澳

與妻子攝於 1992 年 12 月 18 日在蘇格蘭聖安德烈斯大學的研究生宿舍。剛交了博士論文第一章，獲指導老師包衡教授肯定。準備回港與家人相聚，並到中國神學研究院探訪老師，看看回到「中神」事奉的可能性。

Tübingen, August 9, 2o12

Dear Professor Tang,

of course, I remember you and your fine dissertation. We also met in a conference in Taiwan, I believe.

Congratulations to the enlarged version of your book. I am willing to write an enlarged preface to your enlarged book. But how this can be done ? Will you send me the first preface, or shall the publisher send me the galley proofs ?

I hope you are doing fine and Hongkong Baptist Theological Seminary is flourishing.

All good wishes and warm greetings,

Jürgen Moltmann

Jürgen Moltmann

Tübingen, Sept 11, 2o12

Dear Professor Tang,
your table of content arrived. I wonder whether a text of mine on the "Theology of Hope - then and now" (5 pages) would fit into the project ? I would reduce my "Foreword" then to a few sentences. If you agree, my Chinese student Hong Liang could translate from German into Chinese.

Let me know at your earliest convenience.
All good wishes and greetings

yours ever,

Jürgen Moltmann

# 人名中英對照

**兩劃**

卜仁爾　Emil Brunner

**三劃**

士來馬赫　Friedrich Schleiermacher

**四劃**

戈洛波克　Hans Globke

巴特　Karl Barth

巴頓　Carl E. Braaten

**五劃**

田立克　Paul Tillich

布伯〔馬丁〕　Martin Buber

尼采　Friedrich Nietzsche

史卓普　George W. Stroup

卡芬諾　William T. Cavanaugh

布洛赫　Ernst Bloch

布特曼　Rudolf Bultmann

史葛特　Peter Scott

包衡　Richard Bauckman

史懷哲　Albert Schweitzer

古鐵熱　Gustaro Gutiérrez

**六劃**

休伊特　Marsha Hewitt

米傑士　M. Douglas Meeks

弗里德　Erich Fried

**七劃**

阿多諾　Theodor W. Adorno

伯克霍夫　Hendrik Berkhof

杜波克　Alexander Dubcek

杜其克　Rudi Dutschke

利科　Paul Ricoeur

阿登納　Konrad Adenauer

阿維斯　Paul Avis

潘霍華　Dietrich Bonhoeffer

### 十六劃

霍克海默　Max Horkheimer

穆勒—法衡豪士　Geiko Müller-Fahrenholz

霍德瑪卡　Joseph Hrodmadka

### 十九劃

懷特　Hayden White

羅森茨威格　Franz Rosenzweig